Bader, Medicus und Weise Frau

Wolfgang F. Reddig

Bader Medicus und Weise Frau

Wege und Erfolge der mittelalterlichen Heilkunst

Die deutsche Bibliothek – CIP-Einheitsaufnahme

Wolfgang F. Reddig:
Bader, Medicus und Weise Frau. Wege und Erfolge der mittelalterlichen Heilkunst.- München: Battenberg, 2000
ISBN 3-89441-467-7

Umschlagfotos: Aquarellzeichnung, 15. Jh.; Stuttgart, Landesbibliothek, Cod. poet. 202, fol. 59 (vorne).
Schmutztitel: Miniatur, 14. Jh.; London, British Library, Royal 15 D I, fol. 1
Frontispiz: Miniatur, London, British Library, Royal 15 E II, fol. 77^v

Das Werk einschließlich aller seiner Teile ist urheberrechtlich geschützt. Jede Verwertung außerhalb des Urhebergesetzes ist ohne Zustimmung des Verlages unzulässig und strafbar. Das gilt insbesondere für Vervielfältigungen, Übersetzungen, Mikroverfilmungen und die Einspeicherung und Verarbeitung in elektronischen Systemen.

Es ist nicht gestattet, Abbildungen zu scannen, in PCs oder auf CDs zu speichern oder in PCs/ Computern zu verändern oder einzeln oder zusammen mit anderen Bildvorlagen zu manipulieren, es sei denn mit schriftlicher Genehmigung des Verlages.

BATTENBERG VERLAG 2000
© Weltbild Ratgeber Verlage GmbH und Co. KG, München
Alle Rechte vorbehalten

Lektorat: Michael Schönberger
Redaktion: Margit Bachfischer, Langenneufnach
Umschlaggestaltung: S/L-Kommunikation, Wörthsee
Layout und Satz: Marion Kraus, München
Gesetzt aus der Janson Text von Linotype Library
Reproduktion: Repro Ludwig, Zell am See
Druck und Bindung: Neue Stalling, Oldenburg

Gedruckt auf umweltfreundlich chlorfrei gebleichtem Papier

Printed in Germany

ISBN 3-89441-467-7

Inhalt

Einleitung 7

Antike Grundlagen 10
Hippokrates – der »Vater der Medizin« 10
Griechische und römische Heilkunst 14
Galen und das »Haus der Medizin« 18

Das Mittelalter zwischen Heilkunde und Glaube 21
Heilswunder und christliche Caritas 21
Volksmedizin und Magie 25
Religiöse Medizin 25

Medizin und Fürsorge im Kloster 31
Gesundheit und Krankheit im Rhythmus klösterlichen Lebens 31
Idealer Klosterplan und gebaute Caritas 37
Im Klostergarten 41
Hildegard von Bingen – Ärztin und Naturforscherin 46

Heilkunde und Heilkunst in der Welt der Gelehrten und des Adels 54
Unter arabischem Einfluss: Medizin- und Übersetzerschulen 54
Medizinische Ausbildung an den ersten Universitäten 61
Minnesänger und verwundete Ritter 65
Von »Tischzuchten« und kranken Herrschern 68
Kreuzritter und Spitalgründungen 71

Die großen Seuchen des Mittelalters 75
Geißeln der Menschheit 75
Die Lepra – ein unheilbarer »Aussatz«? 77
Die Pest – das große Sterben 82
Das Antoniusfeuer 96
Pocken – unvermeidliche Kinderkrankheit? 99
»Englischer Schweiß« – eine ungewollte Handelsware 101
Die Syphilis oder »Franzosenkrankheit« 102

Heilberufe und Fürsorge in der mittelalterlichen Stadt 106
Der gelehrte Arzt – mit Buch und Harnglas 106
Der Stadtphysikus – in städtischen Diensten 109
Selbstbewusste Wundärzte 112
Heilkundige Bader 117
Der Apotheker – mit Mörser und Salbenbüchse 122
Von Quacksalbern, Scharlatanen und Zahnbrechern 126
Ärztinnen und Heilpraktikerinnen 131
Hebammen – verdächtige Geburtshelferinnen 133
Das Bürgerspital – kommunale Caritas 138

Die Anfänge der modernen Medizin 144
Von Paracelsus bis zum »anatomischen Theater« 144

Literaturverzeichnis 153

Stichwortverzeichnis 158

Einleitung

In der Welt des Mittelalters war das Wirken der Heilkunde auf eine ganzheitliche Daseinsgestaltung gerichtet. Als *ars vivendi* setzte sie bereits beim täglichen Leben mit seinen Grundbedürfnissen und nicht erst im Krankheitsfall ein. Auf die Erhaltung der Gesundheit durch eine vernünftige Lebensführung zielten Ermahnungen in weit verbreiteten Gesundheitsbüchern und Lehrgedichte ab. Sie betrafen alle Bereiche des Lebens wie Essen und Trinken, Kleidung und Wohnung. Man suchte nach einem gesunden Maß für Atmung und Ausscheidung, Erholung, Emotionen und Liebesleben.

Dabei waren sowohl die Heilkunde, also das wissenschaftliche Bemühen um Erkenntnis über die Entstehung, Bekämpfung und Heilung von Krankheiten, als auch ihre praktische Umsetzung als Heilkunst eingebunden in das christliche Weltbild. Bedeutende Denker des Mittelalters wie Albertus Magnus oder dessen Schüler Thomas von Aquin fühlten sich zu einer Harmonie von Glaube und Vernunft, von Theologie und Naturwissenschaften verpflichtet. Krankheit und Gesundheit erscheinen vor diesem Hintergrund nur als Etappen auf dem Weg zur Heilsordnung. So wird verständlich, dass neben der medizinischen Behandlung zur Linderung von Schmerzen auch dem geistlichen Beistand eine zentrale Rolle zukam. Galt dem frühen Mittelalter die Heilkunde als »Magd der Theologie«, und ermahnte im Zeitalter der karolingischen Renaissance Alkuin, der Leiter der Aachener Hofschule, die Ärzte an den Segen Christi für ihr Handeln, so fasste an der Wende zur Neuzeit auch der berühmte Chirurg Ambroise Paré seine Tätigkeit mit den Worten zusammen: »ich verband ihn, und Gott heilte ihn«.

Die Wurzeln des medizinischen Wissens lagen in der Antike, deren Vor-

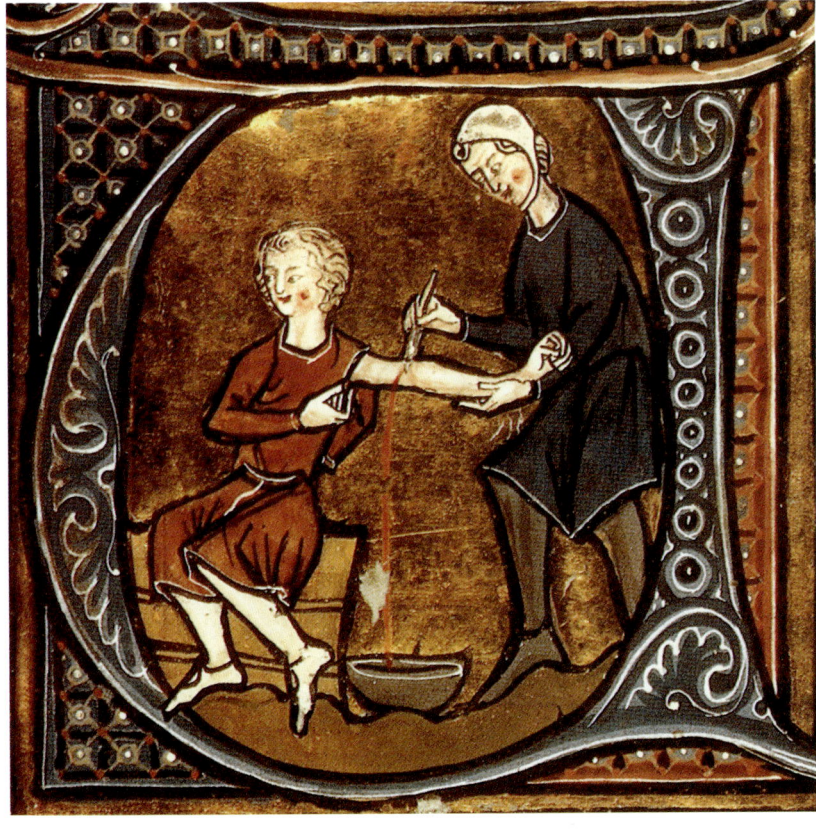

Der Aderlass – probates Allheilmittel der alten Medizin

Miniatur, 14. Jh.; London, British Library, Sloane 2435, fol. 11ᵛ

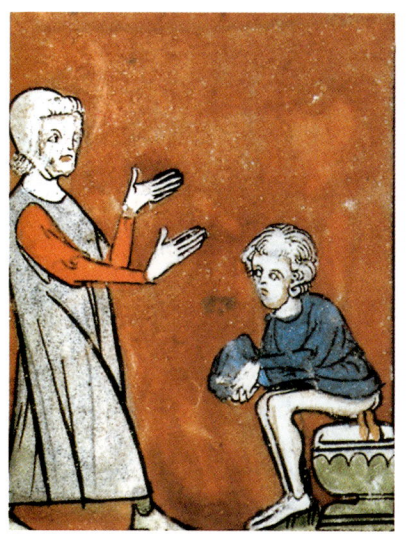

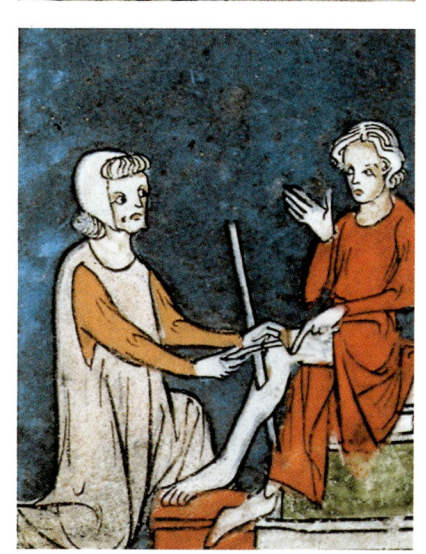
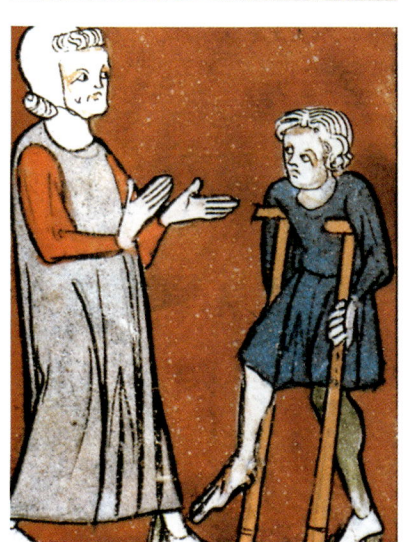
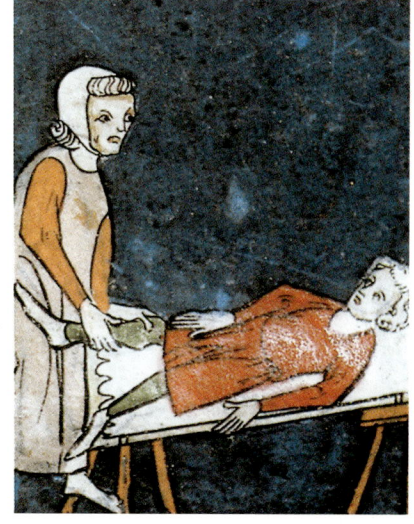

stellungen vom menschlichen Körper durch die Physiologie, von Krankheiten durch die Pathologie und vom Heilen durch der Therapie erst im Laufe des 16. Jahrhunderts erschüttert und endgültig zu Beginn des 19. Jahrhunderts verworfen werden sollten. Bis dahin folgte die Medizin der Klöster, Medizinschulen und Universitäten in gläubiger Tradition den scheinbar unumstößlichen Denkmodellen griechischer und römischer Ärzte wie Hippokrates und Galen, erweitert um die Schriften arabischer Gelehrter wie Avicenna oder Rhazes. Zu diesen überlieferten Theorien und Heilverfahren trat der uralte Erfahrungsschatz der Volksmedizin, der seinen Niederschlag in Arznei- und Kräuterbüchern fand.

Neue Impulse für den Umgang mit dem kranken Menschen hatte die christliche Heilslehre mit den Geboten der Barmherzigkeit und Nächstenliebe geschaffen. Damit war ein grundlegender Wandel eingetreten, der nicht nur die Position des Kranken aufwertete, sondern seine Betreuung als verdienstvolle Aufgabe pries. Neben den leidenden Menschen trat der mitleidende Mensch, wie ihn das Gleichnis vom barmherzigen Samariter dargestellt hatte. Eine praktische Umsetzung für das christliche Abendland brachte im frühen Mittelalter die Mönchsregel des hl. Benedikt, die neben der geistlichen auch die körperliche Versorgung Bedürftiger verpflichtend vorschrieb. In ähnlicher Weise wurden die späteren Hospitalbauten der Städte von dem Bewusstsein getragen, dass Leib und Seele eine Einheit bildeten.

In der Hoffnung auf Genesung unternahm man Wallfahrten und Bittprozessionen, trug Amulette oder rief bestimmte Schutzheilige an. Wo die Selbstbehandlung versagte und der Gang zum Arzt unvermeidlich wurde, konnte man aus einem breit gefächerten Angebot von

Heilberufen auswählen. Dieses reichte vom studierten Arzt, dem *physicus* oder *medicus*, über handwerklich ausgebildete Personen wie Wundärzte und Barbiere bis hin zum empirischen Bereich von weisen Frauen, Hebammen sowie den Angehörigen unehrlicher Berufe wie den Henkern, Abdeckern oder Schäfern. Einen zweifelhaften Ruf besaßen die Bader wie auch fahrende Wunderheiler, Zahnbrecher und Quacksalber, die auf Jahrmärkten ihre Künste anboten. Während weltliche und geistliche Herrscher über eigene Leibärzte verfügten, sollten erst gegen Ende des Mittelalters große Städte wie Venedig oder Nürnberg dazu übergehen, approbierte Stadtärzte anzustellen.

Entgegen der heutigen Praxis fand die Untersuchung eines Patienten meist in dessen eigener Wohnung in Anwesenheit seiner Familie statt. Von der Konsultation des Arztes oder der Einnahme eines Medikaments erwartete man einen schnellen Heilerfolg, denn angesichts fehlender Sozialkassen konnte sich eine längere Krankheit zu einer bedrohlichen Notlage ausweiten. Blieb die rasche Genesung aus, suchte man nach therapeutischen Alternativen und wandte sich über alle Standesgrenzen hinweg anderen Heilkundigen zu. Treffend bringt dieses Verhalten Sebastian Brant in seinem »Narrenschiff« von 1494 zum Ausdruck: »Der Kranke nach Gesundheit trachtet. Woher ihm Hilf' kommt, er nicht achtet.«

Einen starken Einfluss auf die Mentalität des Zeitalters hatten große Seuchenzüge wie die Pest. Oft als göttliche Strafe für sündiges Leben gedeutet, riefen sie radikale Verhaltensweisen hervor, wie tiefste Religiosität, Ausschweifungen aller Art und die grausame Verfolgung vermeintlicher Übeltäter. Trotz zunehmender medizinischer Erkenntnisse stand die Heilkunst den Seuchen weitgehend hilflos gegenüber. Die wirkungsvollste Reaktion war und blieb die Flucht.

Das große Sterben sollte aber auch einen grundsätzlichen Wandel im Gesundheitswesen einleiten. Seit dem späten Mittelalter begann die Obrigkeit nämlich, die Frage von Gesundheit oder Krankheit immer mehr aus dem privaten Bereich herauszulösen und zu einer öffentlichen Aufgabe zu machen. War das »Arzneien« eine freie Kunst gewesen, die jedermann ausüben konnte, so sollte nun eine Professionalisierung der Heilberufe eintreten. Man erhob Forderungen nach verbesserten hygienischen Bedingungen und erfand beispielsweise die »Quarantäne« durch die zeitweise Isolierung von verdächtigen Personen. Nicht zuletzt stärkte diese Vorgehensweise die Position der akademisch ausgebildeten Ärzte gegenüber der lästigen Konkurrenz der Heilgewerbe. Hierauf basierten die hierarchische Abfolge und das soziale Gefüge von Medicus und Apotheker, Barbier, Wundarzt, Bader und Hebamme.

Seite 8:
Ein mittelalterlicher Chirurg, dargestellt in langem Gewand und mit Kopfbedeckung, untersucht verschiedene Erkrankungen und Verletzungen seiner Patienten

Links:
Ärzte bei der Harnschau, die der Diagnose diente

Seite 8: Miniatur aus der »Chirurgia« von Roger von Salerno, um 1170; London, British Library, Ms. Sloane 1977

Oben: Holzschnitt aus »Ortus sanitatis«, Mainz, 1491

Antike Grundlagen

Hippokrates – der »Vater der Medizin«

Noch heute stellen wir mitunter fest, dass jemandem die Galle übergelaufen ist, einer einen trockenen Humor besitzt und einem anderen Saft und Kraft fehlen. Damit haben sich in unserer Alltagssprache Formulierungen erhalten, die auf der so genannten Säftelehre oder Humoralpathologie, einem der wichtigsten Erklärungsmodelle der antiken Heilkunde, basieren. Nach der griechischen Naturphilosophie bestand der Kosmos aus den vier Elementen Erde, Wasser, Feuer und Luft, zu denen die vier Körpersäfte Blut, Schleim, gelbe Galle und schwarze Galle mit ihren Qualitäten warm, kalt, trocken und feucht in Relation gesetzt wurden. In der Vorstellungswelt der Griechen war Krankheit ein Zustand, der von den Göttern als Strafe für eine Schuld oder als Sühne verhängt wurde. Wie man sich von einer göttlichen Strafe durch die *katharsis*, die kultische Reinigung, befreien konnte, so sollte auch die Heilkunde der Reinigung vom Übermaß eines dieser Säfte dienen.

Als bekanntester Vertreter dieses Prinzips gilt Hippokrates von Kos, der als »Vater der Medizin« zum ärztlichen Ideal stilisiert wurde. In der Tat ist jedoch nur wenig über sein Leben bekannt und direkte Zuordnungen bleiben problematisch. Um 460 v. Chr. auf der Insel Kos geboren, praktizierte er, wie in der Antike typisch, als Wanderarzt. Er entstammte einer berühmten Ärztefamilie und soll am Asklepiades-Heiligtum von Kos Krankengeschichte studiert haben. Diese dem griechischen Heilgott Asklepios geweihten umfangreichen Anlagen stellten eine Verbindung aus Tempeln, Bädern, Theatern, Sport- und Pflegestätten zur Behandlung von Körper und Seele dar, an denen in der Heilkunde erfahrene Priester tätig waren. Wenngleich vieles im Leben des Hippokrates auf Spekulation beruhen mag, so bleibt hier die wichtige Tatsache festzuhalten, dass die hippokratische Medizin nicht die Asklepioskulte ersetzte oder verdrängte, sondern beide Erscheinungen über lange Zeit nebeneinander existierten. Laut einer idealisierenden Lebensbeschreibung hatte Hippokrates umfangreiche Reisen unternommen, die ihn an den persischen Hof und zur Zeit der Pest nach Athen geführt haben sollen.

Der Arzt Japyx behandelt den durch einen Pfeil verwundeten Äneas

Wandgemälde, Pompeji, 1. Jh. n. Chr.; Neapel, Museo Nazionale

Links:
Der Heilgott Asklepios wird stets mit dem von einer Schlange umschlungenen Stab dargestellt, dem Symbol der Medizin

Rechts:
Hippokrates – wie das Mittelalter ihn sah

Hochbetagt starb er um 370 v. Chr. im thessalischen Larissa und hinterließ einen legendären Ruf als »Arzt aller Völker und Zeiten«. Im wahrsten Sinne des Wortes sollte sich jede Epoche mithilfe zahlloser Abbildungen und Skulpturen ein eigenes Bild von Hippokrates machen.

Medizin als Erfahrungswissenschaft

Bedeutung erlangte Hippokrates als Begründer einer Medizin, die sich als Erfahrungswissenschaft verstand und aufgrund ihrer rationalen Sichtweise des kranken Menschen vom Religiös-Magischen abwich. Da Krankheiten eine natürliche Ursache hatten, mussten sie auch durch den Menschen heilbar sein. Entgegen der Darstellung in den Werken Homers, wonach Krankheiten mithilfe der Götter durch Priester und Zaubermittel geheilt worden waren, waren nunmehr Ärzte mit ihren Heilmitteln tätig. Entscheidend ist, dass diese Ärzte dabei mit der Natur zusammenarbeiteten, von der sie annahmen, diese würde in der Naturheilkraft eine eigene Zweckmäßigkeit besitzen.

Der antike Patient wollte vom Arzt weniger wissen, was ihm fehlte, sondern wie es mit ihm weitergehen würde. Daher hing das Ansehen eines Arztes nicht von der Diagnose, sondern von seinen Fähigkeiten zur Prognose ab. Nach dem »Prognosticon« des Hippokrates sollte der Arzt am Krankenbett nicht nur den Zustand des Patienten in Erfahrung bringen, sondern über die Diagnose hinaus dessen Vertrauen gewinnen, um über etwaige verschwiegene Beschwerden informiert zu werden, um dann in Kenntnis des vollständigen Krankheitsbildes im Voraus zu wissen, wie das Schicksal des Kranken verlaufen würde.

Oben links: Römische Statue; London, Wellcome Institute Library

Oben rechts: Holzschnitt aus »Opera Chirurgica« von Ambroise Paré, Frankfurt/M., 1594; Bonn, Universitätsbibliothek

ANTIKE GRUNDLAGEN

In den umfangreichen Anlagen des Asklepieion, einem Therapiezentrum des Asklepioskultes, behandelten in der Heilkunde erfahrene Priesterärzte Körper und Seele ihrer Patienten

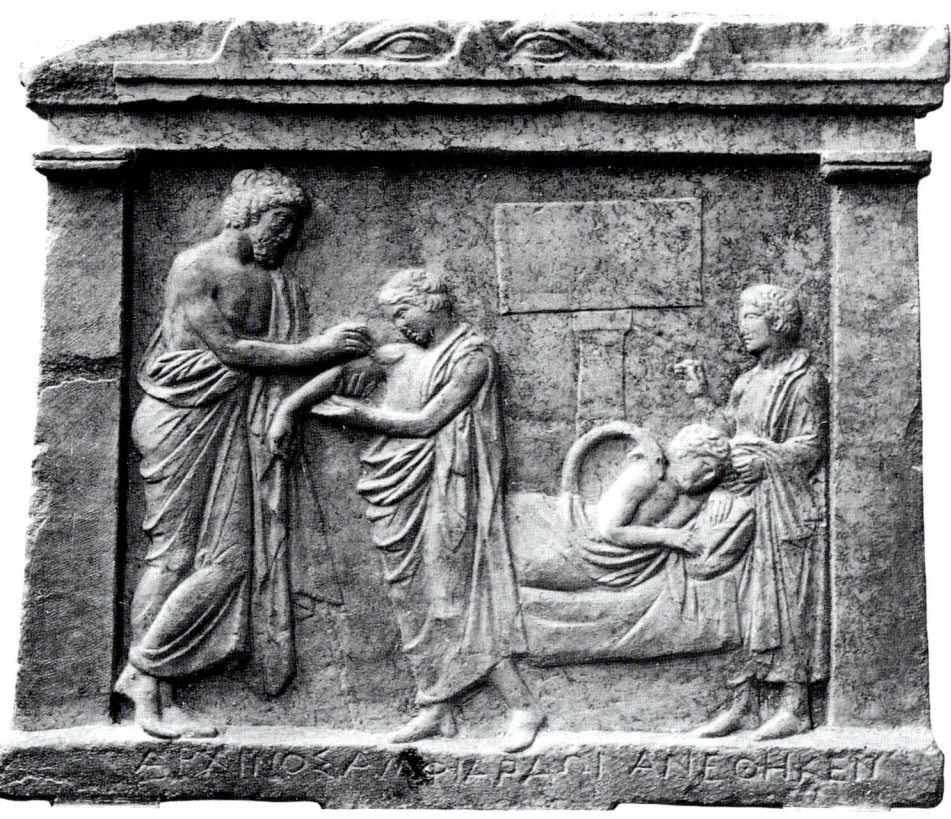

Griechische Stele; Athen, Archäologisches Nationalmuseum

> Die Heilkunst umfasst dreierlei: die Krankheit, den Kranken und den Arzt.
>
> *Hippokrates, Epidemiorum I*

Als wichtiges Mittel diente dabei die Vorstellung von der Beeinflussung der menschlichen Natur, der *physis*, durch den »Haushalt der Säfte«. Demzufolge wurde Gesundheit als Zustand eines harmonischen Gleichgewichts angesehen, während Mangel, Überfluss oder Verdorbenheit der Säfte zur Krankheit führten. Diese war somit nicht auf einen bestimmten Teil des Körpers beschränkt, sondern floss im Körper, das heißt, sie betraf den ganzen Menschen. Dem Arzt zeigte sich eine Störung durch Fieber oder durch die Entzündung einer bestimmten Körperregion an. Leichte Störungen konnten durch den Organismus selbst behoben werden, der über Ausscheidungen wie Kot, Urin, Schweiß und Monatsblutungen die fehlende Harmonie wieder herstellte. Von diesem Vorgang war die Konstitution des Patienten abhängig. Modern muten Überlegungen zu Luft, Wasser und Boden, also zu Umwelteinflüssen an. Dazu kamen Faktoren wie Alter, Geschlecht, Nahrung, Arbeit und schließlich die eingangs erwähnten Lebensgewohnheiten. An erster Stelle der therapeutischen Maßnahmen standen diätetische Ratschläge, an zweiter Stelle behandelte man medikamentös. Von geringer Bedeutung für die hippokratische Medizin waren chirurgische Eingriffe. Die *krisis* stellte für den Arzt die entscheidende Phase einer Krankheit dar, die im Sinne des beschriebenen Fließgleichgewichts eine Zu- oder Abnahme erkennen ließ und richtungsweisende Behandlungshinweise gab.

Nicht erklärbar waren auf dieser Grundlage Seuchen, die große Menschengruppen betrafen. Indem man die Ursache für die Erkrankung in der Störung der vier *humores* des Einzelnen suchte, blieb den antiken Ärzten die Möglichkeit einer Ansteckung verborgen.

Schreibende Wissenschaft – »Corpus Hippocraticum«

Die Lehre von den Säften wurde zusammen mit Krankengeschichten, Darstellungen von Seuchen und chirurgischen Abhandlungen in dem 60 Schriften umfassenden Sammelwerk »Corpus Hippocraticum« niedergelegt. Um 300 v. Chr. entstanden, beinhaltet das Werk neben den Schriften des Hippokrates und seinen Nachfolgern auch Überlieferungen großer Ärzteschulen wie denjenigen von Kos und Knidos. Über die Rezeption durch den arabischen Kulturkreis sollte diese wichtigste Sammlung antiker Heilkunde schließlich im Zeitalter des Humanismus auch in das christliche Abendland gelangen. Mit dem »Corpus Hippocraticum« vollzog die Medizin laut Eckart den entscheidenden Schritt zu einer schreibenden Wissenschaft, die ihre Erfahrungen festhielt, sammelte und verglich. Hippokrates selbst zählte zu den bedeutendsten Leistungen der Heilkunst die Fähigkeit, schriftliche Überlieferungen zu beachten, um in der Praxis schwer wiegende Fehler zu vermeiden.

Wundverband und Abführmittel

In der Therapie behandelten die hippokratischen Ärzte gemäß den äußeren Merkmalen. Hierzu stellte das »Corpus Hippocraticum« nahezu 300 Arzneimittel, wie etwa den vielseitig gebrauchten Nieswurz, bereit. Im Vertrauen auf die selbstheilenden Kräfte der Natur wurden Mittel angewandt, die entweder abführend wirkten oder nach deren Einnahme sich der Patient erbrechen musste. Dem Gedanken der Reinigung entsprachen beispielsweise bei Erkrankungen im

Wie der griechische Held Achilles auf nebenstehender Abbildung die Wunden des Patroklos verbindet, so mussten sich die Krieger häufig gegenseitig helfen und die Verletzungen oder Erkrankungen ihrer Kameraden behandeln

Mund- und Rachenraum Spülungen mit Mundwässern und heilsame Dämpfe, bei denen man eine Mischung aus Öl, Essig und Kräutern durch das Rohr eines erhitzten Kruges inhalierte. Bei frischen Verletzungen und Wunden legte man Verbände aus Mehlbrei, Gummi oder Harz an, benutzte eine Teersalbe oder tauchte Kompressen zuvor in Wein. Sollten Geschwüre oder Fisteln behandelt werden, so riefen mineralische Stoffe wie Kalk, Kupferoxide oder Grünspan eine ätzende Wirkung hervor. Metallverbindungen kamen auch zum Einsatz, um Blutungen zu stillen. Zudem nutzte man die Gerbstoffe von Pflanzen, die zum Beispiel in Galläpfeln und den Blättern des Ölbaums enthalten sind. Weitere natürliche Lieferanten der Peloponnes waren Zypresse, Zeder und Pinie.

Der Eid des Hippokrates

Zu den bekanntesten Textstücken des »Corpus Hippocraticum« zählt der so genannte »Eid des Hippokrates«. Man nimmt heute an, dass dieser Eid ursprünglich wohl für eine kleine Arztsekte im 4. Jahrhundert v. Chr. entstanden war, die von den Lehren des Philosophen Pythagoras beeinflusst war. Zunächst schwor

Detail einer Schale von Sosias, um 50 v. Chr.; Berlin, Staatliche Museen Preußischer Kulturbesitz

man beim Gott Apollo, der sowohl heilen als auch Krankheiten bringen konnte – wie zum Beispiel die Pest in das Lager der Griechen vor Troja. Hierauf folgte der hilfreiche Asklepios als Sohn des Sonnengottes mit seinen Töchtern Hygieia, die als Lehrerin der Gesundheit und der Krankheitsvorbeugung galt, und Panakeia, der Kennerin der Heilpflanzen. Eine gewisse Schutzfunktion hat man darin erkannt, dass bei den aufgezählten ärztlichen Tätigkeiten das Schneiden und Brennen gemieden werden sollten, handelte es sich dabei doch um riskante Eingriffe, die leicht den Ruf des Arztes schädigen konnten. Als Vorläufer des heutigen Arztgelöbnisses werden bereits im Eid des Hippokrates mit der Schweigepflicht oder der Betonung, dass die etwaige Anwendung medizinischer Maßnahmen stets auf den Vorteil des Kranken gerichtet sein müsse, auch zentrale Leitsätze ärztlichen Handelns beschrieben, die über mehr als zwei Jahrtausende hinweg ihre Gültigkeit behalten haben.

Der ideale Arzt: wohlgenährt und besonnen

Die Würde des antiken Arztes resultierte nicht nur aus seinem medizinischen Wissen, sondern auch aus seinem Erscheinungsbild. Von gesundem Aussehen und wohlgenährt, sollte er ein gutes Beispiel für die Beachtung des eigenen Körpers geben. Wohlriechende Salben und saubere Kleidung vervollkommneten sein Auftreten. Reife Ärzte verhielten sich mäßig gegenüber allen Dingen. Den besonnenen Charakter unterstrich ein nachdenklicher Gesichtsausdruck, während man sich allzu großer Fröhlichkeit und Gelächter enthalten sollte. Da sich die Kranken in seine Hände begaben, sollte der Arzt diesem Vertrauen gerecht werden. Höflich und genügsam verhalte er sich bei Tisch und nehme bei seinen Honorarforderungen Rücksicht auf die Vermögenslage seiner Patienten, denn »wo Liebe zur Menschheit, da ist auch Liebe zur ärztlichen Kunst!«

Wer sich als Arzt anders verhielt, den verglich Hippokrates mit einem Statisten in der Tragödie. Ähnlich dem Schauspieler habe dieser Gestalt, Kostüm und Maske, ohne wirklich Schauspieler zu sein. So gebe es dem Namen nach viele Ärzte, in Wirklichkeit aber sehr wenige. Die Unwissenheit und Leichtfertigkeit ihrer Vertreter seien Schuld daran, dass die Heilkunde, die eigentlich die vornehmste Kunst sei, hinter allen anderen Künsten zurückbleibe.

Griechische und römische Heilkunst

Die bisherigen Ausführungen können jedoch nicht über die Tatsache hinwegtäuschen, dass in der Antike viele Krankheiten als unheilbar galten und sich nicht nur Plinius der Ältere (23–79 v. Chr.) einen plötzlichen Tod als höchstes Glück des Lebens wünschte. Gemäß dem Ideal der griechischen Aristokratie, das Sittlichkeit mit Gesundheit verknüpfte, galt die Pflege Hilfsbedürftiger und Schwacher nicht als Leitbild des Gemeinwesens.

Krankheit als Makel

Übereinstimmend hatte sich auch Platon (427–347 v. Chr.) in seinem Werk »Der Staat« kritisch zu der Last geäußert, die eine übermäßige Sorge um Kranke mit sich bringe. Konnte man nach Cato dem Älteren kranke Sklaven nicht rechtzeitig verkaufen, so sollte man zumindest deren Verpflegung reduzieren. Angesichts dieser geringen Stellung des Kranken in der antiken Gesellschaft kamen Tempelheilungen, wie dem Heilschlaf des Asklepioskultes, sowie dem weit verbreiteten Glauben an Heilzauber mittels Amuletten und Besprechungen eine große Bedeutung zu.

Granatapfel und »servus medicus«

Nach Ovid hatte der griechische Gott der Heilkunst, Asklepios, in Gestalt einer Schlange ein römisches Schiff bestiegen, um auf einer Tiberinsel selbst den Standort eines neuen Heiligtums zu bestimmen. Den konkreten Hintergrund für diese poetische Schilderung bildete die Einverleibung des hellenistischen Kulturraumes in das Römische Imperium, das mit der fremden Gottheit auch neue Formen der Heilkunst aufnahm. In der Kaiserzeit verfügte die römische Großfamilie meist über einen *servus medicus*, der besondere Heilkenntnisse besaß. Die rustikale römische Hausmedizin mit ihren einfachen Mitteln wie Wein, Wolle, Granatäpfel oder Kohlkuren befand sich nämlich auf einem ständigen Rückzug. Als einer dieser »Medicinalsklaven« kam der Grieche Asklepiades um 100 v. Chr. nach Rom. Mit einer Therapie aus Diät, Wein, Bädern und Bewegung entwickelte er alsbald eine schnelle, sichere und angenehme Behandlungsmethode, die sich besonders für die Besitzer erkrankter Sklaven und Landarbeiter anbot.

Bürgerrecht und Skalpell

Gesellschaftlich waren die fremden Ärzte bei den Römern nicht hoch angesehen. Laut Cato brächten die fremden Wissenschaften nur Unheil, und insbesondere die griechischen Ärzte hätten sich aufgemacht, mit ihrer Heilkunst die *barbari* zu verderben. Die Lage ausländischer Vertreter der Medizin besserte sich erst unter Cäsar, der ihnen ermöglichte, das Bürgerrecht zu erwerben. Fortan war eine Anstellung als Heer- und Gladiatorenarzt möglich. Daneben ist ein breites typologisches Spektrum von Augenärzten, Ohrenärzten, Diätikern, Steinschneidern, Frauenärztinnen oder Zahnärzten nachgewiesen. Über die Frauenheilkunde gibt etwa das Grabrelief einer Hebamme aus dem 2. Jahrhundert n. Chr. Auskunft, auf dem eine Kreißende auf einem Gebärstuhl und eine vor ihr kniende Hebamme abgebildet sind.

In der Kaiserzeit entstand der Begriff *archiater*, von dem sich die deutsche Bezeichnung »Arzt« ableitet. Die Ausbil-

Eine römische Apothekerin

Relief, 2. Jh. n. Chr.

Anschaulich unterweist ein arabischer Lehrer seinen Schüler über Wirkung und Beschaffenheit einer Heilpflanze, deren Heilkräfte von zahlreichen Faktoren wie der Bodenbeschaffenheit, der Jahreszeit oder der Witterung abhängig waren

dung zum Arzt erfolgte ebenso wie zuvor bei den Griechen in direkter Beziehung zwischen Meister und Lehrling. Zur Arbeitsweise des Arztes liefert das »Haus des Arztes« in Pompeji einen Beleg für lichtdurchflutete Behandlungs- und Untersuchungsräume, in denen eine Vielzahl medizinischen Instrumentariums vorhanden war, wie Scheren, Skalpelle oder Schröpfköpfe.

Badeanlagen und Sumpffieber

Einen wichtigen Beitrag zur Hygiene und zum städtischen Gesundheitswesen leisteten die Römer mit einer ausgereiften privaten und öffentlichen Badekultur und der Anlage bedeutender Wassersysteme. Man kannte Kalt-, Warm- und Schwitzbäder. Große Thermen und Aquädukte wurden in vielen Landschaften zu Symbolen des Römischen Reiches. Ebenso wie ein besonderer Wasserbeamter die Güte der Wasserversorgung Roms garantierte, sorgte die *cloaca maxima* für die entsprechende Entsorgung. Prophylaktisch legte man Sümpfe trocken, wobei bereits ein Zusammenhang zwischen kleinen Lebewesen und den Fiebersümpfen mit ihrer schlechten Luft, der *mala d'aria*, vermutet wurde. Doch die dies schrieben, waren intelligente Laien, wie Marcus Terentius Varro (116–27 v. Chr.), während die offizielle Medizin hiervon keine Kenntnis nahm.

Ein römischer Sammler

Überließen die Römer die medizinische Praxis meist ausländischen Ärzten, so sind eigenständige Leistungen auf dem Gebiet des Sammelns und Ordnens zu verzeichnen. An erster Stelle ist hier die Enzyklopädie des Aulus Cornelius Celsus zu nennen, der im 1. Jahrhundert n. Chr. in seinem Werk »De medicina« auch das Heilwissen seiner Zeit zusammentrug. Mehr als 70 antike Autoren und mehrere Medizinschulen des griechischen und römischen Kulturraums sind auf diese Weise greifbar. In der Pathologie besticht er durch klare Begrifflichkeit, in der Chirurgie verzeichnet er ebenso Katheter wie Star- und Bruchoperationen. Erkenntnisse der antiken Entbindungskunst tradierte er durch die Nennung unterschiedlicher Kindslagen sowie die Wendung in die richtige Geburtslage.

1000 Heilmittel

Als grundlegend für die Arzneimittelkunde des Mittelalters sollte sich der zeitgleich wirkende Pedanios Dioskurides erweisen, der aus dem in der heutigen Türkei gelegenen Kilikien stammte. Unter den Kaisern Nero und Vespasian diente er als Militärarzt im Mittelmeerraum, wo er sich umfangreiche Kenntnisse der dortigen Flora und Fauna erwarb. Besonders seine qualitätvollen Wiedergaben und gründlichen Beschreibungen von 800 medizinischen Nutzpflanzen, darunter Kamille, Rizinus, Lorbeer, Enzian und die sagenumwobene Mandragora oder Alraune, sollten grundlegend für die *materia medica* des Mittelalters werden. Dazu kamen tierische und mineralische Produkte: alles in allem etwa 1000 Heilmittel. Bei der Herstellung von Präparaten hatte man nicht nur auf die Zusammensetzung, sondern auch auf die Qualität der Stoffe zu achten, da die Heilkräfte der Pflanzen von der Bodenbeschaffenheit, der Witterung und der Jahreszeit abhingen.

Die pharmakologischen Ausführungen des Dioskurides und das Sammelwerk des Celsus lebten in zahlreichen Handschriften des frühen und hohen Mittelalters fort, wie in dem so genannten »Wiener Dioskurides«, einer Prachthandschrift des 6. Jahrhunderts. Aufgrund der Schönheit ihres klassischen Lateins geschätzt, wurden beide Werke erstmals 1478 in Italien gedruckt und erfreuten sich in der Folge zahlreicher Neuauflagen.

Byzanz, 13. Jh.; Istanbul, Topkapi Sarayi Museum, Ms. Ahmet III, 2127, fol. 2

et co:b; uthumidis. q: facit i eis putredine. Remo noci mundificando co:? Geñatiu

ANTIKE GRUNDLAGEN

Galen und das »Haus der Medizin«

Der Höhepunkt der alten Medizin sollte mit dem berühmten Arzt Galen von Pergamon (129–199 n. Chr.) erreicht werden. Nach dessen eigener Einschätzung hatte Hippokrates die Grundlagen für die Medizin gelegt, doch sollte es ihm vorbehalten sein, die Heilkunst wie die Heerstraßen des Römischen Reichs erst gangbar zu machen. Nach dem Studium der Medizin in Korinth, Smyrna und Alexandria war Galen zunächst als Gladiatorenarzt in seine Heimatstadt zurückgekehrt. Von dort übersiedelte er ins Zentrum der damaligen Welt, nach Rom, wo er eine von der Oberschicht der Stadt viel besuchte Praxis unterhielt, bevor er zum Leibarzt von Kaiser Marc Aurel aufsteigen konnte. Seine enorme literarische Produktion – die Gesamtausgabe umfasst 20 000 Seiten – erwies sich über Jahrhunderte hinweg in vielen Teilgebieten der Heilkunde als theoriebildend.

Der Erfolg Galens beruhte darauf, dass er die wichtigsten philosophischen und medizinischen Strömungen von Platon und Aristoteles über Hippokrates bis zu den Erkenntnissen so berühmter Medizinschulen wie Alexandria zu einem stark schematisierten Konzept zusammengefasst hatte. Derart übersichtlich geordnet, besaßen die Ärzte somit ein geeignetes Hilfsmittel für die tägliche Arbeit. Indem Galen den Körper nicht als eine zufällige Anhäufung von Atomen ansah, sondern davon ausging, dass der »Schöpfer der Lebewesen« jedes Organ für einen bestimmten Zweck geschaffen habe, aus dem sich seine Funktion ableite, war Galen dem Christentum wie dem Islam gleichermaßen willkommen.

Die Wissenschaft vom Gesunden und vom Kranken

Prinzipiell stand für Galen die Pflege der Gesundheit gleichberechtigt neben der Heilkunde. Sein »Haus der Medizin« baute daher auf der Vorstellung auf, dass Gesundheit, die *res naturales*, und Krank-

Galen und Hippokrates in mittelalterlichem Gewand

Apothekenschrank aus der Kaufbeurer Stadtapotheke

heit, die *res contra naturam*, nicht die alleinigen Zustände des Daseins seien, sondern zwischen diesen Extremen ein breiter neutraler Bereich, die *res non naturales*, existiere. Hier setzen gezielte Maßnahmen der Lebensordnung und der Lebensführung an, denn die Gesundheit sei weder zu bewahren noch wieder herzustellen, wenn man nicht wisse, was sie sei. Medizin wird nach dieser Auffassung zur Wissenschaft vom Gesunden und vom Kranken. Für die Praxis bedeutete dies die Anwendung diätetischer oder pharmazeutischer Mittel, die auf den Lebenswandel ausgerichtet waren. Außerdem kannte Galen als ehemaliger Gladiatorenarzt selbstverständlich auch die Möglichkeiten der Chirurgie. Letztendlich war für Galen jedoch das Bemühen des Arztes vom Wissen um die Selbstheilkraft der Natur getragen. Der Arzt war demnach lediglich unterstützend und fördernd tätig.

In seinen theoretischen Schriften führte Galen in vielen Gebieten neue Sichtweisen ein. Dabei bediente er sich zum Teil einfacher Experimente, wie zum Beispiel in der Neurophysiologie dem Abbinden von Nerven und Blutgefäßen. Als Pathologe zeigte er, dass im Gegensatz zu damals bestehenden Annahmen sowohl Venen als auch Arterien Blut enthielten. Beeindruckt war man auch von seinen anatomischen Kenntnissen. Als problematisch erwies sich indes, dass Befunde aus der Sektion von Affen und Schweinen im Analogieschluss auf den Bau des menschlichen Körpers übertragen wurden. Erst den großen Ärzten der Renaissance sollte es gelingen, sich von Galens Einfluss zu lösen.

Ähnliches gilt auch für die Behandlung von Wunden, wo seine autoritär vorgetragene Theorie des »guten und lobenswerten« Eiters eine aseptische Behandlung sogar bis ins 19. Jahrhundert hinein behinderte.

> Da aber der Zeit wie auch der Wertschätzung nach die Gesundheit vor der Krankheit kommt, müssen wir doch wohl zunächst darauf schauen, wie man sie bewahren kann und erst in zweiter Linie, wie man wohl am besten die Krankheiten ausheilt.
> *Galen*

Die vier Temperamente

Mit seiner Lehre von den vier Temperamenten entwickelte Galen die hippokratische Säftelehre weiter. Da er damit für die mittelalterliche Heilkunst quasi zur Autorität schlechthin wurde, wollen wir uns hier näher mit seinem Denkgebäude befassen. Zu den bis dahin angenommenen vier Körpersäften mit ihren jeweiligen Qualitäten fügte der römische Arzt die jeweils vier Kardinalorgane, Tages- und Jahreszeiten sowie Lebensalter hinzu, wodurch ein allumfassendes Erklärungsmodell entstand. Krankheit beruhte demnach auf einer Fehlmischung der Säfte. Außerdem konnte man die einzelnen Säfte an ihrem Geschmack erkennen, denn Blut war süß, die gelbe Galle bitter, die schwarze Galle sauer und scharf und der Schleim salzig.

Ausführlich behandelte Galen die Frage des Stoffwechsels und der Bewegung des Blutes. In enger Verbindung mit der Verdauung entstehe demnach das Blut, das man nicht mehr zu den Säften zählte, sondern als ein Gemisch aus den vier Kardinalsäften ansah. Da Galen nicht von einem Kreislauf und einer begrenzten Blutmenge ausging, musste nach seiner Meinung in der Leber ständig neues Blut produziert werden. Im Herz mit dem »Lebensgeist« angereichert, würde es sich vollständig in den Organen und an der Peripherie des Körpers verbrauchen.

Seines Erachtens erfolgte die Verdauung in drei Phasen, wobei nach der Nah-

Aufbauend auf den Grundlagen, die Hippokrates, der »Vater der Medizin« geschaffen hatte, führte der bedeutende Arzt Galen von Pergamon die Medizin der Antike zu ihrem Höhepunkt

ANTIKE GRUNDLAGEN

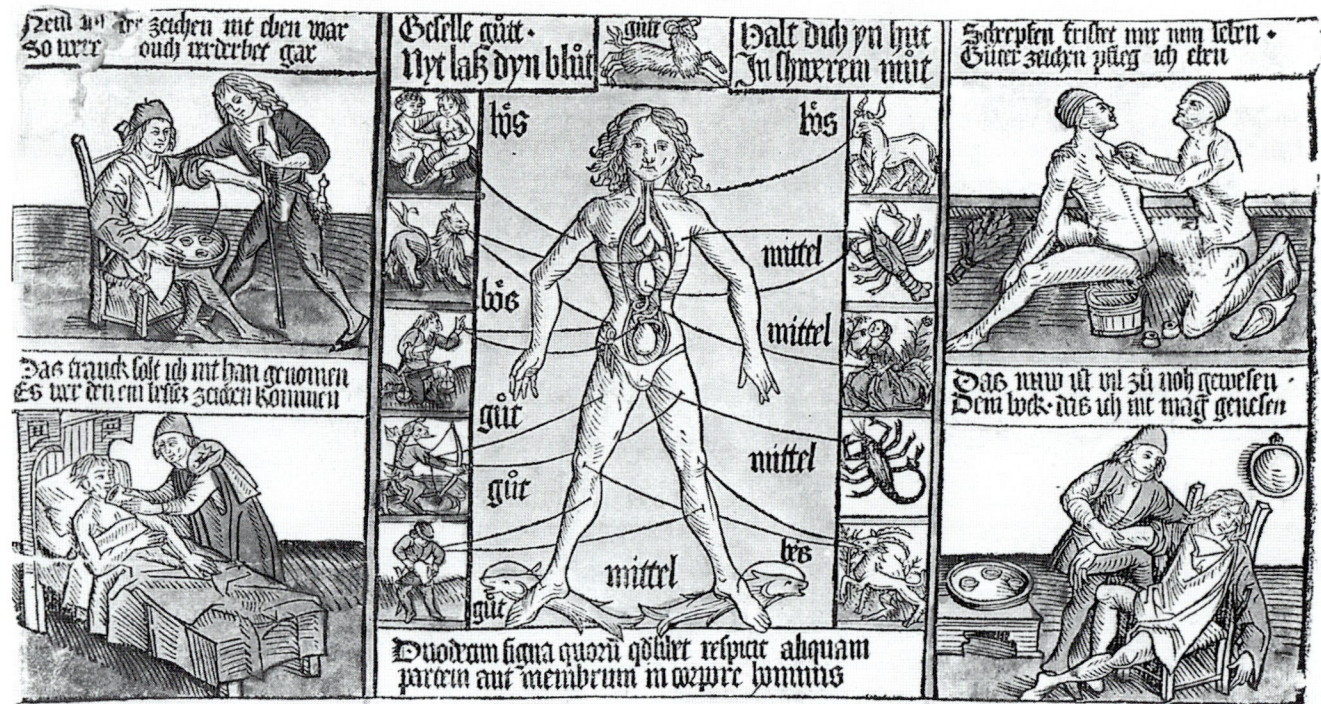

»Lassmännlein« wiesen den richtigen Weg zur Gesundheit

Aderlasskalender, Straßburg, 1492; München, Bayerische Staatsbibliothek, Graphische Sammlung

rungsaufnahme zunächst die Milz aus dem Speisebrei die »erdigen« Bestandteile mit der schwarzen Galle aufnehmen würde. Im Anschluss an die Bildung von rotem Blut in der Leber unter Mithilfe des »Naturgeistes«, sauge die Gallenblase die überschüssige gelbe Galle ab. Die Versorgung des Gehirns führe zum »Seelengeist«, während der Rest als weißer Schleim durch die Nase abgegeben werde. Schließlich setze die Haut die restlichen Abfallprodukte frei.

Nach dieser Theorie konnte kein völliger Ausgleich der Körpersäfte eintreten. Das Übergewicht eines Saftes legte den persönlichen Charakter fest, das Temperament. Demnach überwog bei den Sanguinikern das Blut, das sie überreizt, aber auch heiter machte. Für das jähzornige und heftige Wesen der Choleriker sorgte die gelbe Galle. Wie der Schleim waren die Phlegmatiker langsam, zähflüssig und zögerlich. Bei den Melancholikern bewirkte die schwarze Galle ein trauriges Gemüt. Wo in den Säftehaushalt regulierend eingegriffen werden musste, bevorzugte man evakuierende Maßnahmen, die aus Aderlass, Schröpfen, vermehrter Harnentleerung, Schwitzen oder der Einnahme von Brech- und Abführmitteln bestanden. Auch das Niesen galt als therapeutisches Mittel.

Als Methode zur Diagnose empfahl Galen besonders die Harnschau und die Pulsuntersuchung. Als Therapie sollten den Krankheitserscheinungen entgegengesetzt wirkende Arzneimittel nach dem Prinzip *contraria contrariis* verabreicht werden. Hierzu ein Beispiel: Lag eine Krankheit der schwarzen Galle vor, die als kalt und trocken eingestuft wurde, behandelte man den Patienten mit feuchten und heißen Mitteln.

Die Pharmazie ist es denn auch, die mit den Bezeichnungen »galenische Präparate« und »Galenika« für aus Drogen und natürlichen Stoffen hergestellte Extrakte, Tinkturen, Aufgüsse oder Salben den Namen dieses großen römischen Arztes bis zum heutigen Tag nachwirken lässt.

Das Mittelalter zwischen Heilkunde und Glaube

Eine kritische Auseinandersetzung mit der Heilkunde der griechisch-römischen Antike lässt sich bei den Kirchenvätern und Apologeten des frühen Christentums feststellen. Nicht auf Apollo oder dessen Dämon Asklepios wollte man vertrauen, sondern Krankheit, Schmerz und Leid statt dessen als Teil der Schöpfung Gottes annehmen. In diesem Zusammenhang entstand auch das Motiv des *Christus medicus*, dessen überlieferte Heilungswunder als Zeichen anbrechender Gottesherrschaft gedeutet wurden. Für Hieronymus (348–420) galt Christus als der wahre Arzt – als vergeistigter Hippokrates. Schwierig zu beantworten war jedoch die Frage, ob der Mensch überhaupt berechtigt sei, durch Erforschung des menschlichen Körpers und die Behandlung von Krankheiten in den Heilsplan einzugreifen. Verworfen wurde allerdings auch die Einstellung, wonach Krankheit als gesteigerte Form der Askese begriffen wurde. Dass Erkrankungen jedoch der Ernüchterung und Läuterung dienlich sein könnten, meinte etwa Ambrosius (340–397). Ferner galt dem Kirchenvater Krankheit als Bewährung für den Gerechten und als Vorbote des Jüngsten Gerichts. Bei der Anerkennung ärztlichen Wirkens sah er den Körper einerseits nach Platon als Gefängnis der Seele und Sitz von Leidenschaften, andererseits als erhaltenswerten Teil der Schöpfung Gottes an. Die Heilkunde wurde von ihm als ein beständig sich entwickelnder, empirischer Prozess verstanden, bei dem der Arzt im verantwortungsvollen Dienst des Kranken zu stehen habe. Ambivalent fiel die Haltung von Basileos dem Großen (329–379) aus, für den die Medizin zwar ein Geschenk Gottes darstellte, die Krankheit jedoch trotzdem als eine göttliche Ansprache akzeptiert werden musste.

Glaube statt grausamer Eifer

Vehement wandte sich Augustinus (345–430) in seinem Spätwerk »De civitate Dei« gegen anatomische Forschungen. Interessanterweise gelangte er damit aus der Perspektive religiöser Ethik zu einem ähnlichen Ergebnis wie die empirischen Ärzte seiner Zeit mit ihrer Geringschätzung der Anatomie. Den Vorrang räumte man ganzheitlichen Modellen ein, insbesondere wenn man in ihnen christliches Gedankengut wiederzufinden glaubte, wie im Falle Galens. Äußerst eifrig hatte sich im 2. Jahrhundert bereits Tertullian mit heidnischer Philosophie und Wissenschaft auseinandergesetzt. Letztlich hielt aber auch er, der für eine strikte Trennung von Naturwissenschaft und Glaube eintrat, die Medizin als hilfreich für die Christen. Als Warnung Gottes wollte er die Krankheiten verstanden wissen, deren Behandlung deshalb allegorisch mit übel schmeckenden oder schmerzenden Heilmitteln erfolgen sollte. Bitter fiel seine Medizin der Buße also aus.

Heilswunder und christliche Caritas

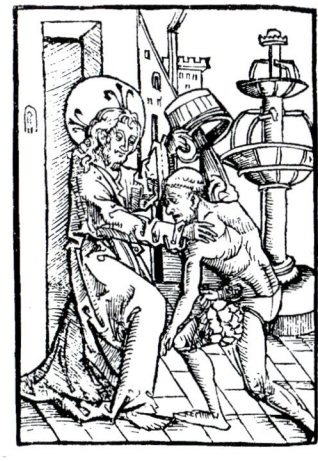

Christus als Bader beim »ab giessen«

Holzschnitt aus der »Badenfart« von Thomas Murner, Straßburg, 1514; München, Bayerische Staatsbibliothek

> Mögen auch die Ärzte, die man Anatomen nennt, in ihrem grausamen Eifer, die Körper ... zergliedern und alles Verborgene im Menschen sehr unmenschlich durchwühlen, um zu lernen, was, wo und wie zu behandeln ist, so hat doch noch niemand die Maßverhältnisse finden können ... auf denen die Harmonie des Körpers beruht, die ihn in seiner innerlichen und äußerlichen Ganzheit gewissermaßen zu einem Organismus macht.
>
> *Augustinus, Gottesstaat*

Heilkundige Gelehrte

Das gesamte Wissen seiner Zeit fasste Bischof Isidor von Sevilla (560–636) zusammen, wobei der große Enzyklopädist in seinen »Etymologiae« der Heilkunde den Stellenwert einer »zweiten Philosophie« zuerkannte. Wie die Metaphysik stehe sie mit allen Wissenschaften und Künsten in Verbindung. Hier begegnet uns wieder das bekannte Bild der ausgewogenen Lebensführung, deren Abweichung unweigerlich zur Krankheit führen würde. Der Diätetik als einer aktiven Kunst der Gesunderhaltung steht damit das Kranksein als Mangel und Unterlassung gegenüber. Auf den Schriften Isidors, der Kirchenväter und antiker Autoren basierte das Werk des Gelehrten Beda Venerabilis (672–735). Von Kloster Wearmouth in Northumbrien aus wurde der ehrwürdige Beda nicht nur zum Begründer der englischen Geschichtsschreibung, sondern vermittelte in seinen naturkundlichen Schriften antikes Wissen für den Schulgebrauch. Zu einer zentralen Ausbildungsstätte des Frankenreichs baute Alkuin (730–804) die Klosterschule von St. Martin in Tours aus. Nachdem er die Hofschule Karls des Großen geleitet und den Kaiser in den *artes liberales* unterrichtet hatte, wechselte Alkuin nach Tours, wo neben den freien Künsten auch Theologie, Recht und Medizin gelehrt wurden.

Christus heilt einen Aussätzigen. Die Kranken mussten ein Horn bei sich tragen, um damit die Gesunden auf sich aufmerksam machen und warnen zu können

Miniatur aus dem Evangeliar Kaiser Ottos III., Reichenau, um 1000; München, Bayerische Staatsbibliothek, Ms. 4453, fol. 167ᵛ

> Schon auch kommt
> Hippokrates Schar,
> es kommen die Aerzte:
> Schlägt der eine die Ader,
> so mischt der andere Kräuter,
> Und mit kräftigem Trank
> füllt Becher und Schalen ein dritter.
>
> *Alkuin*

Das Xenodochium

Zu den Anfängen der christlichen Kranken- und Armenfürsorge zählt das so genannte Xenodochium, eine Fremdenherberge, wie sie vorbildhaft von Bischof Basileos dem Großen in Caesarea an der Ostgrenze des Römischen Reiches geschaffen wurde. Als eine eigene kleine Stadt vor den Toren Caesareas verfügte es über Häuser für Kranke und Pilger, Gebrechliche und Alte sowie für Witwen und Waisen, also für Bedürftige aller Art. Spezielle Unterkünfte waren der Versorgung von Leprakranken vorbehalten. Überschwenglich priesen die Zeitgenossen diese Einrichtung, die von den Reichen zum Wohle der Armen als ein Heiligtum der Liebe errichtet worden sei. Zur Sicherstellung der vielfältigen Bedürfnisse hatte man Wirtschaftsgebäude und Werkstätten angelegt, dazu kamen Baulichkeiten für das Pflegepersonal und Ärztehäuser. Charakteristisch für den Bautyp des Xenodochiums ist die Gliederung in einzelne Funktionsbereiche für die unterschiedlichen Ausprägungen der Armut und Krankheit. Als Zeichen christlicher Armenfürsorge sollten vom 4. bis zum 7. Jahrhundert weitere Einrichtungen dieser Art folgen. Zunächst sind hier Antiochia, Bethlehem, Ephesus und Konstantinopel zu nennen.

Im westlichen Mittelmeerraum folgten die Fremdenherbergen den Handelsrouten. Erstmals sind sie für das Ende des 4. Jahrhunderts in der Hafenstadt Ostia und in Rom nachgewiesen. Die Rhône aufwärts sollte sich ab der Mitte des 5. Jahrhunderts ein Band karitativer Einrichtungen entlang der Bischofssitze von Arles bis Paris (630) hinziehen. Die enge Verbindung des Xenodochiums mit der Cathedra führte schließlich zu deren Verfall. Mit dem Niedergang der Bischofsstädte sollten auch die *synodochia* des Westens aufgelöst oder anderen Zwecken zugeführt werden.

Arztheilige und heilige Ärzte

Als Schutzpatrone der Ärzte gelten vor allem die syrischen Ärzte Kosmas und Damian. Daneben wird aber auch der Evangelist Lukas, den Paulus als *medicus* bezeichnete, verehrt. Auf ihn geht eine der zentralen Stellen des Neuen Testaments zur christlichen Caritas, das Gleichnis vom barmherzigen Samariter, zurück. Sein Symbol, den Stier, nahmen die medizinischen Fakultäten von Basel, Heidelberg und Wien in ihre Siegel auf.

Als kaiserlicher Leibarzt erlebte der hl. Pantaleon wahrscheinlich 305 sein Martyrium bei den Christenverfolgungen unter Diokletian. Für verschiedene Spezialgebiete innerhalb der Heilkunde sind beispielsweise zu nennen: der hl. Mathias für die Augenärzte, die hl. Verena von Zurcoot für die Hebammen sowie Irene von Rom für die Krankenschwestern.

Kommen wir zu den Ärzten hl. Kosmas und hl. Damian zurück. Als Zeichen christlicher Nächstenliebe hatten sie die Heilkunst unentgeltlich ausgeübt. Durch sie erfuhr der schwer kranke oströmische Kaiser Justinian eine wundersame Heilung, nachdem er sich in einer Kirche schlafen gelegt hatte. Hier wird das Motiv des antiken Inkubationsschlafes aufgegriffen, das auch an anderer Stelle in der Vita der Heiligen auftaucht. Nach der dramatischen Schilderung der »legenda aurea« des Jacobus de Voragine hatten die

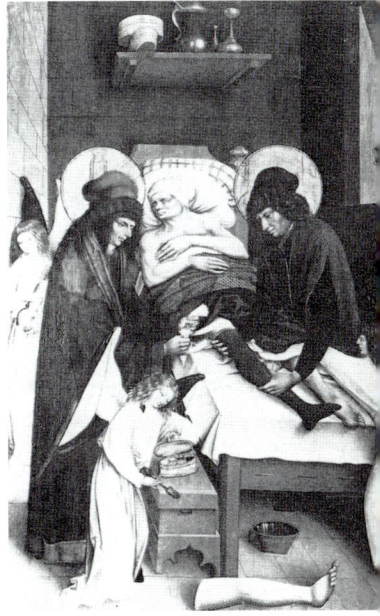

Die wundertätigen Ärzte und Heiligen Cosmas und Damian. Nach der Legende ersetzten sie das erkrankte Bein eines Patienten durch das eines zuvor verstorbenen Mohren

Tafelbild, Anfang 16. Jh.; Stuttgart, Württembergisches Landesmuseum, Inv.-Nr. 989 D XII, 124

»Es ging einmal ein Mann von Jerusalem hinab nach Jericho und fiel unter die Räuber ...«
Das Gleichnis vom barmherzigen Samariter gilt als eine der zentralen Aussagen des Neuen Testaments zur christlichen Armen- und Krankenfürsorge

Evangeliar Kaiser Ottos II., spätes 10. Jh.

Heiligen einem schlafenden Kirchendiener ein krankes Bein entfernt und dem Patienten das Bein eines kurz zuvor verstorbenen Mohren angesetzt.

Mit ihren Attributen Harnglas und Salbenbüchse wurden Kosmas und Damian zu Berufspatronen der Ärzte und Apotheker, mitunter auch der Chirurgen und Barbiere. Hohe Verehrung genossen sie in Konstantinopel, wo eine von Justinian erbaute Kirche mit Hospital und Apotheke zu einer der berühmtesten Wallfahrtsstätten des byzantinischen Reiches wurde. Ihr hohes Ansehen unter den Karolingern wird etwa an der Übergabe der Kopfreliquie des hl. Kosmas an die Benediktinerabtei Prüm deutlich. An nahezu 300 Orten Deutschlands sind sie als Heilige zu finden. Als Stadt- und Ortspatrone fungierten sie gleichermaßen im sächsischen wie im schlesischen Kosma oder im belgischen St. Cosman. Darüber hinaus wurden sie auf den Siegeln der medizinischen Fakultäten von Leipzig, Tübingen, Innsbruck sowie München dargestellt, wo sie in der Jesuitenkirche St. Michael und in der von dem bekannten Baumeister Cosmas Damian Asam geschaffenen gleichnamigen Asam-Kirche bis heute besondere Verehrung genießen.

Kosmas und Damian, die beliebten Schutzpatrone der Heilkunde, *mit Harnglas und Salbenbüchse*

ährend in der schriftlich tradierten Kultur der Mönche auch die Heilkunde ihren Platz hatte, bleibt das volksmedizinische Wissen breiter Bevölkerungsgruppen aus der Zeit des Mittelalters oftmals im Dunkeln. Hier entsteht Raum für nachträglich projizierte Phantastereien und Traumwelten, wie sie etwa die keltischen Druiden als Zauberer, Wahrsager, Naturforscher und Ärzte umgibt.

Merseburger Zaubersprüche

Eine der wenigen Ausnahmen schriftlicher Überlieferung stellen die »Merseburger Zaubersprüche« dar. Im Einband eines Gebetbuchs erhalten, gibt einer der Stabreime Auskunft über das Heilwissen zur Zeit Karls des Großen. Nach ihrem Fundort, der Bibliothek des Merseburger Domkapitels, bezeichnet, wurden sie 1842 von Jakob Grimm veröffentlicht. In der rhythmischen Form des Reims wird zugleich eine auf magischen Vorstellungen basierende Therapieerfahrung tradiert. Der im Original althochdeutsche Text schildert zunächst die Vorgeschichte der Krankheit, die Fußverrenkung eines Pferdes bei einem Ausritt des höchsten germanischen Gottes Wodan mit dem Lichtgott Baldur. Mittels wiederkehrender Worte werden verschiedene Götter beschworen, bevor die eigentliche Zauberformel Wodan als mächtigen Heilgott

Volksmedizin und Magie

Tafelbild, aus der Schule von A. Isenbrandt, um 1550; Amsterdam, Medizinisch-Pharmazeutisches Museum

darstellt. Generell gebot dieser »Zaubervater« über Runen- und Krautzauber. Auch ließ er die schädlichen Geschöpfe der Nacht bei Anbruch des Tages von der Sonne vertreiben.

> Phol und Wodan
> Fuhren zu Holze;
> Da ward dem Baldurs Fohlen
> Sein Fuß verrenkt.
> Da besprach ihn Sinthgut
> Sunna ihre Schwester.
> Da besprach ihn Frija
> Volla ihre Schwester.
> Da besprach ihn Wodan,
> So er wohl konnte:
> So Beinverrenkung,
> So Blutverrenkung,
> So Gliedverrenkung:
> Beine zu Beine
> Blut zu Blute,
> Glied zu Gliedern,
> Als ob sie geleimet seien!
>
> *Merseburger Zaubersprüche, hochdeutsche Übersetzung*

Wodansfinger und Alpdruck

Charakteristisch für eine dämonische Krankheitsauffassung, wie sie sich auch bei so genannten primitiven Kulturen findet, befiel in der Vorstellung der Germanen ein Dämon den Kranken durch Hieb, Stich oder Schuss. Geläufig sind uns heute noch Formulierungen wie »Alpdruck« oder »Hexenschuss«. Wichtig war daher die Besprechung mit magischen Formeln und Gesängen, die der »Lachsner« oder Zauberer anstimmte, dessen gellende Rufe ihm auch die Bezeichnung »Galler« einbrachten. Während der Zauberer Einzelpersonen heilte, war der »Gode« als Opferpriester für das Wohl der ganzen Sippe zuständig. Durch blutige Opfer hielt er etwa Seuchen fern. Wer die Gunst der Götter besaß, konnte allein durch Berührung des kranken Körperteils Heilung bewirken: Der »Wodansfinger« vertrieb den Dämon. Neben kultischen kannte man aber auch heilende Mittel. Den Kranken verabreichte man Kräutertränke, die den Schlaf beförderten, oder man räucherte sie ein, um Geister und Dämonen auszutreiben. Neben dem Lachsner finden wir die Lachsnerin am Werk, wie den Frauen in der germanischen Heilkunde generell eine große Bedeutung zukam.

Weise Frauen und Abwehrzauber

Furcht und Ansehen verband man mit den weisen Frauen, deren Übergang zu den Kultpriesterinnen fließend war, denn Krankheit konnte, wie wir gesehen haben, eine Folge von Verzauberung oder erzürnter Götter sein. Die Wertschätzung der Heilkunst zeigt sich in der heidnisch-germanischen Sagenwelt und Dichtung. Dem Gudrunlied ist zu entnehmen, »daz Wato arzat waere von einem wilden wibe«, das heißt, dass er von einem wilden Weib die Heilkunst erlernt hatte. So erschien Wodan bei der Zeugung des Frühlingsgottes Wali zunächst in der Gestalt einer heilkundigen Frau. Die ältere »Edda« kennt Menglada als Göttin der Gesundheit, der in der jüngeren »Edda« mit Eir eine Schutzgöttin der Heilkunst zur Seite gestellt wurde. Die heilkundige Götterwelt fand bei den Sterblichen ihre Entsprechung in den weisen Frauen, die gleichermaßen in Zauberei und Weissagung erfahren waren. In seiner »Germania« weiß Tacitus davon zu berichten, dass Frauen Wunden und Verletzungen behandeln, innere Schäden beheben und – naheliegend – als Geburtshelferinnen agieren würden. Nach Strabo gab es bei den Kimbern alte grauhaarige Weiber, die barfuß liefen und in wallende weiße Gewänder gekleidet waren. Sie besprachen Krankheiten, suchten deren Ursache in den Runen zu ergründen und brachten an

Der »Hexenschuss« – eine gefürchtete, vermeintlich von Hexen verursachte Missetat, der jeder zum Opfer fallen konnte

Holzschnitt aus »Von den Unholden und Hexen« von Ulrich Molitor, 1489

heiligen Stätten Opfer dar. Hinzu kam die therapeutische Anwendung von Pflastern, Salben und Kräutertränken. Auch dem Quellwasser sprach man eine heilkräftige Wirkung zu.

Aus der synkretistischen Vermischung dieser heidnischen Kulte und magischen Handlungen mit christlichem Gedankengut erwuchsen über das Mittelalter hinausreichende Praktiken, wie die Abwehr von Krankheiten durch Amulette und Talismane. Zahlreiche waren die Möglichkeiten, aufgrund von Verzauberung oder infolge eines »bösen Blicks« zu erkranken. Heilung erreichte man ebenso durch magische Besprechungsformeln wie durch christliche Gebete oder Wallfahrten. Oftmals ersetzte man in bekannten Zaubersprüchen die Namen von Naturgeistern lediglich durch diejenigen von Heiligen. Paradoxerweise stieg der Einfluss der Magie vom frühen bis zum späten Mittelalter beständig an. Mit zunehmenden wissenschaftlichen Erkenntnissen wuchs auch der Glaube an Zauberei und Dämonen. Die Einstellung der Kirche zu diesem Komplex sollte von der Bagatellisierung als heidnischer Unfug bis zur Verfolgung von Hexen und Zauberern reichen, die in der frühen Neuzeit ihren grausamen Höhepunkt fand.

Die Bezeichnung »Hexe« hatte sich aus dem althochdeutschen Begriff »hagzissa« entwickelt, womit das »wilde Weib« aus dem Hag gemeint war, das uns wieder zu den heilkundigen Frauen zurückbringt.

Die Quacksalberin: weise Frau oder Hexe?

Religiöse Medizin

Während die Klosterärzte die Wirksamkeit von pflanzlichen, tierischen und mineralischen Substanzen in Arzneibüchern beschrieben und Schriften der medizinischen Klassiker in ihren Übersetzungen neue Erkenntnisse beisteuerten, vertrauten große Teile der Bevölkerung auf volksmedizinische Erfahrungen und die Kraft der religiösen Medizin. Die heidnischen Götter hatte die Volksfrömmigkeit des Mittelalters durch zahlreiche Heilige ersetzt, die man allgemein zum Schutz vor Krankheiten oder in ganz speziellen Fällen anflehen konnte. Als göttliche Strafe war Krankheit durch Buße heilbar, wobei die Heiligen mit ihrer Fürbitte die Rolle von Vermittlern übernahmen. Die Gründe, warum sich mit einem bestimmten Heiligen Hoffnungen verbanden, waren vielfältig. Zum einen konnte man in den jeweiligen Viten nachlesen, welche speziellen Leiden die Märtyrer hatten erdulden müssen, zum anderen wirkten ihre Reliquien wunder- und heilkräftig. Nicht der Arzt, sondern der Heilige wurde in dieser Gedankenwelt zum wichtigsten Ansprechpartner!

Hans Schäufelein, Nürnberg, Hexenkarte; Nürnberg, Germanisches Nationalmuseum

Frauen bei der Krankenpflege und Zubereitung eines Heiltranks

Miniatur, 14. Jh.; London, British Library, Royal 15 D I, fol. 1

Zur Behebung von Gebrechen begab man sich auf Wallfahrten, spendete Votivtafeln, trug Schutzamulette oder nahm in der frühen Neuzeit beispielsweise kleine Heiligenbildchen aus Papier sogar innerlich ein. Neben typischen Pestheiligen wie dem hl. Sebastian, der im Zusammenhang mit den großen Seuchen des Mittelalters wiederkehren wird, oder Berufspatronen wie den Heiligen Kosmas und Damian, denen man außerdem bei Geschwüren und Infektionen vertraute, waren mehr als ein Drittel der im deutschsprachigen Raum verehrten Heiligen Patrone für bestimmte Krankheiten.

Vielseitige Heilige

Zu den verbreitetsten Beschwerden gehörte das Fieber, gegen das man Wasser oder Wein trank, wobei man zuvor ein geweihtes Kreuz in die Flüssigkeit einlegen musste. Groß war die Auswahl an Fieberpatronen. Über 100 dieser Patrone konnten in diesem Fall Linderung bringen, wie Antonius von Florenz oder der Mönchsvater Benedikt von Nursia, die beide am Fieber verstorben waren. Heilung erfuhr, wer das Grab des hl. Gallus oder des Bischofs Desiderius aufsuchte und berührte. Häufig finden sich Hinweise auf heilkräftige Quellen, die durch das Wirken der hl. Clara, des Abtes Eustachius, des hl. Flavitus oder des Märtyrers Piatus Hilfe verhießen. Als sicheres Fiebermittel galt schließlich Wasser, das man aus der Kopfreliquie Karls des Guten trinken musste.

Wer über Kopfweh oder eine allgemeine »Hauptschwachheit« klagte, wandte sich meist an Heilige, die ihr Martyrium wie Pancratius oder der Arzt Pantaleon durch Enthauptung erlitten hatten. Wirksam waren außerdem die Heiligen Apollonia, Katharina von Siena oder Antonius der Große. Vom Reliquienkästchen des hl. Severinus wusste man zu berichten, dass durch eine Berührung mit dem Kopf baldige Linderung eintreten würde. Desgleichen brachte das Aufsetzen der Kapuze des Roland von Medici Heilung. Während diese Heiligen allgemein bei Erkrankungen des Kopfes halfen, gab es des Weiteren eine Reihe von Spezialisten. Gegen Augenleiden waren schon aufgrund ihrer Namen die Heiligen Augustin, Clara und Clarus zuständig. Darüber hinaus enthalten zahlreiche Legenden Hinweise auf Wunderheilungen an Blinden, wie im Falle von Magnus, Wilhelm oder Nicoletta, die, selbst von einer Augenkrankheit geheilt, ihrerseits einem Kind half. Hatten Entzündungen des inneren oder äußeren Ohres Schwerhörigkeit oder Taubheit verursacht, so wusste man um die Wirkung des Apostels Paulus, des hl. Quirinus oder der hl. Eugenia, an deren Grab bereits viele ihr Gehör wiedergefunden hatten.

Heilöl und Wunderwasser

Eine regelrechte religiöse Heilpraxis bezeugte Gregor von Tours (540–594) für das Grab des hl. Martin, an dem man Öl aus der Grablampe trank oder Staub mit Wein, Wasser oder Öl vermischte. Zudem wusste Gregor zu berichten, dass im Süden Frankreichs durch das Öl des Heiligen eine unter Pferden und Rindern grassierende Viehseuche behoben worden war. Generell sprach man dem Öl von Pilgerstätten eine hohe Wirkung zu, wobei das mit großer innerer Anteilnahme erfolgte Bestreichen und Salben erkrankter Körperstellen sicherlich positiven Einfluss ausgeübt haben dürfte. Hatte bereits Dioskurides auf die günstige Eigenschaft von Olivenöl hingewiesen, so galten in Griechenland während des ganzen Mittelalters das Öl des Apostelgrabs des hl. Andreas sowie der Ölbrunnen des hl. Demetrius als wirksam. Die wundersame Wirkung des Walburgis-Öls ist durch die Aufzeichnung in Mirakelbüchern bekannt, nach denen insbesondere bei Augenleiden, Erkrankungen des Nervensystems und Geistesstörungen eine erfolgreiche Behandlung erfolgt sein soll.

Vielseitig waren Wunderwasser zu gebrauchen, denn im Gegensatz zum kirchlichen Weihwasser konnte dieses *aqua miraculosa* auch von Laien angewendet werden. Man schöpfte es aus Heilquellen, gewann es beim Abwaschen von Reliquien oder es trat am Grab eines Heiligen zu Tage. Vom Benetzen oder Besprengen der erkrankten Körperteile bis hin zu Vollbädern reicht hier das Spektrum der Einsatzmöglichkeiten. Die Übergänge zu den als »Gesundbrunnen« gepriesenen Wild- und Heilbädern sind fließend. Aus ganz Europa hörte man von der wundertätigen Wirkung derartigen Wassers. In England behandelte die Äbtissin und Heilige Brigitta damit erfolgreich Kranke und Blinde. Ebenso wusste in Deutschland die hl. Hildegard um diese Wirkung. Die Liste der religiösen Heiler und der mit ihnen in Verbindung gebrachten Wirkmittel ließe sich beliebig fortsetzen, wie beispielsweise das Heilige-Agatha-Brot bei Brustkrankheiten, die erfolgreiche Anrufung der Heiligen Andreas oder Leander bei Gicht und Rheumatismus oder der Heiligen Drei Könige bei Epilepsie. Die Verbindung von Krankheiten und Heiligen stellte einen festen und überaus wichtigen Bestandteil in der Lebenswelt des Mittelalters dar.

Kreuzblume und Johanniskraut

Aus dem Bereich der Heilkräuter gab es kaum eine Pflanze der Feldraine und Waldlichtungen, die nicht unter Gebeten und speziellen Zeremonien eingesammelt worden wäre. So musste die Kreuzblume, die aufgrund ihrer ätherischen Öle und Gerbstoffe als Mittel der Volksmedizin bei Magen- und Darmstörungen oder Verschleimungen galt, vor der Walpurgisnacht eingesammelt werden, um den schädlichen Einfluss der Hexen zu vermeiden.

Bewusst erhielten alte Heil- und Zaubermittel wie das Johanniskraut Heiligennamen. Bei diesem probaten Hausmittel sollte der rote Saft der Pflanze an das vergossene Blut von Johannes dem Täufer erinnern. Als Öl angewendet, förderte das Johanniskraut die Wundheilung bei Verbrennungen, innerlich angewendet, stärkte es das Herz, reinigte die Leber und half ebenso gegen Depressionen und Wahnsinn wie gegen Bettnässen und Durchfall.

Man kannte zahlreiche Heil- und Zaubermittel, die oftmals in Verbindung zu bestimmten Heiligen standen und deren Namen trugen. So erinnerte beispielsweise der rote Saft des Johanniskrauts an das von Johannes dem Täufer vergossene Blut

Pilger suchen Heilung am Grab des hl. Sebastian. Dieser frühe Glaubenszeuge war von den Pfeilen seiner Peiniger durchbohrt worden und schien deshalb besonders geeignet, vielerlei Gebrechen und insbesondere das grausame Schicksal der Pest abzuwenden, denen die Menschen – wie von tödlichen Pfeilen getroffen – zum Opfer fielen

Josse Lieferinxe, Gemälde, Öl auf Holz, um 1499; Rom, Galleria Nazionale d'Arte Antica, Palazzo

Medizin und Fürsorge im Kloster

Eine der herausragenden Leistungen der Klöster bestand im Bewahren und Sammeln von Wissen. Mit dem Zusammenbruch des Römischen Reiches wurden die Klöster im frühen Mittelalter auch bezüglich der Heilkunst zu wichtigen Stationen antiker Textüberlieferung. Viele Wissenskanäle sollten in der Zeit der Völkerwanderung nämlich verschüttet werden und mühsam trug man in den Bibliotheken der Klöster Mosaiksteine dessen zusammen, was den Ärzten der antiken Welt bereits bekannt und vertraut gewesen war. In erster Linie entstanden praktische Anleitungen wie zum Beispiel Anweisungen für die Krankenpflege oder die richtige Anlage und Nutzung von Kräutergärten. Als erschwerend erwies sich im lateinischen Westen, dass Griechisch als die Sprache der klassischen Medizin nurmehr bedingt verstanden wurde. Bedeutung erlangten einige Klöster des Abendlandes daher als regelrechte Übersetzerzentren.

Hier wurde gelesen und kopiert, das heißt, man fertigte Abschriften an – und erfand nebenbei die Brille. Zunächst bediente man sich so genannter Lesesteine, die als geschliffene Linsen aus Quarz oder Bergkristall direkt auf das Pergament gelegt wurden. Erst im späten Mittelalter ging man dazu über, zwei Gläser vor die Augen zu halten, wobei der Bergkristall oder Beryll der »Brille« ihren Namen gab. Von den Skriptorien der Mönche aus hat die Sehhilfe dann ihren Siegeszug an die Höfe und in die Städte angetreten.

Bleiben wir in der Welt der Klöster, so lag hier das Interesse an antiken Texten vor allem im Bereich theologischer Werke. Dies zeigt uns ein kurzer Blick auf das Bibliotheksverzeichnis des berühmten Klosters St. Gallen: Im 9. Jahrhundert standen hier 1000 theologischen Werken lediglich sechs Bücher zur Medizin gegenüber.

Das Kloster Monte Cassino

Als eines der bedeutendsten Zentren der Wissensvermittlung im frühen Mittelalter galt das Kloster Monte Cassino, das durch

Gesundheit und Krankheit im Rhythmus klösterlichen Lebens

Der Dichter Vergil, abgebildet als Gelehrter, der bereits mithilfe einer Brille liest

Ludger tom Ring d. Ä., Gemälde, um 1450; Münster, Landesmuseum für Kunst und Kulturgeschichte

Die »sieben freien Künste« stellten die Grundpfeiler des mittelalterlichen Strebens nach Wissen dar

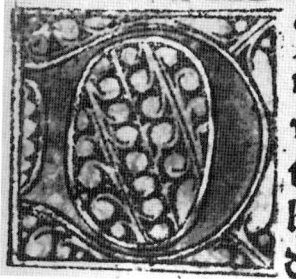

Holzschnitt aus dem »Spiegel des menschliche lebens« von Rodericus Zamorensis, Augsburg, 1479; München, Bayerische Staatsbibliothek

Benedikt von Nursia (um 480–550) ins Leben gerufen worden war. Von hier nahm die bekannte Forderung »ora et labora« ihren Ausgangspunkt. In zahlreichen Handschriften überliefert, bildete die Benediktregel spätestens seit dem 9. Jahrhundert die Grundlage für den Rhythmus der meisten klösterlichen Gemeinschaften des Abendlandes. Bedeutung für die Wissenschafts- und Medizingeschichte hatte dieses Kloster in Latium bereits während des 6. Jahrhunderts durch das Wirken des römischen Staatsmannes und Gelehrten Aurelius Cassiodor erlangt. Nachdem dieser sich am Ende seines Lebens dorthin zurückgezogen hatte, hinterließ er in zusammenfassenden Darstellungen die Kernpunkte der Werke des Hippokrates, Galen und byzantinischer Kompilatoren.

Noch einmal sollte sich der Name des Felsenklosters mit einem wichtigen Einschnitt in der abendländischen Wissenschaftsgeschichte verbinden, als in der zweiten Hälfte des 11. Jahrhunderts ein moslemischer Kaufmann ins Kloster Monte Cassino eintrat, der als Constantinus Africanus die Grundlagen für eine Wiederbelebung der antiken Medizin legen sollte.

Die »medicina« und die »septem artes liberales«

Mit den *septem artes liberales*, den sieben freien Künsten, vermittelte Cassiodor die Grundprinzipien des schulischen Unterrichts. Zunächst in Kloster- und Domschulen wie Tours, Corbie, Fulda und St. Gallen sowie an der Hofschule Karls des Großen angewandt, sollten sie die Basis für die Ausbildung an den mittelalterlichen Universitäten werden. Ihren Namen trugen die so genannten »sieben freien Künste« aufgrund der antiken Vorstellung, dass nur freie Männer ihnen nachgehen dürften. Aber auch für einen Kleriker war Bildung die Voraussetzung für den Aufstieg in weltliche oder geistliche Ämter.

Die *septem artes liberales* waren in zwei Gruppen unterteilt: Im Trivium wandte man sich zunächst der Sprache in Form von Grammatik, Rhetorik und der Dialektik als der Kunst des Überzeugens zu. Hierauf folgte das Quadrivium, das von der Ordnung der Zahlen handelte. Die zugehörigen Künste waren die Geometrie und die Arithmetik, an die sich die Astronomie als die Kunst der Himmelsbeobachtung und die *musica* als Harmonie der Zahlen anschlossen. Zu diesen sieben freien Künsten gesellten sich mitunter zwei weitere: die *architectura* als die Kunst des Bauens und schließlich die *medicina* als die Kunst des Heilens.

»... als wären sie wirklich Christus«

Zur neuen Leitfigur der Klostermedizin wurde der heilkundige Mönch, der sowohl kranke Mitbrüder als auch Bedürftige im Sinne der christlichen Nächstenliebe versorgte. Im 36. Kapitel seiner Regel befasste sich der hl. Benedikt ausführlich mit dem Krankenrevier. Verbindlich legte er fest, dass die Sorge für die Kranken absoluten Vorrang hätte, denn damit diene man wirklich Christus. Obwohl es in der Frage der Behandlung und medizinischen Versorgung Kranker im Laufe des Mittelalters zu unterschiedlichen Auslegungen kam, genossen die Patienten doch stets eine erhöhte Aufmerksamkeit.

Eine ähnliche Sichtweise belegen auch andere Mönchsregeln der frühen Kirche. Für Basilius den Großen (329–379), Mönchsvater des Ostens, war Krankheit nicht nur eine Strafe für Sünden, sondern diente dem wahren Mönch auch als Weg der Erkenntnis und der völligen Hingabe an den göttlichen Willen. Die Sorge um die kranken Mitbrüder ließ im Westen auch Augustinus († 430) besondere Speise- und Hygienevorschriften in seine Regel aufnehmen.

Ein heilsamer Rhythmus

Umsichtig ordnete der hl. Benedikt das Zusammenleben im Kloster, das er einem wohl durchdachten Rhythmus unterwarf. Hier spiegeln sich diätetische Überlegungen der Spätantike wider. Benedikt überließ den einzelnen Mönch nicht mehr sich selbst, sondern regelte, wann er beten, schlafen, essen und arbeiten sollte. Betrachten wir im Folgenden die Bestimmungen für die Mahlzeiten. Außer in den Fastenzeiten sah der Mönchsvater täglich eine Hauptmahlzeit und einen kalten Imbiss vor. Im Sommer aß man gegen 12 Uhr, im Winter um 15 Uhr, der Imbiss sollte noch bei Tageslicht eingenommen werden. Die Hauptmahlzeit bestand aus zwei gekochten Gerichten, zu denen Obst und Gemüse gereicht wurden. Außerdem erhielt jeder Mönch täglich ein Pfund Brot, das seine Grundversorgung sicherte. Je nach Jahreszeit bereicherten Hülsenfrüchte, Eier und Käse die Tafel. Ein rigides Fleischverbot ließ die Benediktiner zu Meistern der Fischzucht werden.

An Getränken reichte man Wein, jedoch sollte hiervon täglich nicht mehr als ein viertel Liter getrunken werden. Ideal und Wirklichkeit werden bei den Ausführungen zum Weinkonsum einander angenähert, wenn es heißt: »Zwar lesen wir, der Wein sei überhaupt nichts für Mönche; weil man aber in unserer Zeit die Mönche davon nicht überzeugen kann, wollen wir uns wenigstens damit zufrieden geben, dass wir nie bis zur völligen Sättigung trinken, sondern etwas weniger«. Hier das rechte Maß zu finden, war eine Kunst, um die sich mancher Mönch vergeblich bemühte, wie zahlreiche Schilderungen zur Trunksucht bezeugen, die als vergleichsweise kleine Sünde gewertet wurde.

Sorge um Leib und Seele

Gemäß der Lebensregel des hl. Benedikt hatten alle Mönche die Schwächen ihrer Mitbrüder mit größter Geduld zu er-

Ein Mönchsarzt salbt die Wunden eines kranken Klosterschülers. Der heilkundige Mönch, der sowohl seine Mitbrüder als auch Bedürftige außerhalb der Klostermauern versorgen konnte, galt als Ideal der Klostermedizin

Miniatur aus der deutschen Gallus-Vita, 1452; St. Gallen, Stiftsbibliothek, Codex 602

Da zur Betreuung der Kranken auch ein reichhaltiger Speisenzettel gehörte, gerieten die Krankenbereiche der Klöster leicht zu Orten der Versuchung. Manch einem Mönch wurde vorgeworfen, sich im Krankenbereich mit feinen und üppigen Speisen den Bauch übermäßig gefüllt zu haben

tragen. Dies betraf auch die körperlichen Gebrechen, denn das harmonische Zusammenleben des Konvents war auf Gesundheit an Leib und Seele ausgerichtet. Es zeichnet die Regel aus, dass auch die Schattenseiten bedacht wurden. In weiser Voraussicht bestimmte Benedikt, dass die Kranken und Schwachen ihre Pflege nicht durch hohe Ansprüche und Klagen erschweren sollten. Indem Benedikt den Dienst am Kranken als Christusdienst begriff, wertete er den Patienten für die klösterliche Gemeinschaft auf.

Ein gottesfürchtiger Krankenwärter

Die direkte Aufsicht und Pflege der Kranken besorgte der *infirmarius*. Hierfür sollte man einen Mann auswählen, der Gott fürchtete und den Patienten sorgfältig und eifrig diente. Zwischen dem *infirmarius* und den Kranken wurde das ansonsten geltende Schweigegebot gelockert, denn schließlich musste er ja erfahren, was seinen Schützlingen fehlte. Oft verfügte dieser Krankenwärter über praktische medizinische Erfahrungen, etwa in der Anwendung von Heilkräutern. Ihm zur Seite stand ein *famulus*, das heißt ein Laie, der sich mit dem *infirmarius* die Krankenwachen teilte. Regelmäßig sollten die Betttücher aufgeschüttelt werden und samstags hatte eine Fußwaschung zu erfolgen. Über den Krankenwärter blieben die kranken Mönche mit der Gemeinschaft verbunden, da er sie regelmäßig über Beschlüsse des Kapitels informierte und soweit möglich auf die Einhaltung der Gebetszeiten achtete. Zudem war er für das leibliche Wohl der ihm Anvertrauten zuständig.

Bad, Wein und Geflügel

Wer als Mönch in das Krankenrevier eingewiesen wurde, unterlag nicht nur einer besonderen Betreuung, auch der Speisezettel fiel reichhaltiger aus. Für die Zeit der Genesung war das strikte Fleischverbot außer Kraft gesetzt. Häufig reichte man Geflügel. Das Fleisch sollte dem Kranken Blut zuführen und seinen Körper wärmen. Dazu kam Wein als stabilisierendes Mittel. Zurückhaltend verhielt sich Benedikt gegenüber der Anwendung von Bädern. Auch hier bildeten die Kranken eine Ausnahme, da sie so oft es ihnen gut tat, ein Bad nehmen konnten.

Aufgrund der besonderen Vergünstigungen und Erleichterungen, die hier herrschten, geriet der Krankenbereich des Klosters als ein Ort der Heilung dennoch leicht zu einem Ort der Versuchung. Zu Beginn des 9. Jahrhunderts beklagte ein lothringischer Abt, dass sich einige Mitglieder des Konvents schwach stellen würden, um den Gebeten und vor allem der zugeteilten Arbeit fern bleiben zu können. Hierzu empfahl er, anstelle der begehrten Fleischrationen lediglich Eierspeisen und heißes Wasser oder Saft zu reichen, damit der Hunger sie von ihrem Krankenlager verjage. Übereinstimmend heißt es im 13. Jahrhundert in der Chronik des württembergischen Prämonstratenserklosters Marchtal, dass der Propst Heinrich zwar ein Feind des Refektoriums, dafür aber ein guter Freund des Krankenspeisesaales gewesen sei. Ebenso wurde seinem Nachfolger Konrad bescheinigt, dass er und einige andere ihren Bäuchen im Krankenbereich feine, üppige Speisen geopfert hätten.

»Extra chorum«

Während der Pflegezeit hielten sich die Kranken »außerhalb des Chores« auf, sie nahmen also nicht an den Chorgebeten teil. Außerdem schliefen und aßen sie nicht gemeinsam mit dem Konvent. Schließlich konnten Krankheiten infolge von Sünden ausgelöst worden sein, daher hatte der Betroffene in sich zu gehen und sich von möglicher Schuld zu reinigen. Erst dann war es für den Genesenden

Mönche, die sich ab und an heimlich im Weinkeller betranken, dürften keine Ausnahmen gewesen sein, wie zahlreiche Schilderungen zur Trunksucht in mittelalterlichen Klöstern bezeugen

möglich, wieder aufgenommen zu werden. Prinzipiell kennen die mittelalterlichen Regelauslegungen drei Gruppen von kranken Mönchen: Dauerhaft wurden die Schwerkranken und Bettlägerigen versorgt. Es folgen Personen, deren Krankheiten noch nicht diagnostiziert worden waren, die aber vorsorglich ein oder zwei Tage abgesondert wurden. Die größte Gruppe bestand aus Mönchen, die sich dem Aderlass als prophylaktische Maßnahme unterziehen mussten.

Der Aderlass wurde gemäß der Sitzordnung im Speisesaal angewandt. Bis zu einem Drittel der Mönche unterzog man gleichzeitig dieser Prozedur, mit der man beabsichtigte, schädliche Säfte im Gehirn zu trocknen, das Gehör zu schärfen, das Blut zu entgiften, von Ängsten zu befreien und eine schöne Stimme zu verleihen. Außer in den Ernte- und Fastenzeiten sowie vor Ostern und Weihnachten wurden die Mönche viermal jährlich zur Ader gelassen. Bis zu zwei Liter Blut konnten dabei fließen, sodass es nicht verwundert, wenn diese Gruppe als geschwächt und erholungsbedürftig geschildert wird. Damit die Mönche möglichst wenig Schaden nähmen, ließ der Prior den Wärmeraum des Klosters heizen.

Gehstöcke und Gottesdienstbesuch

Mit zunehmender Größe der klösterlichen Gemeinschaften wuchs auch das Bedürfnis nach Normen. Daher bemühten

Miniatur, 14. Jh.; London, British Library, Sloane 2435, fol. 44^v

Im 11. Jahrhundert wurde im Kloster Cluny das Verfahren der Krankmeldung eingeführt. Wurde man als krank eingestuft, kam man auch in den Genuss der besseren Kost, meist der begehrten Fleischgerichte. Zur äußeren Kennzeichnung mussten diese »privilegierten« Kranken mit einem Stock gehen, in einem gesonderten Raum übernachten und ihren Kopf bedecken

sich Reformbewegungen wie diejenigen von Cluny und Hirsau um feinere Abstimmungen der Grundregeln. Für das Kloster Cluny legte dessen Abt Hugo im 11. Jahrhundert das Verfahren der Krankmeldung fest. Wer sich krank fühlte, musste dies vor dem Kapitel, der Versammlung der Mönche, kundtun und konnte dann für begrenzte Zeit vom Chordienst befreit werden. Diese *venia* berechtigte den kranken Mönch zu besserer Kost bis hin zu den begehrten Fleischgerichten. Damit man sah, wer als bedürftig eingestuft worden war, mussten die Kranken, die Fleischkost erhielten, in einem gesonderten Raum übernachten, ihr Haupt bedeckt halten und beim Gehen einen Stock benutzen. Auch der Prozess der Genesung vollzog sich in geordneten Bahnen. Als gesund galt, wer ohne fremde Hilfe wieder den Dienst in der Küche versehen konnte.

Sowohl die Fastenzeiten als auch der Rhythmus der Gebete waren soweit möglich einzuhalten. Gestützt durch die Helfer des Krankenwärters nahmen selbst noch Schwerkranke an den Messen und Gebeten in der Kirche teil. Fühlte sich ein Mönch des Klosters Hirsau während des gemeinsamen Gebets unpässlich, konnte er den Chor für die Dauer von fünf oder sechs Psalmen verlassen, doch sollte er still für sich mit den Psalmen fortfahren. Wer sich setzen oder sogar hinlegen musste, durfte hierzu den Laienchor aufsuchen, denn als oberstes Prinzip galt, dass nichts dem Dienst im Angesicht Gottes vorgezogen werden sollte.

Der Abt als Arzt

An mehreren Stellen der »regula sancti Benedicti« wird der Arzt als Vorbild für den Abt herausgestellt. Nach dem Evangelium war es nicht der Gesunde, sondern der Kranke, der des Arztes bedurfte. Um dem Amtsinhaber seine Verantwortung aufzuzeigen, wurde er darauf hingewiesen, dass er nicht die Herrschaft über Gesunde ausübe, sondern ihm in seelsorgerisch-therapeutischem Sinne gebrechliche Menschen anvertraut seien. Diese pastorale Sorge machte den *abbas*, den Vater der Mönche, zu einem weisen Arzt, der bei Verfehlungen Tadel und Strafe so einzurichten hatte, dass die Mönche davon »geheilt« wurden.

Wie in der ärztlichen Therapie sollten die gewählten Sanktionen maßvoll und gestaffelt eingesetzt werden. Zunächst wandte der Abt lindernde Umschläge und Salben zusammen mit Ermahnungen an und schickte ältere Mitbrüder vorbei, die den Kranken zu Demut und Umkehr anhalten sollten. Darauf folgten die Arzneien der Heiligen Schrift. Trat hierauf keine Besserung ein, zeigte sich der Mönch also weiter uneinsichtig, schlossen sich »chirurgische Maßnahmen« an. Wie ein Brenneisen sollten zeitweiser Ausschluss aus der Gemeinschaft und körperliche Züchtigungen wirken. Der übrige Konvent betrachtete den Mitbruder in dieser Zeit als krank und betete für seine Heilung. War es mit der Ausweisung aus dem Kloster zu einem endgültigen Bruch gekommen, so hatte der Abt als letzte Maßnahme sozusagen das Abschneiden mit dem Messer verfügt. In eindringlicher Form spiegelt dieser Pflichtenkatalog des Abtes den differenzierten Kenntnisstand der Klostermedizin wider.

Medicus und schwangerer Herzog

Den eigentlichen Klosterarzt erwähnen die Quellen über lange Zeit als *medicus*. Erst ab dem 10./11. Jahrhundert findet sich die Bezeichnung *physicus*, womit ein theoretisch gebildeter Arzt gemeint war, während man einen Gelehrten als *doctor* titulierte. Zu den berühmtesten Vertretern der Mönchsmedizin zählte zweifellos Notker der Arzt, der im 10. Jahrhundert sowohl in seiner Abtei St. Gallen als auch am Hof der Ottonen tätig war. In der

Klostergeschichte gleichermaßen als *doctor*, *pictor* und *medicus* genannt, also als Lehrer, Maler und Arzt, behandelte er Knochenbrüche, Hauterkrankungen und Augenverletzungen seiner Mitbrüder sowie weltlicher und geistlicher Fürsten. Beim Besuch Kaiser Ottos des Großen in St. Gallen wollte dieser »seinen Notker« sehen. Anekdotisch wirkt eine Geschichte, wonach Herzog Heinrich I. von Bayern die Harnprobe eines schwangeren Kammerfräuleins gegenüber dem gelehrten Mönchsarzt als die eigene ausgegeben haben soll. Notker durchschaute die List und sagte ein Wunder Gottes voraus: der Herzog werde nämlich innerhalb von 30 Tagen ein Kind gebären.

Eine stärkere Spezialisierung unter den medizinischen Helfern setzte im klösterlichen Bereich erst in den nachfolgenden Jahrhunderten ein. So entwickelte sich aus den Aufgaben des Krankenwärters das eigenständige Betätigungsfeld als *phlebotomator* oder »Venenschlager«, der dafür zuständig war, die Mönche zur Ader zu lassen und über die anschließende Ruhezeit zu wachen. Das Schneiden der Haare und weitere Körperpflege übernahm der *rasorius*, während im Klostergarten ein kräuterkundiger *herbarius* dem *pigmentarius*, einer Art Apotheker, zuarbeitete. Alle diese Hilfsdienste wurden nicht von den Mönchen, sondern von den Laien des Klosters ausgeführt.

Idealer Klosterplan und gebaute Caritas

Wie sah nun ein mittelalterliches Kloster aus? Hierüber gibt der großartige Klosterplan von St. Gallen aus der Zeit um 820 Auskunft. In der Forschung gilt er als Kopie eines verlorenen Originalplans des Klosters Reichenau für das Kloster St. Gallen. Auf fünf zusammengenähten Pergamentblättern sind etwa 40 Gebäude verzeichnet, die ein Idealschema abbilden, das bei einem Großteil der Klöster und Klosterruinen Europas nachweisbar ist. Im Zentrum der Klausur, des abgeschlossenen Lebensbezirks der Mönche, stehen die nach Osten ausgerichtete Kirche und der Kreuzgang. Von hier aus führten viele alltägliche Wege zu den unterschiedlichsten Funktionsbereichen, wie zum Skriptorium, zur Bibliothek, zur Küche oder zu den Vorratsräumen. Vom täglichen Lesen eines Kapitels der Mönchsregel leitet sich der Name des Kapitelsaals als wichtiger Versammlungsort der Gemeinschaft ab. Hier wurde die tagtägliche Arbeit eingeteilt und hier tauschte man sich über alle Belange des Klosters aus. Zu Recht hat man diesen Ort als frühes »Parlament« bezeichnet. Als Ort der Kontemplation und der Suche nach dem Weg zu Gott war das Kloster ein von der Welt abgeschlossener Bezirk, symbolisiert durch eine Umfassungsmauer, die gleichzeitig Schutz bot.

»Gesundes Bauen«

Der Einfluss diätetischer Überlegungen wird in vielen Details der Klosteranlage noch spürbar. Dies gilt etwa für das Dormitorium, das als Schlafsaal nicht nur trocken und gut durchlüftet im Obergeschoss lag, sondern auch die ersten Sonnenstrahlen empfing. Verfehlt wäre es, strenge Klosterregeln, wie diejenigen der Hirsauer Reform, die nur zweimal jährlich – zu Weihnachten und zu Ostern – ein Bad vorsahen, dahin zu interpretieren, dass die Körperpflege der Welt des Klosters fern gelegen hätte. Hierbei handelte es sich nämlich um Vollbäder, während tägliches Waschen und eine gründliche Reinigung am Samstag zu den üblichen Pflichten gehörten. Fester Bestandteil der Klosteranlage war daher ein Badehaus. Rituell

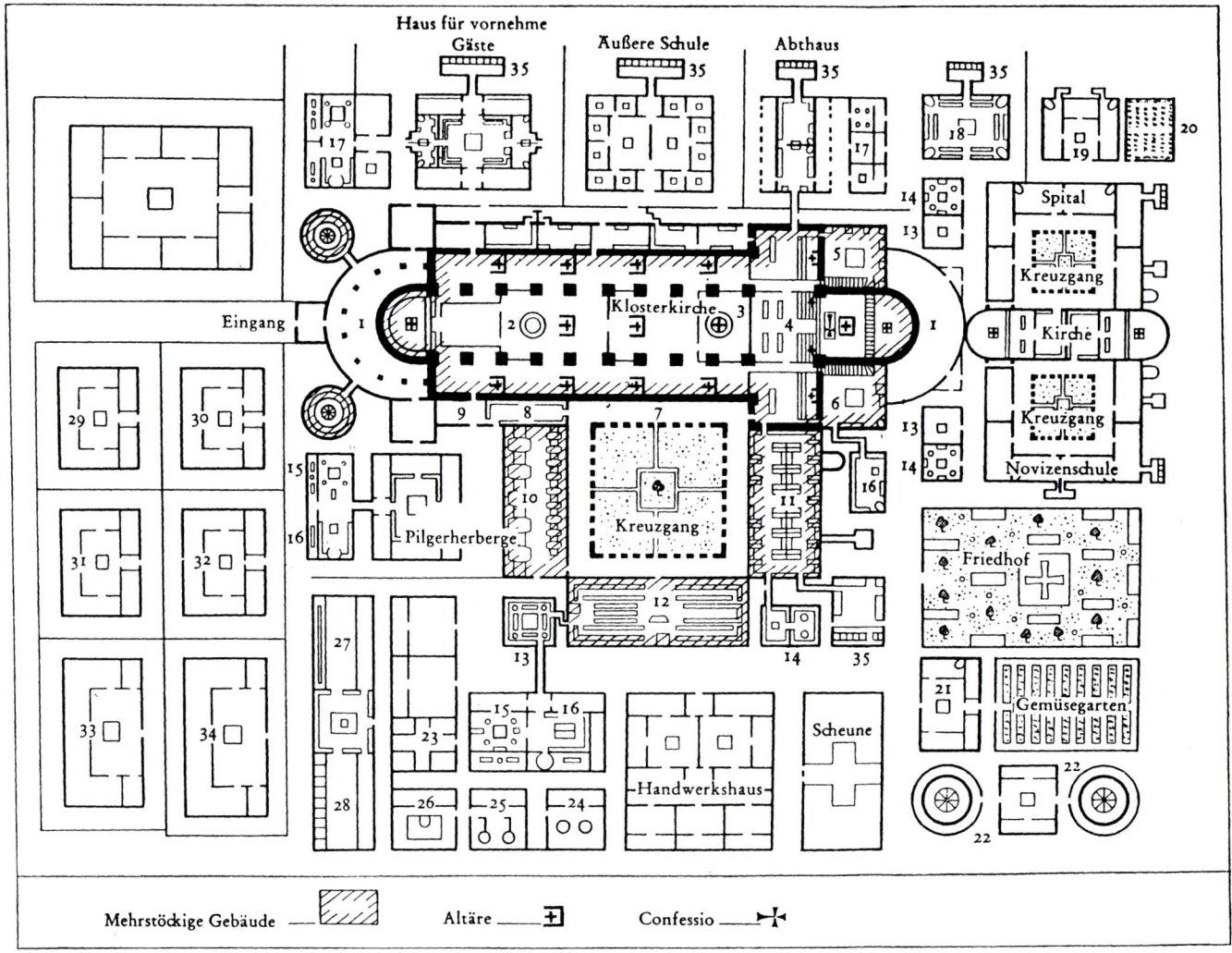

Sankt Gallen – Idealplan benediktinischer Klosterkultur

Klosterplan, St. Gallen, um 820

wusch man sich vor dem Betreten des Refektoriums die Hände an einem Brunnen. In Stein transformiert, gingen aus dieser Gewohnheit, wie in Maulbronn, kunstvolle Lavabos hervor. Dass die gesamten Stoffwechselvorgänge bedacht wurden, zeigen schließlich die gut durchlüfteten und wassergespülten Latrinen, die sich an den Speisesaal anschlossen.

Infirmarium und Ärztehaus

Als Kloster im Kleinen war der Komplex für die Behandlung und Betreuung kranker und gebrechlicher Mönche gedacht. Dieses Krankenhaus oder *infirmarium* erschloss ein quadratischer Innenhof mit Brunnen. Im Norden befanden sich Räume für die Kranken und deren Wärter, im Westen ein Refektorium, im Osten ein beheizbarer Aufenthaltsraum sowie der gemeinsame Schlafraum mit anschließenden Aborten. Südlich komplettierte eine Doppelkirche die Anlage: Krankenraum und Kirche bildeten so eine Einheit.

In enger räumlicher Beziehung verfügte das Krankenrevier über ein eigenes Bad sowie eine eigene Küche, in der die besonderen Krankenspeisen zubereitet werden konnten. Nördlich des Infirmariums waren ein Aderlasshaus, ein Ärztehaus und eine Apotheke sowie im Anschluss daran ein Kräutergarten vorgesehen. In seiner inneren Aufteilung erinnert das Ärztehaus fast an eine moderne Intensivstation. Zur Aufnahme schwerer Fälle besaß es zwei beheizbare Räume, in der Mitte einen großen Aufenthalts- und Untersuchungsraum und einen Vorratsraum für die benötigten Heilmittel.

Mit dem »Großen Infirmarium« ließ Petrus Venerabilis zu Beginn des 12. Jahrhunderts in Cluny eines der größten Krankenhäuser seiner Zeit erbauen. Eine dreischiffige Halle, die zum Grundtypus werden sollte, konnte 80 kranke Mönche aufnehmen. In der klaren Formensprache der Zisterzienser präsentieren sich aus der Zeit des 13. Jahrhunderts die Infirmarien des hessischen Eberbach sowie das nördlich von Paris gelegene Ourscamp, das als eines der wenigen Bauten der Klosteranlage erhalten blieb. Beeindruckend erhob sich auch hier ein gewölbter, dreischiffiger Saal, der von außen durch mächtige Strebepfeiler angedeutet wurde. Von großer Umsicht zeugt die Unterteilung in Licht- und Lüftungsfenster. Unterhalb großer Fenster, die den Saal mit dem nötigen Licht versorgten, war eine Zone von Lüftungsöffnungen eingefügt, die leicht zugänglich waren. In der Mitte des Saales befand sich der Altar, um den bis zu 100 Betten in vier Reihen standen. Das Mutterkloster Cîteaux besaß eine einfache *infirmerie ordinaire* sowie eine mehr als 50 Meter lange *grande infirmerie*, deren Hauptraum den bezeichnenden Namen *salle des morts* trug.

Gebaute Caritas

Während in der frühen Kirche die Heilkunde dominiert war vom Wissen der griechischen Ärzte und der Antike, lag ein wesentlicher Beitrag des Christentums in der Betreuung der Armen und Kranken. In der Nachfolge Christi ermahnten Mönchsväter wie der hl. Benedikt die klösterlichen Gemeinschaften dazu, die »sieben Werke der Barmherzigkeit« zu erfüllen. Indem sie Kranke besuchten, Tote begruben, Gefangene erlösten, Nackte bekleideten, Durstigen zu trinken gaben, Hungernde speisten und Fremde beherbergten, erhöhten die Mönche sozusagen ihr eigenes Guthaben im Jenseits. Aus dieser Notwendigkeit heraus entwickelten sich neue Bauformen als Orte christlicher Nächstenliebe.

Eine einheitliche Klosterkultur

Neue Impulse für das Fürsorgewesen des Abendlandes gingen 816/17 vom Konzil zu Aachen aus. Mit der Forderung nach der verbindlichen Einführung der benediktinischen Regel in allen Klöstern des Frankenreiches, beeinflusste es die karolingische Reichsgesetzgebung und schuf für mehr als zwei Jahrhunderte eine einheitliche benediktinische Klosterkultur. Man bestimmte, dass jede Klosterneugründung neben dem erwähnten *infirmarium* für kranke Mönche an der Pforte ein *domus hospitum* für vornehme Fremde und außerhalb der Klausur ein *hospitale pauperum* für Arme, Pilger und Kranke zu unterhalten habe. Zu beachten ist, dass der Westen im Unterschied zu einer Spezialisierung, wie sie das Xenodochium des Ostens kannte, nur einen einzigen großen Saal für Bedürftige aller Art vorsah. Richtungsweisend für die Rolle der Klöster in der Armenfürsorge war zudem, dass in Aachen bestimmt wurde, den zehnten Teil der Einkünfte für die Armen abzutreten.

> Die aller größte Sorge und Aufmerksamkeit lasse man bei der Aufnahme von Armen und Pilgern walten, denn mehr als in andern nimmt man in ihnen Christus auf; reiche Leute dagegen sind vielvermögend, das führt von selbst dazu, dass sie geehrt werden.
>
> *Benedikt von Nursia*

Das Armenhospital der Abtei Cluny war routiniert organisiert. Um den regen Zulauf etwas einzudämmen, händigte man dem Bedürftigen zusätzlich zu Brot und Wein einen kleinen Geldbetrag aus, sofern er dafür versprach, binnen eines Jahres nicht wieder zurückzukehren

Das Klosterhospital

Aus einer Welt der Not kommend, betraten die Armen und Pilger an der Klosterpforte ein Land des Überflusses (Mollat). Hier bot ihnen das Armenhospital in der Nähe der Klausur trockene Unterkunft, Nahrung und Kleidung. Für Durchreisende versuchte man den Aufenthalt auf drei Tage zu beschränken. Die Verköstigung richtete sich nach den finanziellen Möglichkeiten, die Zubereitung nach den landesüblichen Gewohnheiten. Brot galt als Grundnahrungsmittel, Suppe konnte aus einem Eintopf mit Erbsen oder Bohnen bestehen. Während man in deutschen Landen oder England Bier reichte, teilte man in Frankreich Wein, in Spanien mitunter auch Apfelmost aus.

Im Armenhospital war der große Schlafsaal auf einen Kapellenanbau ausgerichtet. Üblicherweise besaß das *domus peregrinorum et pauperum* Lager aus Stroh, wobei ein Gang die Geschlechter voneinander trennte. An den Saal konnten sich Kammern anschließen, die Lebensmittel und abgelegte Kleidung der Klosterangehörigen enthielten. Für das leibliche Wohl sorgte ein Wirtschaftsgebäude, das eine Backstube, eine Küche und eine Brauerei enthielt. Die unmittelbare Aufsicht oblag einem Hospitalverwalter. Dieser *hospitarius* war in der Regel ein älterer Mönch, der für längere Zeit dieses Amt ausübte. Von Bedeutung für den Kontakt mit der Außenwelt war er deshalb, weil ihm auch die Organisation des Hospizes unterstand.

Das Hospiz

Vornehme Gäste logierten im *hospitum* nördlich der Kirche. In enger Nachbarschaft zum Abthaus konnten dort reisende Äbte, reiche Kaufleute sowie Fürsten und Könige untergebracht werden. Das Gebäude war komfortabler ausgestattet als das Hospital der Armen und Pilger. Um einen geräumigen Saal mit Feuerstelle gruppierten sich heizbare Schlafräume sowie Kammern für die Dienerschaft. Hinzu kamen Stallungen für die Pferde, denn vornehme Reisende kamen nicht zu Fuß, sondern im Wagen oder hoch zu Ross. Für ihre standesgemäße Bewirtung war gesorgt, denn ein Nebengebäude enthielt eine eigene Küche sowie Brauerei, Bäckerei und Lagerräume. Soziale Unterschiede drückten sich nicht nur in besseren Speisen und gehobener Unterbringung aus, denn während die Armen im Hospital ihre Notdurft im Stall oder außerhalb verrichten mussten, sah man für die reichen Gäste selbstverständlich Latrinen vor.

Zwischen den mittelalterlichen Herrschern und dem Kloster bestanden vielfältige Wechselbeziehungen. Gezielt setzten die Mächtigen Klostergründungen als Mittel der hohen Politik ein. Als Reichsklöster waren diese zu Diensten gegenüber dem Herrscher verpflichtet. Hierzu zählte die Aufnahme des reisenden Königs und seines zahlreichen Gefolges. Eine derartige »Königsgastung« ging als besondere Ehrung in die Geschichte des Klosters ein, doch stellte die Aufnahme einer größeren Anzahl von Personen, die nicht der klösterlichen Disziplin unterworfen waren, die Mönche auch vor zusätzliche Aufgaben. Dazu kam die finanzielle Belastung. Man profitierte aber auch von der Gastfreundschaft, da die Herrscher ihrerseits Schutz garantierten, Rechte und Privilegien vergaben oder Schenkungen tätigten.

Aus der räumlichen Lage von Hospital und Hospiz ist jedoch zu erkennen, dass man das weltliche Treiben der Herberge in größerer Entfernung von der Klausur der Mönche halten wollte.

Verordnete Mildtätigkeit

Bei der reichen Abtei Cluny teilten sich im hohen Mittelalter ein *hôtelier* als Aufseher der Herberge und ein *almosenier* die karitativen Dienste. Letzterer verteilte Brot,

Wein und Fleisch sowie Kleidung an Bedürftige und besuchte einmal wöchentlich bettlägerige Kranke der umliegenden Ortschaften. Handelte es sich dabei um Frauen, so hatte er diese Aufgabe seinen Gehilfen zu überlassen. Routiniert verlief die Organisation des Armenhospitals: Wer für eine Nacht ins Spital kam, erhielt bei seiner Ankunft in Cluny ein Pfund Brot und bei seiner Abreise ein halbes Pfund und ein Viertel Wein. Für die Zusicherung, nicht binnen eines Jahres zurückzukehren, wurde zusätzlich ein kleiner Geldbetrag ausgezahlt. Dauerhaft nicht erfüllen wollten die Abtei und die zahlreichen Klöster der cluniazensischen Reform die Gewohnheit, beim Tod eines Mitbruders dessen Mahlzeit an einen Armen zu geben. Statt nach dem Willen Benedikts alle Gäste aufzunehmen, schränkte man ihre Zahl und die vorgesehenen Gaben zugunsten des eigenen Fortbestandes ein.

Im vollen Umfang kam die klösterliche Mildtätigkeit einer kleineren Gruppe von Armen zugute, die beständig im Kloster lebte. Über eine so genannte Präbende erhielten sie Kost und Unterbringung. Ihre Zahl schwankte, doch ließ man sich in den meisten Fällen von der Zahl der Apostel leiten. Für das niederösterreichische Kloster Zwettl wurde bestimmt, dass diese Personen kränklich, taub oder blind sein sollten. Für die empfangenen Wohltaten mussten die Armen Gegenleistungen erbringen. Neben Gebeten für die milden Gaben, hatten sie die Glocke der Klosterkirche zu läuten und jeden Samstag das Kloster zu kehren. Erkrankte ein Mönch, hatten sie für ihn zu sorgen und im Todesfall die Leiche zu waschen und zu begraben.

Im Klostergarten

Als Selbstversorger versuchten die Klöster ihren Bedarf an Arzneimitteln und Gewürzen selbst zu decken. Was nicht in der Umgebung gesammelt werden konnte, baute man nach Möglichkeit im eigenen Kräutergarten an. Hier vermischten sich volksmedizinische Kenntnisse um die heimische Pflanzenwelt mit botanisch-pharmazeutischem Wissen. Berühmt waren die deutschen Klostergärten in Fulda, Hersfeld, Benediktbeuren und Ettal. Aus Benediktbeuren erbaten sich um das Jahr 1000 Benediktiner vom Tegernsee Sämereien sowie Nutz- und Heilpflanzen. Die älteste Darstellung eines klösterlichen Kräutergartens überliefert wiederum der Sankt-Gallener Plan, der das typische Grundmuster des mittelalterlichen Gartens in Form von rechteckig oder quadratisch angelegten Beeten wiedergibt, die sich um ein Achsenkreuz gruppieren. Meist erleichterte ein Brunnen im Zentrum der Anlage die Bewässerung.

Wenngleich diese Gärten weit verbreitet waren, hat sich leider kein Klostergarten des Mittelalters im Originalzustand erhalten. Meist verschwanden sie während späterer Epochen und Kulturen. Zudem führte seit dem Ende des Mittelalters die Entwicklung generell weg vom Nutzgarten, an dessen Stelle Lehr- und Schaugärten mit einer Vielzahl exotischer Pflanzen traten. Diese Wissenslücke um die Zeit zwischen den römischen Gartenanlagen und der barocken Gartenbaukunst beginnt die Mittelalterarchäologie erst allmählich zu schließen. Von der historischen Form derartiger Gärten vermitteln dennoch Anlagen wie die des Schweizer Klosters Schaffhausen einen anschaulichen Eindruck.

Ideale Kräuter- und Blumengärten

Neben einem Gemüse- und einem Obstbaumgarten sah der Idealplan einen Kräutergarten mit 16 Beeten vor, auf denen 16 unterschiedliche Pflanzen wuchsen. Außer Stangenbohnen und Bohnenkraut waren dies Frauenminze und Kreuzkümmel, Pfefferminze und Liebstöckel. Darüber hinaus war der Anbau von Fenchel, Salbei und Rosmarin üblich. Zusätzlich zu den Gewürz- und Heilpflanzen beherbergte der Klostergarten Zierpflanzen. In erster Linie sind hier Blumen für den Altarschmuck zu nennen, die im Zusammenhang mit ihrer religiös-allegorischen Bedeutung zu sehen sind. Als Symbol der Reinheit und der Verkündigung wuchs die mediterrane Lilie, während die heimische Rose die Liebe und das selbstlose Leiden verkörperte.

Dass die Klostergärten Pflanzen aus dem Mittelmeerraum enthielten, dürfte mit der etwa zeitgleichen Verordnung Karls des Großen für seine Landgüter zusammenhängen. Diese »Capitulare de villis et curtis« von 792/93 enthielten neben Verwaltungsrichtlinien genaue Angaben zur Bepflanzung, sodass auf den Meierhöfen auch eine heilkundliche Versorgung sichergestellt wurde.

Heilkräftige Pflanzen

Die enge Verbindung von Kloster und Kräutergarten kommt in den überlieferten Quellen zum Ausdruck. So bat um die Mitte des 8. Jahrhunderts der Bischof von Winchester seinen Amtsbruder in Mainz in einem Brief um die Übersendung von Kräuterbüchern. Nach dem Lehrgedicht »De rerum naturis« des Hrabanus Maurus von Fulda pries auch sein Schüler Wahlafrid Strabo die Heilkraft des Klostergartens. Als Abt auf der Insel Reichenau verfasste er um die Mitte des 9. Jahrhunderts eine Kräuterlehre, die auf antiken Autoren wie Plinius und Dioskurides fußte. Es gilt als sicher, dass Wahlafrid in seinem »Hortulus« denjenigen Garten in Verse kleidete, den er unmittelbar von seinem Abthaus aus erreichen konnte. Außer den erwähnten Arten befinden sich unter den 23 Heilkräutern des Lobgesangs zudem Kürbis, Melone, Mohn, Kerbel und Rettich. Für die praktische Anwendung erwiesen sich jedoch Hinweise ohne genaue Dosierungen als problematisch, wie beispielsweise, dass die weiße Lilie bei Schlangengift helfe, Wermut Fieber, Kopfweh und Schwindel vertreibe oder Fenchel sowohl den Augen als auch der Verdauung zuträglich sei. Auch von der Pflege des Gartens wusste Wahlafrid zu berichten. Bei der Anlage des Gartens hatte man Unkraut zu roden, Maulwürfe zu vertreiben und Dünger ins Erdreich einzubringen. Mühe und Arbeit setzte Wahlafrid an den Anfang, bevor der Garten schließlich als ein »Kennzeichen des friedlichen Daseins« erlebt werden könne.

> Leuchtend blühet Salbei, ganz vorn am Eingang des Gartens,/
> süß von Geruch, voll wirkender Kräfte und heilsam zu trinken./
> Manche Gebresten der Menschen zu heilen, erwies sie sich als nützlich/
> Ewig in Grüne der Jugend zu stehen, hat sie dadurch verdienet.
>
> *Wahlafrid Strabo, Hortulus*

Das »Lorscher Arzneibuch«

An ein Positionspapier der aktuellen Gesundheitspolitik erinnert das »Lorscher Arzneibuch« mit seinen Forderungen nach Kostendämpfung und gestaffelten Gebührensätzen. Seine Entstehung gegen Ende des 8. Jahrhunderts macht es zum äl-

Zân bereyt=schafft. Mahaleb. Campher wasser. Vßnen. Cyperi. Sandal. Roßen.

Verschiedene Arzneistoffe der Klostermedizin

testen medizinischen Buch Deutschlands! Es besticht allein durch die Nennung mehrerer hundert Pflanzennamen. Doch wie der Titel vielleicht vermuten ließe, war es nicht auf Arzneimittel beschränkt, sondern deckte die gesamte Heilkunde der Zeit ab. Sein Verfasser, Bischof Rîchbodo von Lorsch, war ein einflussreiches Mitglied der karolingischen Hofkapelle. Vom Skriptorium der Reichsabtei Lorsch aus hatte das Arzneibuch zunächst seinen Weg nach Piacenza genommen, bevor Kaiser Heinrich II. es schließlich dem von ihm gegründeten Bistum Bamberg schenkte, wo es noch heute aufbewahrt wird.

Im einleitenden Teil trat der Autor zunächst einer medizinfeindlichen Haltung christlicher Autoren entgegen, die im Wirken der Heilkunde einen Eingriff in den Heilsplan Gottes erblickten. Rîchbodos Argumentation gipfelte in einer geschickten Verbindung von Theologie und Medizin. In Versform wurden sowohl die Arztheiligen Kosmas und Damian als auch Hippokrates und Galen als Garanten seiner Thesen angeführt.

Medizinische Versorgung für jedermann

Bahnbrechend wirken im »Lorscher Arzneibuch« die Forderungen nach einer ärztlichen Versorgung der Gesamtbevölkerung des Frankenreiches. Gerade auch die Unterschichten, die *pauperes*, sollten hiervon erfasst werden. In Vorwegnahme des modernen staatlichen Gesundheitssystems schlug der Verfasser eine gestaffelte Erhebung von Gebühren vor. Durch regelmäßige Zahlungen sollte eine medizinische Versorgung abgesichert werden, wobei Wohlhabende höhere Sätze zahlen sollten. Im Krankheitsfall konnte der Arzt hiervon bezahlt werden. Doch hatte auch der *medicus* selbst Kapitalrücklagen zu bilden, um hieraus die Kosten für die Behandlung mittelloser Patienten zu tragen!

Doch was nützte dem Patienten eine kostengünstige Behandlung durch den Arzt, wenn dieser teure Medikamente verschrieb? Damit die medizinische Versorgung für jedermann gelang, sollte auf orientalische Arzneimittel wie Safran, Balsam- und Weihrauchharz oder Zimt verzichtet werden. Dagegen setzte Rîchbodo auf heimische Kräuter, die im gesamten Abendland ohnehin zur Verfügung standen. Wenngleich die Einführung von Krankenkassen auf sich warten lassen sollte, war diese »medizinalpolitische Programmschrift« (Keil) dennoch im Hinblick auf den Anbau billiger Pharmaka erfolgreich. Ein direkter Einfluss des Arzneibuches auf die erwähnten »Capitulare de villis et curtis«, die den Verwaltern der Meierhöfe den Anbau von Heilpflanzen vorschrieben, wird heute als sicher angenommen.

Holzschnitt aus den »Schachtafeln der Gesundheit« von Michael Hero, H. Schott, 1533

> *Gibt es auch noch so viele Arten von lieblich duftenden Salben, keine vermag lieblicher zu sein als die aus Rosen und Veilchen.*
> Rîchbodo, Lorscher Arzneibuch

Zahlreiche Arzneibücher des Mittelalters überlieferten klassische Texte wie auch volksmedizinisches Wissen. Das wohl bekannteste Handbuch aus dem 11. Jahrhundert mit dem Titel »Macer floridus«, das als praktisches Nachschlagewerk zur Drogenkunde benutzt wurde, beschrieb die Heilkräfte von 77 Kräutern

Eine umfangreiche Rezeptsammlung

In seiner Zusammenstellung führt das »Lorscher Arzneibuch« vor Augen, dass Medizin und Pharmazie im frühen Mittelalter noch keine getrennten Berufszweige waren. Zum überwiegenden Teil besteht das Buch aus einer großen Rezeptsammlung, die zur Entstehungszeit mehr als 750 Rezepte umfasst hatte. Dazu kamen einführende medizinische Lehrschriften, Kurztraktate wie über die Herkunft von Gewürzen sowie diätetische Erläuterungen zur Lebensführung und Ernährung. Nicht nur der therapeutische Einsatz von Arzneien, sondern das gesamte Wissen über den kranken Menschen versuchte man dem behandelnden (Mönchs-)Arzt an die Hand zu geben.

Auf der Säftelehre baute etwa ein Vier-Jahreszeiten-Trank auf, dessen Zusammensetzung beständig wechselte. Vermengt mit Wein half demnach von September bis März eine vielfältige Gewürzmischung, die Ingwer, Gewürznelken, Zimt und reichlich Pfeffer enthielt. Generell galten im September alle Nahrungsmittel als unbedenklich, da sie zu dieser Zeit in ihrer Reife vollendet seien.

Perserkönig und Schwalbennest

Unter den Rezepten fallen ausführliche Beschreibungen mit genauen Angaben zu Menge, Bestandteilen, Herstellung, Art der Anwendung und Dosierung gegenüber knapp gehaltenen Kurzrezepten auf. Vor allem bei der Verwendung teurer orientalischer Arzneimittel und bei Gegengiften war man sehr um Exaktheit bemüht. Die Wirksamkeit wurde durch den Hinweis auf einen berühmten Arzt oder einen Herrscher unterstrichen, auf den man dieses Rezept zurückführen könnte. Einem komplizierten Pflaster gegen die Gicht, das angeblich vom Perserkönig Bartholomäus stammte, stand etwa ein Mittel gegen Kopfschmerz gegenüber, bei dem man die Stirn lediglich mit einem Gemisch aus Minze, Laudanum und Essig einreiben sollte. Als hilfreich galt in diesem Zusammenhang aber auch der Schlamm eines in Wasser gelösten Schwalbennestes.

In jedem Fall vermittelten diese Rezepte eine probate Heilanzeige, die eine Behandlung möglich machte, wobei einfache Zubereitungen aus dem Lateinischen leicht in die Landessprache übertragen werden konnten. So manches Rezept dürfte an der Klosterpforte mündlich weitergegeben worden sein.

Handbücher zu Mensch und Tier

Zur Entstehungszeit des »Lorscher Arzneibuchs« verstand man unter »arzenî« noch die ganze Bandbreite der Heilkunde. Erst in der Neuzeit wurden Arzneibücher zu dezidierten amtlichen Vorschriftenbüchern, die dem Apotheker gesetzliche Regelungen für seine Tätigkeiten an die Hand gaben. Nicht zu verwechseln sind die Arzneibücher mit den Kräuterbüchern, die stets eine genaue Beschreibung der Pflanze mit Aussehen und Vorkommen sowie anschließenden Ausführungen über Zubereitung, Dosierung und Anwendung beinhalten.

Unter den bekanntesten Arzneibüchern des hohen und späten Mittelalters ist zunächst der thüringische »Bartholomäus« zu nennen. Um 1190 wurde er von einem Kleriker verfasst, der hauptsächlich Rezepttexte aufschrieb. Als Quellen konnte man sowohl klassische Texte und die Medizinschule von Salerno als auch volksmedizinische Überlieferungen feststellen. Während der »Bartholomäus« nie zum Druck kam, sollte das 1280 verfasste »Arzneibuch« des Ortolf von Baierland in mehr als 200 Handschriften und ebenso vielen Drucken erscheinen. Damit hatte der Arzt des Würzburger Domkapitels ein beliebtes Handbuch zur ärztlichen Praxis geschaffen, das alle Bereiche der Medizin abdeckte. Da der Autor zugleich Chirurg war, enthielt es zudem einen umfangreichen chirurgischen Teil.

Für die Veterinärmedizin ist das »Roßarzneibuch« des Meisters Albrant zu nennen. Als Vorsteher des Marstalls Friedrichs II. war der Autor ein versierter Praktiker, dessen Anleitungen beständig fortgeschrieben wurden, sodass im späten Mittelalter etwa 70 Rezepte vorlagen, die auch religiös-magische Elemente enthielten.

Überragt werden diese Werke vom »Macer floridus« aus der Zeit um 1060, der als praktisches Nachschlagewerk zur Drogenkunde benutzt wurde. Mit seinen 2000 Hexametern, in denen die Heilkräfte von 77 Kräutern behandelt wurden, ist er sicherlich auf das Vorbild Wahlahfrid Strabos zurückzuführen. Um 1225 fertigte man bereits landessprachliche Versionen an. Es folgten bis zu 140 Handschriften, die ständig anwuchsen. So verwundert es nicht, dass diese Sammlung Ende des 15. Jahrhunderts in die Versdichtung des Johann von Kaub einfloss. Sein »Garten der Gesundheit« sollte wiederum zu einem medizinischen Bestseller des frühen Buchdrucks werden.

Scharfe Zäsur durch Konzilsbeschlüsse

Das bei mehreren kirchlichen Zusammenkünften des 12. und 13. Jahrhunderts geäußerte Verbot des Medizinstudiums für Mönche und Kleriker stellte einen tiefen Einschnitt in der Entwicklung der Klostermedizin dar. Mit dem Postulat »die Kirche erschreckt vor allem Blut« sollte es zu einer schicksalhaften Trennung von Chirurgie und innerer Medizin kommen. Am Beginn dieser Zäsur stand die Papstsynode von Clermont (1130), die neben dem weltlichen Recht auch das Studium der Medizin untersagte. Nochmals vertrat das IV. Laterankonzil (1215) die Auffassung, dass Geistliche keine operative Medizin betreiben dürften. Die Konsequenzen waren weitreichend. Von nun an existierten zwei Berufe nebeneinander: das blutige Handwerk des Chirurgen und die akademische Tätigkeit des Physikus. Mit dieser Rückbesinnung auf monastische Werte koppelte man die Welt der Klöster von der weiteren Entwicklung der Medizin ab, die sich mit den Medizinschulen und später mit den medizinischen Fakultäten der Universitäten neue säkulare Zentren schuf.

Das Resultat finden wir bei Geiler von Kaysersberg bestätigt, der an der Schwelle zur Neuzeit feststellte, dass kein Priester die Medizin ausüben solle, da ihm das Zeugnis einer hohen Schule fehle, denn »er sol ein artzet der selen sein und nit des leibs.«

Holzschnitt aus den »Schachtafeln der Gesundheit« von Michael Hero, H. Schott, 1533

Hildegard von Bingen – Ärztin und Naturforscherin

Hildegard von Bingen bei der Niederschrift ihrer Visionen. In mehreren visionären Schriften beschäftigte sie sich mit der Stellung von Mensch und Kosmos innerhalb der göttlichen Ordnung

Die Beschreibung der klösterlichen Heilkunde bliebe unvollständig ohne die Erwähnung Hildegards von Bingen, die von 1098 bis 1179 lebte. Mit ihren Visionen und programmatischen Schriften sollte die Heilige neben Bernhard von Clairvaux zur moralischen Instanz einer ganzen Epoche werden. Heute zählt sie vor allem durch ihre Beschreibung natürlicher Heilmittel und Arzneien zur populärsten Vertreterin der mittelalterlicher Medizin. Ihre ganzheitlichen Ansätze machen sie zur Garantin einer auf Naturheilkunde und Naturheilverfahren basierenden Gegenbewegung zur wissenschaftlichen Medizin. Etwa die Hälfte der von ihr genannten Arzneipflanzen und Heilmittel werden nach heutigen Maßstäben als heilkräftig eingestuft. Während die Heilige zeitweilig als esoterische Mystikerin abgetan wurde, ist sie mittlerweile wieder ins Interesse ernsthafter Forschung gerückt. So gibt Schipperges mit Hinblick auf die Lehren Hildegards zu bedenken, dass die moderne Medizin mit ihrer hoch entwickelten Heiltechnik die Wirkung von Heilkräften weitgehend vergessen habe.

Prophetische Äbtissin

Geboren wurde Hildegard als zehntes Kind der begüterten Edelfreien Hildebert und Mechthild von Bermersheim, die dem rheinischen Hochadel angehörten. Viele Mitglieder der Familie bekleideten hohe weltliche und geistliche Ämter, wie ihr Neffe Arnold als Erzbischof von Trier. Zeitlebens blieben ihre verwandtschaftlichen Beziehungen nützlich für ihre Kontakte zu den Mächtigen des Reiches und der Kirche. Gestorben ist die große Mystikerin und Naturärztin im Alter von 81 Jahren in dem von ihr gegründeten Kloster Rupertsberg bei Bingen am Rhein, dem sie lange Jahre als Äbtissin vorgestanden hatte. Wie im hohen Mittelalter üblich, begann ihr Leben in der Abgeschiedenheit des Klosters sehr früh. Mit acht Jahren kam sie in die Frauengemeinschaft einer Klause, die der benachbarten Abtei Disibodenberg unterstand. Als junge Nonne folgte ihr Alltag dann dem Lebensrhythmus der Benediktiner mit Gebet und Arbeit, geistlicher Lesung und Studium. Neben der Heiligen Schrift waren ihr die Texte der Kirchenväter sowie wissenschaftliche Texte vertraut. Seit dem 38. Lebensjahr leitete sie die Frauengemeinschaft, zwei Jahre später begann sie mit der Niederschrift ihrer »Gesichte«. Es sollten mehrere visionäre Schriften folgen, die Mensch und Kosmos innerhalb der göttlichen Ordnung thematisierten.

Die Anerkennung der prophetischen Gaben Hildegards durch Papst Eugen III. ließ sie um die Mitte des 12. Jahrhunderts schlagartig bekannt werden. Ratsuchende und Pilger brachten dem Kloster Ruhm und Einnahmen. Es verwundert daher nicht, dass ihr Abt dem Wunsch nach einem eigenen Kloster massiven Wider-

Miniatur aus der Rupertsberger Scivias-Handschrift, um 1165; Eibingen, Abtei St. Hildegard

stand entgegensetzte. Doch ausgestattet mit kaiserlichen Schutzbriefen und der Unterstützung hoher geistlicher Würdenträger sollte sich ihr eigenes Kloster, der Rupertsberg bei Bingen, zu einem wohlhabenden Frauenkonvent entwickeln. Zwischen 1150 und 1160 entstanden hier mit der »Physica« und den »Causae et curae« ihre natur- und heilkundlichen Schriften. Erfolgreich baute Hildegard im Alter bei Rüdesheim ein zweites Kloster auf, aus dem sich die heutige Abtei Sankt Hildegard entwickelte. Ob Hildegard die zahlreichen Predigtreisen tatsächlich unternommen hat, die ihre Vita, in der sie als couragiert und tatkräftig geschildert wird, nennt, bleibt ungewiss. Überliefert sind jedoch zahlreiche Briefe, in denen sie etwa den Kölner Klerus an seine Pflichten erinnerte, vor der Irrlehre der Katharer warnte oder den Stauferkaiser Friedrich Barbarossa wegen seiner Kirchenpolitik ermahnte.

Mensch und Kosmos

Dem Gesamtwerk Hildegards liegt ein in sich geschlossenes Weltbild zugrunde, in dem Mikro- und Makrokosmos ineinander greifen. Für sie wiederholen sich in der kleinen Gestalt des Menschen die ausgewogenen Maße des Kosmos. Anschaulich zeigt dies die Illustration zu ihrer Vision vom Bau der Welt. Im Zentrum eines mächtigen Weltrades, das von einem dreifaltigen Gott gehalten wird, steht mit weit ausgebreiteten Armen der Mensch. Er ist einerseits eingebunden in die Kräfte des Kosmos und der Natur, und besitzt andererseits die Fähigkeit auf diese einzuwirken. Gemäß dieser geistlichen Weltsicht beziehen sich Leib und Seele aufeinander, sind also Aspekte einer einzigen Wirklichkeit. So hat Hildegards Beschreibung vom Bau und der Funktion des Organismus, von Krankheitsursache und Heilverfahren immer auch eine transzendentale Ebene.

»Vom Bau der Welt«

Hildegard als Naturärztin

Praktische Erfahrungen mit der Klostermedizin dürfte Hildegard bereits in jungen Jahren gesammelt haben, denn zeit ihres Lebens wird sie als schwächlich und leidend beschrieben. Sie fühlte sich »wie ein Schatten der Stärke und der Gesundheit«. In ihren Werken betonte sie die Notwendigkeit, den kranken Körper zu kräftigen, um sich den Attacken des Teufels und böser Geister widersetzen zu kön-

Miniatur, um 1220/30

Die so genannte »viriditas« oder Grünkraft, die Hildegard von Bingen in der gesamten Natur ausfindig machte, empfand sie als schöpferisches Prinzip, welches Wachstum, Lebenskraft, Gedeihen und Heilkraft verlieh. Insbesondere bei der Herstellung von Heilmitteln war die Beachtung der »viriditas« von Bedeutung, die je nach Einfluss von Sonne, Mond, Jahres- und Tageszeit schwankte

nen. Die Mittel hierzu fand sie in der heimischen Natur. Sie entwickelte eine Heilkunde, die mit Flora, Fauna und Mineralien die drei klassischen Bereiche der *materia medica* abdeckt. Ausführlich werden die Heilkräfte, die diesen Mitteln innewohnen, beschrieben. Trotz genauer therapeutischer Angaben übernimmt Hildegard jedoch keine Garantie, dass die Heilmittel tatsächlich ihre Wirkung entfalten würden, denn nur bei Gott liege die Macht, den Menschen wieder von einer Krankheit zu befreien.

Für die heilkundige Klosterfrau konnte sich die Wirksamkeit eines Heilmittels nicht allein auf seine pharmakologischen Eigenschaften beschränken. Als schöpferisches Prinzip, das allen Dingen bis hin zum Menschen sein Leben und Wachstum verleihen würde, führte sie den Begriff der Grünkraft ein. Diese *viriditas* fand Hildegard in der gesamten belebten und unbelebten Natur vor. Beim Menschen erweise sie sich als vitale Lebenskraft, die sich etwa im Zeugungsvermögen äußere, bei den Pflanzen als Ausdruck des Wachstums und der Heilkraft.

»Über die Pflanzen«

Für Hildegard hält die Pflanzenwelt die größte Gruppe von Heilmitteln bereit. In 230 Kapiteln ihrer »Physica« behandelt die Naturärztin Kräuter, Gemüse und Blumen, aber auch Honig, Milch und Zucker. Ergänzt wird dies durch ein eigenes Buch »Über die Bäume«. Von größter Bedeutung für die Zubereitung von Arzneimitteln war für Hildegard die Beachtung der bereits genannten *viriditas*, denn die Grünkraft schwanke mit dem Einfluss der Sonne und des Mondes und verändere sich gemäß den Tages- und Jahreszeiten. Ihren Höhepunkt erreiche sie im Laufe des Tages in den ersten Morgenstunden und im Jahreslauf während des Frühsommers. Wenn die Grünkraft wie bei frischen Kräutern mächtig war, konn-

te eine bloße Berührung ausreichen. War sie jedoch vermindert wie bei getrockneten oder im Winter gesammelten Kräutern, hatte man in der Zubereitung anders zu dosieren.

Kräutertrank und Bärenfett

Für die gelehrte Äbtissin galt es vor allem schlechte Säfte oder Fäulnisstoffe aus dem Körper zu entfernen. Mit diesem therapeutischen Ansatz wurde das ganze Spektrum der Krankheiten von Kopfschmerzen und melancholischen Zuständen über Impotenz und Menstruationsbeschwerden bis hin zu Herzleiden und Gicht, ja sogar die Ketzerei, erklärbar. Um eine Unordnung der Säfte zu beseitigen, bereitete man in der Regel einen Trank, der als Kräuterauszug mit Wasser, Essig oder Wein vermischt wurde. Insbesondere der Wein galt der rheinischen Äbtissin als ideales Medium, das den Kreislauf der Säfte positiv beeinflusse und belebend wirke. Während sich im Arzneischatz Hildegards kaum Hinweise auf Pillen finden, werden häufig »Kucheln« oder »tortelli«, kleine aus Mehl hergestellte Teigwaren, erwähnt. In diese münzgroßen Küchlein konnten pulverisierte Drogen eingearbeitet werden, die damit gleichzeitig konserviert wurden. Für ihre Anwendung ergaben sich vielfältige Möglichkeiten. Sie konnten gegessen oder auf kranke Körperstellen aufgelegt werden.

Selten werden Pflaster erwähnt, dagegen war die Anwendung von Salben und Umschlägen beliebt. Als Grundlage der Salben dienten verschiedene Fette, die von Butter und Schweineschmalz bis zu Hirschtalg und Bärenfett reichten, das auch bei starkem Haarausfall eingesetzt wurde. Ein Brei aus Brot oder Mehl konnte zerkleinerte Heilmittel enthalten, die mithilfe eines getränkten Tuches schmerzenden Körperteilen oder dem ganzen Körper Linderung brachten. Daneben kannte man kalte und warme Umschläge.

Glück, Liebe und Reichtum versprach der Besitz der seit der Antike als Zaubermittel bekannten Alraune, die der Gestalt eines Menschen ähnlich ist

Vielseitige Heilmittel

Kommen wir zu den Anwendungsgebieten einzelner Heilpflanzen, so ist etwa über den Mohn zu erfahren, dass er kalt und feucht sei und sein Samen Schlaf bewirke. Auch lasse sich damit die Geilheit zurückdrängen und Mohnsamen beruhige praktischerweise die Läuse. Roh sei dessen Wirkung besser als gekocht. Nach dem abschließenden Urteil ist das aus Mohn gewonnene Öl für die Gesundheit des Menschen jedoch »indifferent«. Überraschenderweise stufte Hildegard die Hirse, die heute zum festen Bestandteil vollwertiger Ernährung zählt, als unnützes Nahrungsmittel ein. Sie mache das Gehirn

Miniatur aus dem »Tacuinum sanitatis in medicina«, 14. Jh.; Wien, Österreichische Nationalbibliothek, Codex Vindobonensis series nova 2644, fol. 40

MEDIZIN UND FÜRSORGE IM KLOSTER

Auch die Welt der Hildegard von Bingen war nicht ganz frei von abergläubischen und magischen Vorstellungen ihrer Zeit. So kannte sie durchaus Mittel gegen böse Geister wie bittere Kräuter, den Farn gegen teuflische Trugspiele oder die Alraune für den Liebeszauber

wässerig. Wechselhaft ist auch ihre Einstellung zur Rohkost. Während Petersilie und Knoblauch roh genossen werden könnten, rät sie bei Sellerie oder Dill strikt davon ab.

Der Hinweis, dass bittere Gewürze besonders geeignet seien, böse Geister zu vertreiben, zeigt, dass auch die Welt der Hildegard von Bingen von Aberglauben und Magie durchsetzt war. Vor Trugbildern und diabolischem Gaukelspiel schützte etwa der Farn. Als geübte Ärztin ihrer Zeit sind ihr gleichermaßen Mittel bekannt, um einen Liebeszauber zu entkräften, wie die Anwendung der Alraune, die aufgrund der dem Menschen ähnlichen Gestalt ihrer zweiteiligen Wurzel als Mittel für Fruchtbarkeitszauber die Phantasie der Menschen beflügelte.

> Der Dill ist trocken und warm, sein Genuss stimmt den Menschen zur Traurigkeit [...] Gegen Nasenbluten soll frischer Dill und zweimal soviel Schafgarbe als Umschlag um Stirn, Schläfen und Brust gelegt werden. Im Winter, wenn keine frischen Pflanzen zur Verfügung stehen, wird das Pulver derselben verwandt. Zur Unterdrückung sinnlicher Triebe werde im Sommer eine Würze aus Dill, zweimal soviel »bachminze« und »brachwurz« und die Wurzel von »iris illyrica« mit Essig gemacht und den Speisen zugemischt; im Winter nimmt man das Pulver der getrockneten Drogen.
> *Hildegard von Bingen, Physica*

Giftige und bekömmliche Tiere
Bei der Abfolge von Heilmitteln aus dem Tierreich orientierte sich Hildegard an der biblischen Schöpfungsgeschichte. Daher begann sie bei den Fischen vermeintlich mit dem Wal, bevor sie mit heimischen Fischarten in bekanntere Gefilde wechselte. Da sie den Fischen jedoch keine große Heilkraft zubilligte, überwiegen in ihrer Beschreibung naturkundliche Darstellungen des Lebensraumes und der Ernährung. Anschaulich vermittelt das Kapitel »Über die Vögel« den theologischen Bezug ihres Werkes. Wie die Seele im menschlichen Körper, so werden demnach auch die Vögel von der Luft emporgehoben. Entgegen den Tieren, die auf der Erde leben, sind die Vögel kälter und ihr Fleisch reiner als das der Landtiere. Diätetisch erscheint ihr der Verzehr von Hühnerfleisch und Hühnereiern als unbedenklich, während die als warm eingestufte Gans erst nach spezieller Behandlung für den Menschen geeignet sei. Ansonsten könnten Krätze oder Geschwüre auftreten, die sie mit dem Erscheinungsbild der Lepra verglich.

Ambivalent fiel die Beurteilung von Haustieren aus, wobei der Hund als treuer Begleiter erscheint, der böse Geister abhält, während die Katze durch ihre Verbindung zu Schlangen und Kröten als giftig eingestuft wird. Sympathie bringt der Esel dem Mensch entgegen, doch warnt Hildegard vor dem Verzehr seines Fleisches, da es stinke und dessen Dummheit in sich berge.

Zauberhafte Steine und Metalle
Zu den Mineralien zählte Hildegard Edel- und Halbedelsteine, aber auch Perlen, Alabaster und den Magnet. Nur beim hellblau-grünlichen Beryll empfiehlt sie wie antike Autoren eine innere Anwendung. Nachdem ein Mensch Gift zu sich genommen hätte, solle er von diesem Edelstein etwas Pulver in Brunnen- oder Quellwasser schaben, wodurch nach einigen Tagen eine Besserung erfolgen würde. Im Übrigen wurden die Steine in Flüssigkeiten eingelegt oder entfalteten ihre Kraft durch Auflegen auf erkrankte Körperteile, was heißt, dass Hildegard die Edelsteine

als Ganzes verwendete. Ein Großteil der Steine konnte außerdem durch Zaubersprüche magisch aufgeladen werden und half in einer Welt voller Dämonen. Eine ähnliche Anwendung galt für die Metalle, deren Entstehung Hildegard auf das Zusammenspiel der Elemente Wasser und Feuer mit Erde zurückführte, woraus sich unter anderem die Lage von Gold- oder Eisenbergwerken erklärte. Als Symbol der Erhabenheit Gottes besitze Stahl die Eigenschaft in Speisen und Getränken Gift aufzuspüren oder dessen Wirkung zu mindern. Auch hier wird wieder auf eine apotropäische Funktion hingewiesen, wenn es heißt, dass Stahl vom Teufel gemieden werde.

»Causae et curae«

Ursachen und Behandlung von Krankheiten fasst das Werk »Causae et curae« zusammen. Physiologisch ordnet Hildegard den vier Elementen im Körper verschiedene Bereiche zu. Das Feuer hat demnach seinen Sitz in Gehirn und Mark, die Luft im Atem und der Vernunft, das Wasser im Blut und der Flüssigkeit sowie die Erde im Gewebe und den Knochen. Im regelmäßigen Zusammenspiel ergibt sich eine Kreislaufbewegung, die das Leben ermöglicht. Gleichnishaft nimmt der Brustraum Herz, Leber und Lunge in sich auf wie die Luft die Wärme, Trockenheit und Feuchte der Sphären. Nach Auffassung der gelehrten Klosterfrau speist das Meer die Flüsse, die damit zum Sinnbild für das menschliche Gefäßsystem werden. Mitunter konstruiert sie erstaunliche Vergleiche, wenn ihr der Schultergürtel zur Analogie des kosmischen Windsystems und der geistigen Grundkräfte des Menschen gerät.

Ebenso wie die antiken Medizinschriftsteller beschäftigte auch Hildegard die Frage nach dem Lebensgeist, dem *spiritus animalis* der Römer oder dem *pneuma* der Griechen, der als ätherischer Stoff die Nervenbahnen fülle und im Gehirn seine Wirkung entfalte. Bei Hildegard wird der Geisthauch des Wissens im Gehirn bewegt, der von dort in das Gefüge des Denkens aufsteigt. Damit das Gehirn funktionstüchtig bleibe, müsse es gut durchlüftet werden, um seine weichen und feuchten Eigenschaften zu behalten. Als eine Art Fenster würden daher die Öffnungen von Augen und Ohren, Mund und Nase fungieren.

Bei Augenleiden schwor die Naturärztin Hildegard wie viele ihrer Zeitgenossen auf die Kraft des Berylls

> Mehr oder weniger als vier Elemente kann es nicht geben. Unter ihnen lassen sich zwei verschiedene Arten unterscheiden: die höheren und die tieferen. Die höheren sind himmlischer, die unteren irdischer Natur; die in der Höhe existieren, sind nicht mit Händen zu tasten; ihren Bestand haben sie aus Feuer und Luft. Was aber im unteren Bereich weilt, hat greifbare und gestaltete Körper; deren Bestandteile sind aus Wasser und aus dem Lehm. Die Geister sind feurig und luftiger Art, der Mensch aber ist seinem Wesen nach wässriger und erdhafter Natur.
> *Hildegard von Bingen, Causae et curae*

Holzschnitt aus dem »Hortus sanitatis«, Straßburg, um 1499; Krems, Stadtarchiv, fol. Z ii

>»Ich bin der große Arzt für alles Siechtum und handle wie ein Arzt, wenn er die Kranken sieht, der Genesung mit heißen Herzen ersehnt.« In den Visionen der Mystikerin Hildegard verschmolzen seelische und körperliche Heilmittel zu einer Einheit. Der Arzt war demnach nicht nur für die Behandlung der körperlichen Erkrankungen verantwortlich, sondern hatte wie der Priester begleitende und seelisch unterstützende Aufgaben zu erfüllen

Lungenkraut und Kopfläuse

Kopf- und Bauchschmerzen zählten im Mittelalter zu den häufigsten Beschwerden. War es ein Dunst, der vom Magen zum Gehirn aufstieg, um dort ein dumpfes Gefühl oder ein Sausen zu verursachen, so lag in entgegengesetzter Richtung meist eine *frigiditas*, eine mangelnde Erwärmung des Magen-Darm-Traktes vor. Daher konnten die Speisen nicht ausreichend »verkocht« werden. Der heutigen symptomatischen Therapie könnte dabei die Empfehlung pflanzlicher Heilmittel wie Kümmel, Fenchel oder Wermut entnommen sein. Drogen, die auch in der aktuellen Herstellung entzündungshemmender Augenwässer benutzt werden, finden wir unter den Empfehlungen bei Augenleiden, wie neben den genannten Heilkräutern die Poleiminze, den Klee, Lavendel und die Süßholzwurzel. Insbesondere die Farbe der Augen war Hildegard ein Indikator für Störungen. Zu den austreibenden Mitteln gehörten die Tränen, wodurch schädliche Stoffe – ein Rauch – aus dem Körper entfernt werden konnten. Als häufigste Ursache diagnostizierte sie den Zorn, eine der sieben Todsünden.

Wer über Husten und Brustschmerzen klagte, erhielt Packungen oder Wickel. Zusätzlich versuchte man schädliche Säfte aus der Lunge herauszuziehen. Neben dem namentlichen Lungenkraut und der Gundelrebe, einer seit germanischen Zeiten bekannten Heil- und Zauberpflanze, wird der Alant genannt. Diese aromatische Wurzel, deren Hauptwirkstoff, der Alantcampher, den Hustenreiz lindert, wird bereits bei Dioskurides genannt, und galt vor allem in Wein dargereicht als Allheilmittel, das neben Verschleimungen der Atmungsorgane auch gegen Pest und Zahnkrankheiten half. Um die Zähne vor Schmerzen durch fauliges Blut oder Schaum zu bewahren, empfahl Hildegard eine tägliche Reinigung mit reinem kaltem Wasser. Als erste Maßnahme bei Zahnleiden empfahl sie, die Asche der Weinrebe in Wein einzulegen und mit diesem Gemisch die Zähne zu putzen. Ebenso auf die Körperhygiene gerichtet war die Zusammenstellung von Pulvern und Salben gegen Kopfläuse.

Vom Schnupfen zum Hundebiss

Für die praktische Anwendung bestimmt, werden die Krankheiten in den »Causae et curae« nach der üblichen mittelalterlichen Darstellungsform »von Kopf bis Fuß« abgehandelt. Aus dieser Vielzahl seien Ohren- und Nasenleiden wie der »nasenboz« erwähnt, bei dem über den Schnupfen überflüssige Säfte aus dem Kopf entfernt würden, oder Erkrankungen innerer Organe wie der Leber, deren Versagen zu Schwermut führen könne. Wenn sich äußere Anzeichen wie Ausschläge, Beulen und Geschwüre auf der Haut zeigten, so nahm man meist eine Selbstreinigung des Körpers an, für die man unterstützend tätig wurde.

Zu den alltäglichen Ursachen einer Erkrankung konnten das Berühren giftiger Pflanzen, die Einnahme verdorbener Speisen oder die gefürchtete Vergiftung durch den Biss eines Hundes oder einer Schlange gehören. Breiten Raum nehmen bei Hildegard deshalb die Gifte und ihre Gegengaben, die Antidote, ein. Abführ- und Brechmittel wie der Saft von Raute oder Betonie sollten das Gift austreiben, doch auch das Auflegen eines Edelsteins oder der getrocknete Schwanz des Steinbocks galten als hilfreich, da sie das Gift anziehen würden.

Frauenkraut und Zeugungsakt

Ausführlich befasste sich die Klosterärztin mit der Frauenheilkunde. Hier finden wir eschatologische Deutungen wieder, bei denen physiologische und pathologische Zustände zwischen Schöpfung und Wiedergeburt angesiedelt werden. Bei der praktischen Umsetzung weist Hildegard in ihrem Kapitel »von der schweren Geburt« auf den vorsichtigen Einsatz von Kräutern hin. Ein Umschlag auf Schenkel und Rücken sollte verschlossene Geburtswege lockern und öffnen. Insbesondere Fenchel und Gundelrebe galten hierbei als förderlich. Als Trank oder in Form von Sitzbädern half der »Reynfarn« gegen Gebärmutterleiden. Zum vielfältigen Einsatz bei Störungen der Menstruation empfahl Hildegard neben »Byverwurtz« und Raute auch Gewürznelken und das mit seinen ätherischen Ölen befördernd wirkende Mutterkraut. Großes Interesse brachte die Klosterfrau dem Zeugungs- und Geburtsakt entgegen, wobei ihr durchaus abortive Mittel wie der Haselwurz bekannt waren.

Tugendhafter Arzt

Zum Leitbild des Arztes gehörten für Hildegard die Tugenden von Kraft und Barmherzigkeit. Über die bloße Behandlung von Krankheiten hinaus erfüllte der Arzt, wie der Priester, eine dienende und begleitende Funktion, die letztlich auf die Heilserfahrung ausgerichtet war. Körperliche und seelische Heilmittel verschmolzen in den Visionen der heilkundigen Äbtissin zu einer Einheit. Ihre Mystik machte Christus zum *magnus medicus*, den sie die folgenden Worte sagen lässt: »Ich bin der große Arzt für alles Siechtum und handle wie ein Arzt, wenn er die Kranken sieht, der Genesung mit heißen Herzen ersehnt.«

Über die zeitgenössische Wundbehandlung ist zu erfahren, dass der Arzt eine Wunde nach der Anwendung von Öl und dem ergebnislosen Eingießen von Wein aus Schutz vor Aussatz salben solle. Wie sich ein Abt um seine Mitbrüder sorge, so solle sich der Salbenhändler um die Bereitstellung von Heilmitteln kümmern und auf den Ertrag seines Gartens achten. Aus dem Bereich der Wundarznei waren ihr der Vorgang des Brennens mit dem lokalen Einsatz von Brennkegeln sowie die auch im Kloster häufig geübte Praxis des Aderlasses bekannt.

Die Ausbildung des Arztes wird bei Hildegard als Verhältnis zwischen Lehrer und Schüler beschrieben. Bedacht und maßvoll hatte dieser Unterricht auszufallen: Wissen wird bei ihr zur Medizin. Von einer schulischen Unterweisung war die Klostermedizin der Äbtissin am Rhein jedoch weit entfernt. Zeitgleich mit dem einflussreichen Wirken Hildegards waren in der Welt des Mittelmeers Ausbildungsstätten entstanden, die künftig auch Laien in der Kunst des Heilens unterweisen sollten. Eine neue Ära der Medizingeschichte kündigte sich an.

In den Kräutergärten erntete man zahlreiche pflanzliche Heilmittel

Miniatur; London, British Library, MS 19720, fol. 165

Heilkunde und Heilkunst in der Welt der Gelehrten und des Adels

Unter arabischem Einfluss: Medizin- und Übersetzerschulen

Am Beginn der Medizin als einer akademischen Disziplin stand in Europa die Auseinandersetzung mit der arabischen Kultur und deren Rezeption antiken Bildungsgutes. Über den »Umweg« des so genannten Arabismus gelang es, die klassischen Werke der Griechen und Römer, bereichert um arabische, jüdische und indische Texte, für weltliche Ausbildungsstätten zugänglich zu machen. Vor den Universitäten waren dies die Medizinschulen von Salerno, Toledo und Montpellier.

Dieser Art der kulturellen Begegnung war seit dem 7. Jahrhundert die rasante Ausbreitung des Islam vorangegangen. Vormals bedeutende medizinische Zentren wie das byzantinische Alexandria oder die nestorianische Schule Gondischapur waren dabei erobert worden. Wie später das christliche Abendland, machte sich der arabische Kulturkreis die antiken Werke durch spezielle Übersetzerschulen nutzbar. Diese entstanden in Damaskus, Kairo oder in Bagdad, wo sich das berühmte »Haus der Weisheit« befand. Hier wirkte der nestorianische Christ Johannitius, der in der toleranten Atmosphäre Bagdads als genialer Übersetzer die Grundlagen für die Blütezeit der arabischen Wissenschaften und der Heilkunst schuf.

Arabische Lehrbücher

Die Autoren der nachfolgenden Klassiker der arabischen Medizin kamen aus dem gesamten Einflussbereich des Islam – von der Seidenstraße bis nach Cordoba – und dienten ihren Sultanen und Kalifen vielfach als Leibärzte. Zum ersten bedeutenden Autor der arbischen Medizin und Pharmazie wurde um die Mitte des 9. Jahrhunderts Rhazes, der aus Persien stammende Hofarzt des Kalifen von Bagdad. Ihm gelang es, die Werke des Hippokrates und Galen mit indischen Beiträgen zu einer Enzyklopädie der Medizin zusammenzufassen. Aufgrund seiner Betonung chemischer Mittel, gilt er als Ahnherr der Iatrochemie. Eigenständig wirkte er auf dem Gebiet der Infektionskrankheiten mit seiner Beschreibung von Pocken und Masern.

Auf ihn folgte der von 980 bis 1037 lebende persisch-arabische Arzt und Philosoph Avicenna, der das umfangreiche Werk Galens ordnete und mit antikem und islamischem Wissen zu einem probaten Lehrbuch verband. Dieser »Fürst der Ärzte« diente an mehreren iranischen Höfen, war Leibarzt des Kalifen und stieg als Wesir in einflussreiche politische Kreise auf. Während des gesamten Mittelalters und zu Beginn der frühen Neuzeit sollte sein »Kanon der Medizin« das ärztliche Ausbildungswesen grundlegend beherrschen. Nach Avicenna lehrte man Pulslehre und Harnschau, führte vorbeugende Maßnahmen durch und lokalisierte Krankheiten. Er beschrieb Verletzungen, Vergiftungen, Fieber und die Herstellung von Arzneimitteln, des Weiteren Geburtshilfe und Chirurgie und propagierte den

Der Ausschnitt einer Miniatur aus der hebräischen Übersetzung des »Kanon« von Avicenna gewährt einen Blick in eine arabische Apotheke inmitten einer mittelalterlichen Stadt, in deren Straßen Gelehrte diskutieren. Der persisch-arabische Arzt Avicenna galt als Autorität schlechthin, dessen Werk während des gesamten Mittelalters bis hin zur frühen Neuzeit das Ausbildungswesen beherrschte

Aderlass – Avicenna galt als Autorität schlechthin.

Salerno – »Civitas Hippocratica«

Mit der Medizinschule von Salerno sollte um das Jahr 1000 eine »Civitas Hippocratica« entstehen. Idealtypisch wird sie als Zusammenschluss von Ärzten der Stadt und Hebammen im Sinne antiker Medizintradition gesehen, doch liegt manches über den Ursprung dieser frühen Form einer medizinischen Fakultät im Dunkeln. Zweifellos sollten hier die Grundlagen einer wissenschaftlichen Ausbildung von Laien und eines professionellen Ärztestandes gelegt werden. Räumlich befand sich die ehemalige römische Hafenstadt Salernum im Schnittpunkt lateinisch-okzidentaler, byzantinischer und islamisch-orientalischer Einflüsse. Nach der Eroberung Siziliens durch die Normannen sollte Salerno zur Hauptstadt der festländischen Besitzungen der neuen Herren aufsteigen.

Constantinus Africanus

Zu den Höhepunkten der Übersetzerschule von Salerno zählt das umfangreiche Werk eines moslemischen Drogenhändlers aus Karthago, der sich nach langer Handelstätigkeit im Orient und im Mittelmeerraum entschlossen hatte, als Constantinus Africanus (1020–1087) medizinische Werke aus dem Arabischen und Griechischen ins Lateinische zu übertragen. Wir bereits erwähnt, hat er die letzten Jahrzehnte seines Lebens als Mönch im benachbarten Kloster Monte Cassino verbracht. Geschickt hatte man in Salerno und Monte Cassino zusammengewirkt,

Miniatur einer hebräischen Übersetzung des »Kanon« von Avicenna, 15. Jh.; Bologna, Biblioteca Universitaria, Kodex 2197, fol. 492a bis 38b

Komplizierte Wundbehandlungen. Der schreibunkundige bedeutende Chirurg Roger von Salerno ließ seine Erfahrungen Ende des 12. Jahrhunderts in der »Chirurgia« festhalten

Miniatur einer frz. Übersetzung der »Chirurgia Rolandina« von Roger de Salerno, 13. Jh.; London, British Library, Sloane 1977

denn Constantinus Africanus kam nicht mit leeren Händen. Vielmehr brachte er Bücher und Erkenntnisse einer Medizinschule aus dem heutigen Tunesien mit. Zu seinen Leistungen gehört die Übertragung des für die Chirurgie wichtigen »Königlichen Buches« des Haly Abbas, der Schriften des Isaac Judaeus über das Fieber sowie zur Diätetik und einer Sammlung von Gesundheitsregeln für Reisende. Dazu übersetzte er die »Articella«. Diese »kleine Kunst« umfasste medizinische Einführungsschriften, die sich in den Universitätsstädten weit über das Mittelalter hinaus großer Beliebtheit erfreuten.

Schlafschwamm, Weizenkorn und Frauenheilkunde

Zum guten Ruf der süditalienischen Fachschule trugen auch die Werke der dort unterrichtenden Mediziner bei. Besonders sind hier zwei Antidotarien, das heißt pharmakologische Werke, zu nennen, deren Bezeichnung sich von dem Begriff für Gegengifte ableitet. Als bedeutende Rezeptsammlung entstand vor 1100 der »Antidotarius magnus«, der mehr als 1000 alphabetisch geordnete Titel, darunter reißerische Rezepte wie beispielsweise zur Goldherstellung enthielt. Ein halbes Jahrhundert später folgte das »Antidotarium Nocolai«, das auf die Anwendung von Betäubungsmitteln hinwies. Aus dem Samen des Bilsenkrauts und der Wurzel der Alraune stellte man ein Mittel her, das auf Schlafschwämme geträufelt wurde. Wichtig für die Pharmazie sollte die Einführung eines Gewichtssystems werden, das es ermögliche, auch kleine Mengen eines Präparates herzustellen. Ursprünglich ging man dabei von Weizenkörnern aus, woraus sich die Bezeichnung »Gran« ableitet.

Auf die Praxis waren mehrere Traktate über die Harnschau ausgerichtet: Die »Anatomia Ricardi« unterstrich die Notwendigkeit anatomischer Kenntnisse, die nachfolgende »Anatomia porci« beschrieb die Sektion eines Schweines. Selbst schreibunkundig, ließ der berühmte Chirurg Roger von Salerno Ende des 12. Jahrhunderts seine Erfahrungen in der »Chirurgia« zusammenfassen. In Salerno wirkte auch die heilkundige Trotula. Leider fehlen zu dieser Medizinerin genauere biographische Angaben. Es werden ihr jedoch mehrere Traktate über Geburtshilfe, Kinderkrankheiten und Kosmetik zugeschrieben.

Mit einem heißen Eisen wird der schmerzende Zahn eines Patienten behandelt. In den chirurgischen Schriften wurden auch Kieferbrüche und -verrenkungen diskutiert

Staatliche Qualitätsgarantie

Als König von Sizilien erließ Roger II. (1095–1154) die älteste ärztliche Ausbildungsordnung Europas. Damit folgte er arabischen Vorbildern, die bereits seit dem 11. Jahrhundert einen Prüfungszwang für Ärzte vorsahen. Für sein Herrschaftsgebiet legte der Normannenkönig im Jahre 1140 fest, dass künftig jeder, der die Heilkunst ausüben wolle, zuvor eine Prüfung vor königlichen Beauftragten und Sachverständigen abzulegen habe. Wer sich dieser staatlichen Kommission entziehen und ohne Approbation seine Tätigkeit ausüben würde, sollte mit Gefängnis und dem Verlust seines gesamten Vermögens bestraft werden.

> […] dass nicht in unserem Lande die Untertanen durch die Unerfahrenheit der Ärzte gefährdet würden.
> *König Roger II., 1140*

Etwa 100 Jahre später präzisierte der Staufer Friedrich II. (1194–1250) diese Gesetzgebung durch eine Studienordnung. Nur nach vorherigem Disput mit den Professoren von Salerno, also erst nach öffentlicher Überprüfung durch ein Gremium von Fachleuten, sollte es möglich sein, einen Titel zu führen und zu praktizieren. Ferner wurde der Ausbildungsgang festgelegt. Am Beginn stand ein dreijähriges Grundstudium der Logik, erst dann setzte das eigentliche Medizinstudium ein, das weitere fünf Jahre umfasste. Der Lehrinhalt hatte in Theorie und Praxis aus den Büchern des Hippokrates und Galen zu bestehen, wobei auch Chirurgie unterrichtet wurde. Als »Arzt im Praktikum« sah die Verordnung ein weiteres Jahr unter Anleitung und Aufsicht eines erfahrenen Arztes vor. Umsichtig schloss der Staufer auch eine Gebührentaxe an, die sich nach der Entfernung des Patienten vom Wohnort des Arztes berechnete. Doch ermahnte man den neuen Arzt, den Armen seinen Rat unentgeltlich zu gewähren.

Arzt – Chirurg – Apotheker

Richtungsweisend wurde die Medizinalordnung von 1240 außerdem deshalb, weil sie erstmals Richtlinien für den Wundarzt, den *chirurgus*, und den Apotheker, den *apothecarius*, vorsah, die als eigene Heilberufe neben den Leibarzt, den *physicus*, traten. In Salerno mussten Chirurgen schriftlich ein einjähriges Studium der Anatomie und Chirurgie nachweisen. Für einen neuen Apotheker – zu dieser Zeit

Illustration einer frz. Glosse zur »Practica chirurgia« von Roger von Salerno, 13. Jh.; Cambridge, Trinity College, Ms. 0.1.20

In einer Apotheke des 14. Jahrhunderts scheinen ein Arzt und ein Apotheker in ein Gespräch vertieft zu sein. Auf den Regalen befinden sich deutlich erkennbar die wertvollen, reich verzierten Arzneigefäße, in denen die Medikamente und ihre Ingredienzien aufbewahrt wurden

Miniatur, 14. Jh.; London, British Library, Sloane Ms 1977, fol. 49ᵛ

noch ein weit gefasster Begriff – legte man die Herstellung, Aufbewahrung und den Verkauf von Arzneimitteln verbindlich fest. Arzt und Apotheker sollten strikt voneinander getrennt ihren Tätigkeiten zum Wohle der Kranken nachgehen. Damit waren die Weichen für das öffentliche Gesundheitswesen gestellt, wie es im prosperierenden Städtewesen zum Ausdruck kommen sollte.

Beliebte Gesundheitsbücher

Populär machten die Schule von Salerno beliebte Gesundheits- und Lebensregeln, die mithilfe des Buchdrucks rasche Verbreitung fanden. Mehr als 100 Manuskripte und 500 Drucke konnte man zum »Regimen Sanitatis Salernitanum« ermitteln, das trotz dieser Bezeichnung nicht in Süditalien, sondern nach 1200 im spanischen Toledo entstanden war. Forderten anfangs nur einige 100 Merkverse zu Ruhe, Heiterkeit und Mäßigung auf, so wurde das Werk in späteren Zeiten beständig erweitert. Außerdem gewann das Regelwerk Vorbildcharakter für zahlreiche Schriften, die bestimmten Personengruppen, neben den Mächtigen auch Reisenden, Frauen, Kindern und Alten, praktische Hinweise boten. Einem modernen Reiseführer für Extremurlauber könnte etwa die Bemerkung entnommen sein, die der englische Hofarzt und spätere Lehrer an der Medizinschule von Montpellier, John of Gaddesden, 1310 in seiner »Rosa anglica« zur Gewinnung von Trinkwasser aus Salzwasser äußerte.

Noch heute sind die Gesundheitsregeln der Schule von Salerno aktuell, aus denen sich bekannte Sprichwörter ableiten, wie »nach dem Essen sollst du ruhn, oder tausend Schritte tun«. Das Hauptgewicht der Merkverse lag auf diätetischen Anweisungen zu Speisen und Getränken, die man nicht im Übermaß zu sich nehmen sollte. Der Arzt erscheint hier als weiser Gesundheitslehrer. Bildhaft wird auf die Folgen widrigen Tuns hingewiesen. Humorvolle Sätze wie »Halte den Harn zurück nicht zu lang, regt sich's im Darm, so folge dem Drang.« oder »Aufgewärmte Speise, Ärzte, die nicht weise, und die bösen Weiber sind Gesundheitsräuber.« machten die Verssammlung in ihrer plakativen Art zu einem Bestseller, der dem Käufer ein Mittel zur Selbsthilfe an die Hand gab.

> Allen mein Wort also rät:
> Bleib' bei gepflog'ner Diät!
> Denn der Gesundheit Gebot ist:
> Wechsle nicht, außer wenn Not ist!
> So Hippokrat! Wer darwider,
> dem folget der Seuche Hyder.
> Strenge Diät sich nennt
> der Heilkunst Fundament.
> So du nicht observierst:
> wie ein Tropf du regierst,
> wie ein Pfuscher kurierst!
>
> *Regimen Sanitatis Salernitanum, 13. Jh.*

Wissensdurstige Übersetzer in Toledo

Auf die Rückeroberung Toledos durch den legendären »Cid« im Jahre 1085 folgte der planmäßige Aufbau eines »intellektuellen Horchpostens« im Herzen Spaniens. Künftig widmete man sich hier dem gegnerischen Wissensgut. In Toledo bestand keine Schule mit Lehrbetrieb im eigentlichen Sinne, vielmehr fanden sich Sprachkundige aus ganz Europa hier ein, wobei den spanischen Juden eine wichtige Rolle zukam. Nach der Übertragung des »Aristoteles Arabicus« ließen der Italiener Gerhard von Cremona (1114–1187) und seine Schüler die Werke Galens und den »Kanon« des Avicenna folgen. Einen enormen Erkenntnisgewinn konnte man auch durch das Werk Abulkasims erzielen, der am östlichen Kalifat von Cordoba als Leibarzt und Chirurg tätig gewesen war. Als eines der wichtigsten Zentren arabischer Gelehrsamkeit war Cordoba außerdem die Heimatstadt des Philosophen und Arztes Averroes. Als exzellenter Aristoteles-Kenner betonte er die Überlegenheit der heidnischen Philosophie, was ihn gleichermaßen für den Islam wie für das Christentum zum Ketzer werden ließ. Für die medizinische Ausbildung erwies sich sein »Liber universalis de medicina« aber als brauchbare klinische Anweisung, die man neben den »Kanon« des Avicenna stellte. Zu den größten jüdischen Religionsphilosophen und Vertretern des spanischen Arabismus ist der Arzt Moses Maimonides zu rechnen, der hier im Zusammenhang mit seinen »Aphorismen«, einer 1.500 Verse umfassenden Sammlung von Zitaten des Galen, interessiert. Der Eifer, mit dem man in Toledo aus allen Wissensbereichen arabische Texte ins Lateinische übertrug, sollte der Schule schließlich zum Verhängnis werden. In dem Maß, in dem man sich immer weiter in das Wissen aus dem fremden Kulturkreis vertiefte, bis hin zu astrologischen, alchemistischen und okkulten Texten, wuchs seit der Mitte des 13. Jahrhundert die Kritik im eigenen Lager, den christlichen Glauben zugunsten heidnischer Philosophie und Naturwissenschaft preiszugeben.

Montpelliers erfolgreiche Schule

Einflussreiche Männer brachte schließlich im südfranzösischen Montpellier die dritte Übersetzerschule hervor. Von Salerno aus war Gilles de Corbeil um das Jahr 1200 an diese Schule gewechselt, bevor er zum Leibarzt des französischen Königs wurde. Als Petrus Hispanus lehrte hier der spätere Papst Johannes XXI., der 1277 möglicherweise infolge alchemistischer Versuche starb. Der Alchemie, Magie und Ketzerei verdächtigte man auch den vielseitigen Katalanen Arnaldo de Villanova, der als sprachgewandter Arzt und Diplomat in päpstlichen und königlichen Diensten stand. Der geschätzte Ratgeber schrieb für den König von Aragon Anweisungen zur Lebensführung. Gleichermaßen gefragt war auch seine Therapie gegen Nierensteine. Des Arabischen und Hebräischen mächtig, besaß Arnaldo seit dem Ende des 13. Jahrhunderts eine Lehrbefugnis in Montpellier.

Der Kernpunkt seiner »Parabeln der Heilkunst« war auf die Unterweisung des Arztes als Partner und Diener der Natur gerichtet. Nicht mit Worten, sondern durch seine Sachkenntnis und sein schnelles Eingreifen hatte er dem Patienten beizustehen. Auf eine geregelte Lebensführung zielten Hinweise, die eine kräftige Ernährung, Heilbäder und Ruhe des Geistes priesen. Wer eine Krankheit überstanden hatte, sollte seine vorherigen Tätigkeiten maßvoll angehen und dabei aromatische Speisen genießen. Ein Vorschlag, der sicherlich gerne befolgt wurde. Zur Vorsicht mahnte Arnaldo beim Gebrauch von Arzneimitteln, denn der Arzt solle dem Versagen der Natur zur

»Nach dem Essen sollst du ruhn, oder tausend Schritte tun.« Noch heute sind die Gesundheitsregeln der Schule von Salerno aktuell. Die Gesundheitsbücher der Schule von Salerno entwickelten sich im Mittelalter zu regelrechten Bestsellern, nicht zuletzt aufgrund ihrer humorvollen Merksätze und Lebensregeln, wie beispielsweise: »Aufgewärmte Speise, Ärzte, die nicht weise, und die bösen Weiber sind Gesundheitsräuber.«

»Von der teilung der artzenei«: der Arztgelehrte und der Wundarzt im Gespräch

Holzschnitt aus dem »Spiegl der Artzny« von L. Fries, Straßburg, 1519; Wolfenbüttel, Herzog-August-Bibliothek

Hilfe kommen und es nicht bewirken! Außerdem riet dieser mittelalterliche Persönlichkeitsberater den angehenden Ärzten, ihr Image zu pflegen. War eine Krankheit nicht genau zu bestimmen, sollte der Arzt sich möglichst allgemein und unverständlich ausdrücken, denn »es kommt viel darauf an, dass sie nicht wissen, was man spricht«, riet er zum Umgang zwischen Arzt und Patient.

Soviel zur Meinung eines großen Lehrers der Medizinschule von Montpellier, die frühzeitig einen Sonderweg beschritten hatte, indem sie bereits in den zwanziger Jahren des 13. Jahrhunderts über feste Statuten verfügte. Während die Blütezeit der Medizinschulen von Salerno und Toledo endete, sollte sich Montpellier zu einer der ersten abendländischen Universitäten weiterentwickeln.

Medizinische Ausbildung an den ersten Universitäten

Als ein Zusammenschluss von Professoren und Studenten – besser gesagt von Magistern und Scholaren – waren die ersten Universitäten zunächst Zweckverbände, die ihre wissenschaftlichen Studien unabhängig von der Einflussnahme staatlicher und kirchlicher Instanzen betreiben wollten und auf ihre Freiheiten pochten. So entstanden zwischen 1150 und 1250 Universitäten in Bologna, Paris und Oxford, das heißt in Städten, die in Handel und Gewerbe, Verwaltung und Diplomatie bereits Bedeutung erlangt hatten. Nicht zuletzt bot sich hier ein Arbeitsfeld für Akademiker. Neben Juristen, Theologen und Lehrern waren hier auch Ärzte gefragt. Ebenso wie die städtischen Zünfte der Handwerker oder die Gilden der Kaufleute versuchten diese autonomen Gemeinschaften ihre Interessen durchzusetzen und zu verteidigen. Man nannte sich *universitas magistrorum et scholarium*, woraus später der Begriff Universität abgeleitet wurde.

Mächtige Förderer

Gegen manche Widerstände gelang die Ablösung von den Schulen der Klöster und Kathedralen. Zu den errungenen Pri-

Antonio da Budrio beim medizinischen Unterricht an der Universität von Bologna

Miniatur aus dem »Kommentar zu den Dekretalien«, Buch 2, von Antonio da Budrio, frühes 15. Jh.; Rom, Biblioteca Angelica, Ms. 596, fol. 1

Mit internationalem Flair: Aus allen Teilen Europas strömten die Studenten an die neu gegründeten mittelalterlichen Universitäten. Unabhängig von ihrer nationalen oder sozialen Herkunft verständigten sie sich in der lateinischen Sprache und galten inmitten der mittelalterlichen Ständegesellschaft als gleichberechtigt

vilegien gehörte die selbstständige Verwaltung und Gerichtsbarkeit. Die Studienfächer gliederte man nach Fakultäten. Der Lehrstoff bestand aus den *artes liberales*, die eine Art Grundstudium bildeten, und den Wissenschaftsgebieten Jura mit kanonischem und römischem Recht, Theologie und Medizin. Die rechtlichen und geistigen Freiheiten der jungen Universitäten sicherten Kaiser wie Papst, die durch Gründungsurkunden und Privilegien deren Position stützten. Derartige Privilegien legalisierten freie Zusammenschlüsse, boten reisenden Studenten als »aus Liebe zur Wissenschaft Heimatlosen« Schutz und konnten die Position der Universitäten gegenüber den Städten festigen. Wichtig für die Absolventen war es, dass damit die internationale Anerkennung der verliehenen akademischen Grade gegeben war. Inwieweit derart Gebildete für die Herrscher auch einen praktischen Nutzen besaßen, macht etwa die »Ronkalische Gesetzgebung« Friedrich Barbarossas deutlich, dem um die Mitte des 12. Jahrhunderts das Wissen Bologneser Magister über alte römische Rechtspositionen für seine imperialen Ansprüche gelegen kam.

Internationale Ausbildungsstätten

Bemerkenswerterweise galten alle Magister und Studenten unabhängig ihrer sozialen oder nationalen Herkunft als gleichberechtigt in der ansonsten ständisch gegliederten mittelalterlichen Gesellschaft. Den universellen Charakter unterstützte das Latein als einheitliche Unterrichtssprache. Aus allen Teilen Europas kam man im 12. Jahrhundert nach Bologna, um hier das wieder entdeckte römische Recht zu studieren, und in Paris organisierten sich die dortigen Magister, um die als häretisch eingestuften naturphilosophischen Schriften des Aristoteles in das Theologiestudium aufzunehmen.

Als im Pestjahr 1348 in Prag die erste Universität im Reichsgebiet entstand, bestätigte der Stiftungsbrief Kaiser Karls IV. ausdrücklich die Rechte nach Pariser und Bologneser Vorbild. Bis zum Ende des Jahrhunderts sollten Krakau, Wien, Heidelberg, Köln und Erfurt folgen. Ein Blick auf die europäische Landkarte zeigt, dass man nördlich der Alpen der allgemeinen Entwicklung hinterherhinkte. Zu dieser Zeit verfügte Italien bereits über 15, Frankreich über acht und die Iberische Halbinsel über sechs Universitäten. Außerdem hatte sich von der im Jahre 1167 erfolgten englischen Gründung Oxford seit Beginn des 13. Jahrhunderts Cambridge, die zweite große *alma mater* der Britischen Insel, abgespalten. Einen internationalen Ruf als medizinische Ausbildungsstätten besaßen zudem Montpellier (1220) und Padua (um 1222).

Eine Sonderstellung nahm die von Friedrich II. ins Leben gerufene Universität von Neapel ein. In dieser ersten staatlichen Gründung von 1224 ging die nahe gelegene Medizinschule von Salerno auf. Dem Studium der Natur und der Rechte sollte diese Staatsuniversität dienen und gleichzeitig den Beamtennachwuchs ausbilden, denn jeder, der innerhalb des Herrschaftsgebietes Friedrichs studieren wollte, konnte dies nur hier tun. Diese, wie wir heute sagen würden, zentrale Vergabe von Studienplätzen betraf auch den Sohn einer neapolitanischen Adelsfamilie, Thomas von Aquin, der einer der bedeutendsten Denker seines Jahrhunderts werden sollte.

Scholastische Medizin

Trotz der geschilderten akademischen Freiheiten prägten vor allem dogmatische Lehrveranstaltungen und starre Formalien das Erscheinungsbild der jungen Universitäten. Mit einem Eid verpflichteten sich die *doctores* oder Magister – der Begriff Professor war eine Wortschöpfung des späten Mittelalters –, in ihren Vorlesungen nur bestimmte Bücher zu behandeln. In fest gefügten Bahnen bewegten sich auch Ziele und Methoden, denn es galt, Irrlehren durch fehlerhafte Interpretationen der neu übersetzten heidnischen Schriften zu vermeiden. Damit sie nicht zersetzend wirkten, mussten diese Texte in einer den Glauben stärkenden Form ausgelegt werden. Die Scholastik war hierfür ein praktikables geistiges Handwerkszeug. Die heidnische Philosophie eines Aristoteles wurde so mit den kirchlichen Lehrmeinungen in Einklang gebracht.

In den medizinischen Fakultäten zwischen Oxford und Krakau war nicht die kritische Überprüfung, sondern die Aneignung der »Articella« und anderer Klassiker gefragt. Dieses theoretische Wissen erlangte man nach einem bestimmten dialektischen Muster, das dem Prinzip von These, Antithese und Synthese entsprach. Am Beginn stand die Vorlesung, die *lectio*, bei der dem Auditorium ein Text laut vorgetragen wurde. In einer anschließenden Diskussion, der *disputatio*, wies der Magister auf Argumente und offene Fragen hin, die für und gegen die vorgebrachten Thesen sprachen. Das daraus konstruierte Problem löste er im Anschluss in Form einer *solutio* selbst auf. Pro und Contra führten somit zu einer scheinbar unveränderlichen Wahrheit.

Als Theologen, Naturforscher und Philosophen agierten in der Hochscholastik namhafte Vertreter der Bettelorden. Wie die Ritterorden der Kreuzzüge, so wollten Franziskaner und Dominikaner die Heiden mit ihren Waffen schlagen. Gleichermaßen mit universalem Wissen ausgestattet, verwarf gegen Ende des 13. Jahrhunderts der Franziskaner Roger Bacon (1214–1292) das kritiklose Festhalten an den Autoritäten, während zuvor der Dominikaner Albertus Magnus (1200–1280) und sein Schüler Thomas

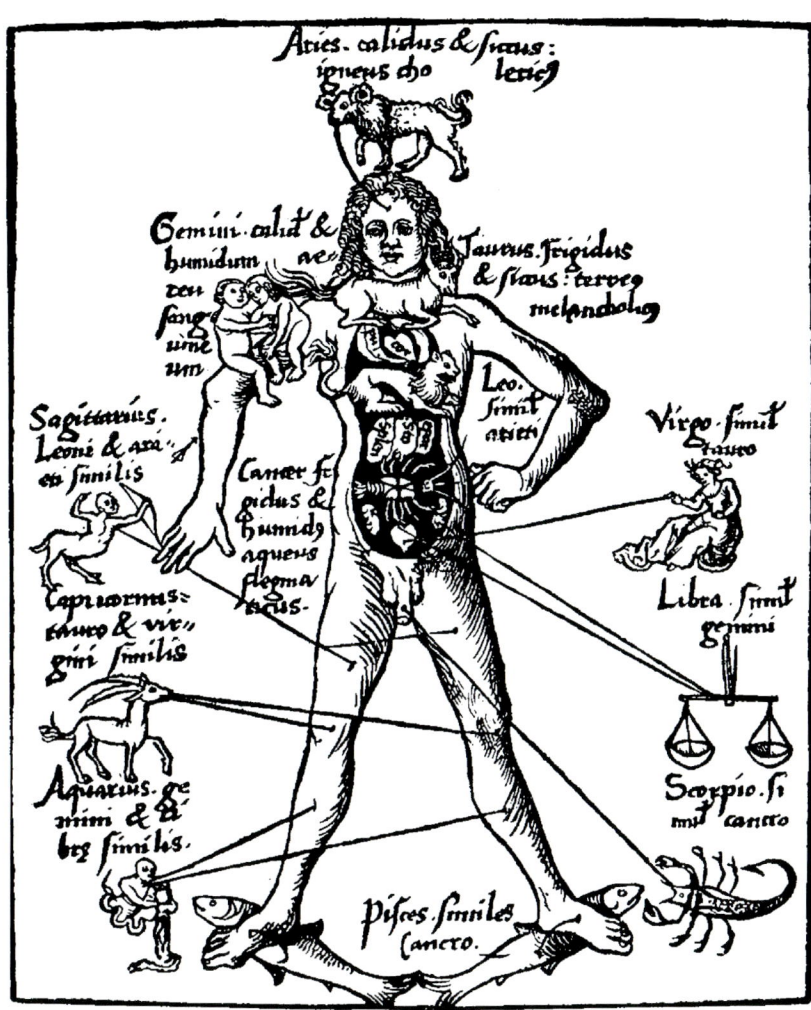

von Aquin (1225–1274) versucht hatten, eine auf Vernunft und Experiment basierende Wissenschaft mit den dogmatischen Lehren der Kirche auszusöhnen, also eine Synthese von Glauben und Wissen zu erreichen. Innerhalb der Heilkunde besaß die Theorie weiterhin den Vorrang vor der Praxis. Um eine genauere Begriffsbestimmung philosophischer und medizinischer Termini bemüht, traute man den tradierten Texten mehr als den eigenen Augen.

Ein geregelter Wissenserwerb

Einen guten Eindruck vom Ablauf eines Medizinstudiums vermitteln die Quellen aus dem spätmittelalterlichen Bologna.

Medizin und Astrologie: Die Verbindung der verschiedenen Organe mit den zugeordneten Tierkreiszeichen zeigt den Einfluss der Himmelskörper auf den Menschen

Holzschnitt aus »Margarita philosophica« von Gregor Reisch, Straßburg, Joh. Schott, 1504

Entschieden trat der Humanist Francesco Petrarca für einen Vorrang von Dichtung und Philosophie gegenüber den Natur- und medizinischen Wissenschaften ein. Insbesondere prangerte er die gelehrten Phrasen der ansonsten oftmals unwissenden höfischen Ärzte an sowie deren Raffgier und Überheblichkeit. Diese führte mitunter so weit, dass sich manche Ärzte äußerst erstaunt darüber zeigten, dass ohne ihr medizinisches Zutun sogar Heilungen möglich sein könnten

Täglich hörten die Studenten hier morgens zwei theoretische Vorlesungen, an die nachmittags praktische Übungen anschlossen. Das erste Jahr galt Avicenna, mit Lektionen über medizinische Verhaltensregeln und Diätetik, Fiebererkrankungen und allgemeine Krankheitslehre, dazu wurden die angehenden Ärzte nachmittags in der Prognose unterwiesen. Das zweite und dritte Jahr erweiterte den Stoff in den morgendlichen Vorlesungen vor allem um die Schriften des Galen und Hippokrates, während man nachmittags repetierte. Das vierte Jahr wurde vollständig dem Auswendiglernen gewidmet, denn vor Erfindung des Buchdrucks versprach nur diese Methode eine sichere Kenntnis für die Praxis. Zusätzliche Diktierstunden und Übungen vertieften den Unterricht.

Die Macht der Bücher

Auch die Medizin war eine Buchwissenschaft, die zusammen mit den Disziplinen anderer Fakultäten über wertvolle Bücher verfügte, die von einer ganzen Schar von Personen betreut und verwaltet wurden. Vor Erfindung der beweglichen Drucklettern waren Schreiber, Kopisten, Buchbinder und Illustratoren mit der Vervielfältigung der teuren Bücher beschäftigt. Erst nach einer sorgfältigen Prüfung wurden ihre Produkte für den Unterricht zugelassen. Außerdem kauften Bibliothekare neue Bücher und liehen sie an Professoren und Studenten aus. Einen schnellen Überblick über die medizinischen Wissensgebiete boten so genannte Sentenzensammlungen, alphabetisch geordnete Nachschlagewerke, die Zitate der griechischen und arabischen Autoritäten enthielten. Offene Fragen des Fachgebiets, bei denen die klassischen Autoren unterschiedliche Auffassungen vertraten, sammelte man nach dem Vorbild der Medizinschulen in kritischen Zusammenstellungen. Wollte man sich über eine bestimmte Krankheit und deren Verlauf oder Behandlung informieren, so gab hierüber eine spezielle Aufklärungsschrift Auskunft.

Kritischer Humanismus

Von beiden, der Scholastik und der Medizin, hielt der Humanist Francesco Petrarca (1304–1374) nicht viel. Polemisch betonte er in seinen Schriften den Vorrang der Dichtung und der Philosophie vor den Naturwissenschaften und einer medizinischen Wissenschaft, die ihm an der Schwelle zur Renaissance dem dunklen Mittelalter verhaftet schienen. Aber nicht so sehr gegen die scholastische Medizin wandte sich der große Humanist, verhasst war ihm vor allem das Gehabe des höfischen Arztes, dessen Motor laut Petrarca vielfach die Raffgier war und der seine Unwissenheit hinter gelehrten Phrasen versteckte. Nur wenige würden die Bezeichnung »Arzt« zu Recht tragen. Am eigenen Leib hatte Petrarca die Überheblichkeit erfahren, mit der sich mehrere Ärzte darüber erstaunt zeigten, dass ohne ihr Zutun überhaupt eine Genesung erfolgen könne.

Mit dieser kritischen Sichtweise stand der Frühhumanist nicht allein, doch ist der Gegensatz zwischen Arzt und Humanist für das Quattrocento nicht so extrem zu zeichnen, wie dies längere Zeit geschehen ist. So verarbeiteten bedeutende Theoretiker und Künstler wie Alberti, Brunelleschi oder Piero della Francesca medizinische und naturwissenschaftliche Schriften in ihren Werken. Mediziner waren ebenso bedeutende Büchersammler wie Übersetzer griechischer Handschriften. Bevor das Interesse an den *studia humanitatis* nach 1500 große Ärzte und Künstler vereinte, wirkten bereits vielseitige Persönlichkeiten wie Paolo Toscanelli (1397–1482), der nicht nur Mathematiker, Physiker, Kunsttheoretiker und Karthograph war, sondern eben auch Humanist und Arzt.

Minnesänger und verwundete Ritter

Farbenprächtig gibt eine Miniatur der Manessischen Liederhandschrift vom Beginn des 14. Jahrhunderts eine höfische Krankenszene wieder. Fachkundig schient ein Arzt das Bein eines verletzten Ritters, während sich ein Wundarzt oder Apotheker mit einem Salbengefäß dem Kranken zuwendet. Nicht nur im Kampf drohte dem Ritter Gefahr für Leib und Leben, auch das höfische Turnier, das Ruhm und Ehre brachte, der Erprobung der Geschicklichkeit und dem Imponiergehabe vor den anwesenden Frauen diente, endete oftmals mit ernsthaften Verletzungen. Scharfe Kritik übte daher ein Zeitgenosse Walthers von der Vogelweide an der Praxis der Turniere. Während man früher rit-

Der Herr von Sachsendorf, der sich – wie er zumindest in einem Lied besingt – im Dienst seiner Dame »Fuß und Bein gebrochen« habe, wird von einem Arzt und einem Wundarzt oder Apotheker behandelt. Anscheinend hält ein Freund den verletzten Ritter mit beiden Armen fest, während das gebrochene Bein geschient wird

Miniatur aus der Manesse-Handschrift, um 1320; Heidelberg, Universitätsbibliothek, Cod. Pal. Germ. 848, fol. 158ʳ

HEILKUNDE UND HEILKUNST IN DER WELT DER GELEHRTEN UND DES ADELS

»... bereit zu turneie und zu strite«
Gerade die Praxis der höfischen Turniere bot reichlich Gelegenheit, praktische Erfahrungen in der Wundarznei zu sammeln

Miniatur aus dem Artusroman »Der jüngere Titurel«, Österreich, um 1430; München, Bayerische Staatsbibliothek, Cgm 8470, fol. 219ᵛ

terlich ins Turnier gezogen sei, so klagte der Minnesänger Reinmar von Zweter, gehe es dort nun viehisch, totbringend und wüst zu. Vor allem die beliebten Rennen und Stechen mit spitzen Lanzen waren äußerst gefährlich – praktische Erfahrungen in der Wundarznei blieben nicht aus.

Poetische Heilkunst

Die Tradition der Frau als Heilkundige und Retterin der heidnischen Sagenwelt setzte sich in den epischen Dichtungen des 12. und 13. Jahrhunderts fort. Im »Parzival« des Wolfram von Eschenbach bemüht sich Arnive um die Verletzungen des Ritters Gawan. Auf die Wundbehandlung mit einem Heilkraut und warmem Wein folgt ein Heilschlaf mit Fieber. Ebenso wird bei der irischen Königin Isolde auf die »wunderliche guote kraft« ihrer Arznei verwiesen. Von den Ärzten aufgegeben, waren es Isolde und ihre Mutter, die den todkranken Tristan heilten. Dass die Fachleute des Krieges, die Ritter selbst, über chirurgische Kenntnisse verfügten, belegt eine andere Stelle des »Parzival«: Nachdem ein tiefer Lanzenstich bei einem Ritter zu einer schweren Blutstauung im Brustraum geführt hatte, rettete ihn Gawan durch Einführen eines Röhrchens in die Wunde.

»sein Honig ward zu Gallen«

Zu den modernsten Kliniken seiner Zeit nahm um 1200 der »arme Heinrich« des Hartmann von Aue Zuflucht. Von der Misselsucht, das heißt der Lepra, war der reiche und jugendliche Ritter Heinrich befallen worden, woraufhin er von seiner Umgebung gemieden wurde. Als Grund der Erkrankung ist zu erfahren, dass damit sein »Hochmut verkehret« werde. Wie bei Hiob im Alten Testament vollzieht sich hier eine göttliche Prüfung. Seiner gesellschaftlichen Kontakte beraubt, verzweifelt der höfische Ritter und »sein Honig ward zu Gallen«. Die Ärzte raten zur Reise nach Montpellier, doch wird er hier als unheilbar eingestuft. Als letzte Möglichkeit bleiben die Experten von Salerno, die ihm ein fürchterliches Heilmittel nennen. Nur das Blut einer Jungfrau, die für ihn freiwillig den Tod erleidet, kann ihn erlösen. Resigniert zieht er sich in die Einsamkeit eines abgelegenen Hofes zurück. Hier pflegt ihn eine Jungfrau, die schließlich bereit ist, für ihn zu sterben.

Erst als die Chirurgen in Salerno schon das Messer ansetzen, verzichtet er auf dieses Opfer und nimmt seine Krankheit als Buße an. Nachdem Heinrich seine Lage also akzeptiert hatte, erreichte ihn die göttliche Gnade. Noch auf der Heimreise wird er »reine und wol gesunt«. Beinahe unnötig anzumerken, dass er und seine »kleine Braut« ein glückliches Paar werden.

Wie in älteren Sagen und Legenden von wundersamen Heilungen lässt Hartmann von Aue seinen todgeweihten Ritter verschiedene Stadien der Krise und der Erleuchtung durchwandern. Für den adeligen Zuhörerkreis ist nicht die konkrete Beschreibung des Krankheitsbildes wichtig – es fehlen jegliche Details. Vielmehr fesselt sie die scheinbare Hoffnungslosigkeit des Zustandes, Krankheit als unentrinnbares Schicksal mit dem Ausschluss aus der menschlichen Gemeinschaft und

Schritt für Schritt illustriert diese Miniatur aus dem 14. Jahrhundert die Behandlung eines Schädelbruchs durch einen Chirurgen. Derartige Eingriffe dürften im Alltag des ritterlichen Lebens nicht selten vorgekommen sein

der Abkehr von höfischen Lebensformen. Eine Rückkehr in die Gesellschaft ist an die Rückbesinnung auf die Tugenden des christlichen Rittertums geknüpft.

»groß leit an allen enden«

Den politischen Hintergrund für die Schilderung aussätziger Ritter bilden die Kreuzzüge, die zwischen dem 11. und 13. Jahrhundert im Vorderen Orient zur Etablierung christlicher Staaten führten, in denen sich regelmäßig europäische Kreuzritter aufhielten. Die Gefahr einer Ansteckung mit der Lepra war hier immer gegeben und damit auch literarisch verwertbar. Im Gegensatz zur zurückhaltenden Darstellung im »armen Heinrich« schilderte der Minnesänger Konrad von

Miniatur, Frankreich, 14. Jh.;
London, British Library, Stone Ms. 1977, fol. 2

Würzburg († 1287) die Folgen der Misselsucht in seinem »Engelhard« äußerst drastisch. Realistisch für den Krankheitsverlauf wird beschrieben, dass dem Ritter die Kopf- und Barthaare sowie die Augenbrauen ausfielen, seine »lûtersüeze stimme« wurde heiser und es traten Verstümmelungen der Extremitäten auf. Weiter heißt es: »grôz leit an allen enden, an füezen unde an henden wâren im die ballen so genzlich in gevallen«.

Für seine Erzählung nutzte Konrad ältere Vorlagen, wie diejenige der jeglicher historischen Grundlage entbehrenden Heilung Kaiser Konstantins durch Papst Silvester. Vom Aussatz befallen, weist der Herrscher das heidnische Mittel eines Blutbads zurück, um schließlich durch die Bekehrung zum christlichen Glauben zu genesen.

Mit der Misselsucht bediente sich Konrad von Würzburg außerdem des Bildes einer typischen Elendsseuche, einer Krankheit des armen Mannes, die in seiner Erzählung »Engelhard« einen Edelmann befällt.

Von »Tischzuchten« und kranken Herrschern

Von den medizinischen Theoretikern gefordert, fand die maßvolle Lebensführung Eingang in die höfische Literatur. Wurde bei einem adeligen Festessen die Tafel aufgetragen, dann hatten so genannte »Tischzuchten« dafür gesorgt, dass man bei den mehrgängigen Mahlzeiten mit den rituellen Umgangsformen vertraut war. Vom »tumben« Bauern unterschied man sich schließlich auch in seinen Tischmanieren. Nach französischem Vorbild waren entsprechende Lehrgedichte in Deutschland bereits um 1200 bekannt und fanden reiche Nachahmung.

Erziehung zur Mäßigung

Üblicherweise aß auch der Adel des hohen Mittelalters mit den Fingern. Dabei halfen Messer und Löffel, die Gabel wurde bis in die Neuzeit hinein nur zum Vorlegen gebraucht. Oft teilte man den Teller oder ein Holzbrett mit dem Nachbarn. Das Gleiche galt für die Trinkgefäße. Diese kollektive Benutzung erzwang Vorschriften. Nach Tannhäusers »Hofzucht« sollte der fettige Mund vor dem Trinken abgewischt werden, dazu hatte er jedoch leer zu sein. Nicht der gierige Blick auf die Speiseschüsseln oder gar Trunkenheit, sondern Mäßigung zeichneten den adeligen Gast aus. Wer einen Juckreiz verspürte, hatte sich mit dem Gewand zu kratzen, da man anschließend wieder in die Gemeinschaftsschüsseln griff. Ungezwungen und fröhlich nimmt sich der Adel in den späteren Fress- und Sauflieder aus, während die Tischzuchten didaktische Absichten bekunden. Auf die Verbesserung der allgemeinen Hygiene war die Mahnung gerichtet, bei den Mahlzeiten frische Kleidung zu tragen, um kein Ungeziefer zu verbreiten.

Umsichtige Leibdiener

Speisen aufzutragen, am Tisch zu servieren, aber auch die Mahlzeiten richtig zusammenzustellen, gehörte zu den Aufgaben der Pagen, die daher über diätetische Kenntnisse verfügen mussten. Nach einer englischen Tischzucht wurde den Leibdienern im wörtlichen Sinne das körperliche Wohlergehen ihrer Herren ans Herz gelegt. Sie hatten darauf zu achten, dass morgens und abends Butter den Magen beruhige und den Leib öffne, damit schlechte Säfte abfließen könnten. Als hinderlich für die Verdauung konnten sich Milch, Quark oder Rahm erweisen. Spät genossen, sollte man daher harten Käse

Höflingen oblag es, die oft mehrgängigen Mahlzeiten zusammenzustellen und aufzutragen, wobei sie auch auf das körperliche Wohlergehen ihrer Herren zu achten hatten

Miniatur aus »Les tres riches heures« des Duc de Berry, 14. Jh.; Chantilly, Musée Condé, Ms. 65, fol. 1ᵛ

HEILKUNDE UND HEILKUNST IN DER WELT DER GELEHRTEN UND DES ADELS

Auf dem Sterbebett waren die letzten Dinge zu regeln. Im Falle von Regenten bezog dies auch eine geordnete Nachfolgefrage mit ein

Aus »Der Trojanische Krieg« von Ägidius Colonna, Martinus Opifex, Wien, 1445–1450; Wien, Österreichische Nationalbibliothek, Hs. 2773, fol. 97ᵛ

und geharzten Wein folgen lassen. Auch die Ausbildung adeliger Mädchen folgte diesem Ideal, doch zielten die Kenntnisse von der komplizierten Etikette bis hin zur Anwendung von Gewürz- und Heilpflanzen in erster Linie auf den häuslichen Bereich ab. In jedem Fall bot die Erziehung des adeligen Nachwuchses einen Wirkungskreis für Personen, die in der Heilkunde unterwiesen worden waren.

Gesundheit als Statussymbol

Der ideale deutsche König saß fest im Sattel und hielt die Zügel seiner Regentschaft in der Hand. Seine Herrschaft beruhte auf göttlicher Gnade. Ihm war es gegeben, Kranke zu heilen. Doch diese Auffassung vertrug sich nicht mit dem Bild eines leidenden Königs. Wenn in den Quellen kranke Herrscher erwähnt werden, so wird oft darauf hingewiesen, dass die Kraft eines Heiligen zur baldigen Genesung geführt habe. Erst auf dem Sterbebett und bei geordneter Nachfolgefrage durfte das Ausmaß der Hinfälligkeit deutlich werden. Wo dies nicht gelang, kam es unweigerlich zur Krise. Für den einfachen Bauern und den kranken Bettler sahen die Postulate christlicher Barmherzigkeit und Nächstenliebe die Pflege in der Familie oder die Fürsorge durch die Gemeinschaft vor. Demgegenüber waren Gesundheit und Vitalität ein herrscherliches Statussymbol. Ähnlich heutigen Spitzenpolitikern oder Topmanagern verschwieg man die Gebrechen weltlicher und geistlicher Großer soweit es ging. Bleiben wir bei diesem Bild, so versuchte man ein schlechtes Image zu vermeiden, denn körperliche Leiden wurden oftmals als Zeichen göttlichen Zorns aufgrund eines bestimmten Fehlverhaltens gedeutet. Im politischen Alltagsgeschäft war Krankheit damit ein Risikofaktor.

Kranke Könige

Mehrfach kamen die Italienfeldzüge der mittelalterlichen Kaiser aufgrund von Epidemien zum Stillstand. Diese Seuchen wie die in den Sumpfgebieten Latiums beheimatete Malaria und andere »pestbringende Nebel« mussten den Gegnern als göttliche Zeichen erscheinen. Vorherbestimmt mag für viele das Schicksal Ottos III. gewesen sein. Ausgerechnet um die eschatologisch behaftete Zeit des ersten Millenniums wagte er den Versuch, in Rom eine theokratische Herrschaft aufzubauen, wobei ihn wenig später die Pocken ereilten. Auch der nächste Kaiser, der letzte ottonische Herrscher, war häufig krank. Bei den berühmten Klosterärzten von Monte Cassino unterzog sich Heinrich II. einer Blasenoperation. Auf einem Seitenrelief seines Grabmals im Bamberger Dom hielt Tilman Riemenschneider 500 Jahre später dieses Ereignis fest. Von seiner letzten Reise nach Italien sollte Heinrich nicht mehr zurückkehren. Rasch übergab seine Gemahlin Kunigunde die Reichsinsignien als Zeichen der Macht an Konrad. Das Zeitalter der Salier hatte begonnen.

Zu den seltenen Berichten von einem kranken König zählt die Nachricht über die Beinamputation Friedrichs III. gegen Ende des 15. Jahrhunderts in Linz. In Anwesenheit zweier Leibärzte sowie mehrerer Grafen und deren Gefolge wurde die Operation durch fünf Wundärzte ausgeführt. Aus Landshut, Graz, Göppingen, Passau und Olmütz hatte man die fähigsten Chirurgen versammelt, die nach einigen Wochen reich beschenkt die Heimreise antraten. Trotz gelungener Amputation verstarb der Kaiser jedoch wenig später, da er sich gegen den Rat seiner Ärzte einer längeren Fastenzeit ausgesetzt hatte.

Wiederholt wussten die mittelalterlichen Chronisten von Fällen zu berichten, wo die Erkrankung eines Herrschers heftige Reaktionen unter den potenziellen Nachfolgern auszulösen vermochte. All diese Erzählungen endeten jedoch mit einem wieder gesundeten König. Ein möglicher Anwärter auf den Thron hatte selbst körperlich unversehrt zu sein, was manchen verstümmelten Kandidaten von vorneherein ausschloss. Mit detektivischem Gespür haben Historiker versucht, aus der fehlenden Chronologie von Herrscherurkunden auf mögliche Zeiten der Krankheit zu schließen. Fiel Kaiser Otto der Große nach seinem Sieg über die Ungarn für eine ganzes Jahr aus? Fest steht, dass der lange Krankheitsprozess des fast hundertjährigen Papstes Coelestin III. die Arbeit der Kurie für einige Zeit lähmte.

Wollte man einflussreich bleiben, musste man Krankheiten vermeiden. Gefragt waren daher die Anweisungen eines berühmten Arztes in einem »Regimen sanitatis«, einem Ratgeber zur gesunden Lebensführung. Schwierig wurde es für die Leibärzte, die Erkrankungen der Mächtigen geheim zu halten, wenn ein Herrscher vermehrt der Öffentlichkeit ausgesetzt war. Im Zeitalter der Kreuzzüge galt dies ebenso für Richard Löwenherz wie für den vom Aussatz befallenen Balduin IV., König von Jerusalem. Von Kindheit an durch die Krankheit gezeichnet, konnte er als König die Frage seiner Nachfolge durch die persönliche Teilnahme an mehreren Feldzügen gegen Saladin hinauszögern. Schließlich brachte ein geschickter politischer Schachzug Ideal und Wirklichkeit der Vorstellungswelt des 12. Jahrhunderts in Einklang. Mit der Trennung von Regentschaft und Königtum wurde auch das Problem des kranken Herrschers beseitigt.

Krankheiten und Leiden galten als Zeichen von Schwäche oder von göttlichem Zorn. Dies konnten sich gerade die Großen des Reiches nicht leisten, mussten sie doch Vitalität, Gesundheit und Entschlossenheit als herrscherliche Statussymbole zur Schau stellen. Entsprechend versuchte man, etwaige Gebrechen möglichst zu verschweigen

Entlang ihrer Wegstrecken benötigten Pilger wie Kreuzfahrer im Heiligen Land Herbergen zu ihrer Versorgung. Im Laufe des 11. und 12. Jahrhunderts entstanden deshalb mit den Hospitalorden spezielle Bruderschaften, die aus der Vereinigung von Waffendienst und Krankenpflege eine neue Lebensform entwickelten. Mit dem Kampf gegen die Glaubensfeinde hatten zuerst die Johanniter die Pflege der christlichen Mitbrüder übernommen. Von den Bedürftigen sprachen sie als ihren »Herren«. Noch heute zeugt ein zweischiffiges Hallenspital auf Rhodos von der einstigen Fürsorgetätigkeit. Bremer Kaufleute waren es, die an dem wichtigen Kreuzfahrerstützpunkt Akkon im Jahre 1198 den Anstoß zur Gründung des zweiten großen Ritterordens gaben, der als mächtiger Deutscher Orden in Preußen sogar einen eigenen Ordensstaat aufbauen konnte.

Als älteste karitative Einrichtung der Johanniter war das Hospital von Jerusa-

Kreuzritter und Spitalgründungen

Sowohl Pilger als auch Kreuzfahrer benötigten im Heiligen Land Herbergen. So entstanden im 11. und 12. Jahrhundert mit den Hospitalorden Bruderschaften, die Waffendienst und Krankenpflege zu einer neuen Lebensform vereinigten

lem entstanden, das bis zu 2000 Personen aufnehmen konnte. Der Hausordnung des Jahres 1182 ist zu entnehmen, dass vier fest angestellte Ärzte bei den Kranken Dienst taten. Sie sollten versiert in der Harnschau sein und geübt in der Behandlung von Krankheiten. Dazu stellten sie selbst die benötigten Medikamente her. Die Krankenplätze waren dicht gedrängt. Für jeden Flur und Raum, in dem sich Kranke aufhielten, waren neun Helfer vorgesehen, die hier ohne Murren ihren Dienst verrichten sollten. Man nahm Männer und Frauen auf und verfügte sogar über eine Säuglingsstation mit kleinen Wiegen. Darüber hinaus versorgte ein Almosenpfleger zusammen mit zwei Helfern die städtischen Armen mit Speisen, getragenen Schuhen und Kleidung. Wer aus der Gefangenschaft der Heiden kam und hier anklopfte, erhielt ein einmaliges Geldgeschenk.

Nach islamischem Vorbild?

Richteten die Kreuzfahrer in den eroberten Gebieten Spitäler ein, so taten sie dies in einem islamischen Umfeld, zu dessen festen Einrichtungen Krankenhäuser gehörten. Bereits im 8. Jahrhundert hatte Harun ar-Raschid in Bagdad ein Krankenhaus errichten lassen und dieses der Leitung angesehener Ärzte seiner Medizinschule unterstellt. Im 10. Jahrhundert arbeiteten hier nicht vier Ärzte wie im ersten christlichen Spital von Jerusalem, sondern 24, die in mehreren Abteilungen 100 Patienten behandelten. Zusätzlich waren weitere Personen mit der Zubereitung von Arzneien beschäftigt. Unter der persischen Bezeichnung »Bimaristan« sollte das große Krankenhaus von Bagdad Vorbild für alle größeren islamischen Städte werden. Bevor in Jerusalem die Johanniter daran gingen, sich der Krankenpflege anzunehmen, lag hier bereits ein gut organisierter klinischer Betrieb vor. Zweifellos gehörte zur kulturellen Begegnung im Zeitalter der Kreuzzüge neben der Rezeption theoretischer Schriften der Heilkunde auch das praktische Wissen um die Sorge für den kranken Menschen.

Abendländische Niederlassungen

Mitunter weisen Bezeichnungen wie Johanniter- oder Templerhof in alten Städten darauf hin, dass geistliche Orden hier Niederlassungen unterhalten haben. Neben reinen Wirtschaftshöfen waren dies auch Spitäler zum Wohle der Armen und Pilger. Nur einige seien hier genannt: für die Lazariter Gotha, für die Johanniter Rothenburg ob der Tauber, für die Ritter des Deutschen Ordens Nürnberg, Halle, Marburg, Elbing und Königsberg. Zeitgleich mit den geistlichen Ritterorden formierten sich als wichtige Laienbruderschaften die französischen Antoniter und der in Rom beheimatete Orden zum Heiligen Geist. An sie erinnern vor allem im süddeutschen Raum die Niederlassungen von Memmingen, Markgröningen und Schwäbisch-Gmünd. Zusammen mit kleineren Spitälern im Umfeld von Kathedralen in Bischofsstädten sollten diese Einrichtungen der Hospitalorden zu wichtigen Vorläufern für die großen bürgerlichen Fürsorgeanstalten des späten Mittelalters werden.

Adelige Stifter

Vielfältig nehmen sich die Beweggründe für eine karitative Stiftung in den Jahrhunderten vor der Reformation aus. Im Falle des Hospitals St. Jean in Angers war es in der zweiten Hälfte des 12. Jahrhunderts ein Akt der Reue gewesen, der den englischen König Heinrich II. Plantagenet veranlasste, eine Stätte zur Ausübung der sieben Werke der Barmherzigkeit zu gründen. Im Kampf zwischen Kaiser und Papsttum hatte sich sein Kanzler und Erzbischof von Canterbury, Thomas Becket, schützend vor die Kirche gestellt. Der König befahl seinen Tod. Mit dem Bau einer eindrucksvollen dreischiffigen Spitalanlage glaubte er jedoch ein deutliches Zeichen seiner Buße zu setzen. Allerdings schuf der englische König nicht nur eines der größten Hallenspitäler des Mittelalters, sondern auch ein prunkvolles Denkmal der Macht im Zentrum seines französischen Herrschaftsgebietes. Großzügig fiel Ende des 13. Jahrhunderts auch der Bau des Hospitals von Tonnerre aus, dessen beeindruckende Holztonne eine große Halle überspannt. Nicht nur Bett und Altar sollten hier für Hilfsbedürftige miteinander verbunden werden, gleichzeitig hatte die fromme Stifterin Margarete von Burgund, Königin von Jerusalem, diese Einrichtung zu ihrer letzten Ruhestätte bestimmt. Inmitten ihres gottgefälligen Werkes wollte sie den Tag des Jüngsten Gerichts erwarten.

Elisabeth – Fürstin und Heilige

In vielen Legenden und Volksliedern wird die selbstlose Hingabe der hl. Elisabeth gepriesen, die, ergriffen von der religiösen Frauenbewegung ihrer Zeit und dem Armutsideal des Franz von Assisi, ihr Leben der Armen- und Krankenpflege widmete. Als Schutzpatronin von Kirchen und Kapellen war sie gleichermaßen bei Adel und Bürgertum beliebt. Als ungarische Königstochter und Angehörige des bedeutenden Geschlechts der Andechs-Meranier gehörte sie zum europäischen Spitzenadel des 13. Jahrhunderts. Unter ihren Verwandten waren weltliche und geistliche Große des Reichs wie ihr Onkel Bischof Ekbert von Bamberg. Am Hof des thüringischen Landgrafen erzogen, wurde sie im Alter von 15 Jahren politisch geschickt mit dem späteren Landgrafen Ludwig IV. verheiratet.

Die Ausübung der sieben Werke der Barmherzigkeit im Hôtel-Dieu in Paris. Der königliche Stifter bringt auf Knien dieses Hospital als Opfergabe dar

Nachdem ihr Ehemann auf einem Kreuzzug tödlich erkrankt war, zog sich die fromme Landgräfin nach einigen Wirren aus dem weltlichen Leben zurück und gründete 1228 in Marburg ein Spital, das später vom Deutschen Orden weitergeführt wurde. Wie der zuvor kanonisierte hl. Franz wollte sie ein Leben in Demut, Keuschheit, Geduld und Armut führen. Ihr Haus der Armen und Kranken sollte daher unter dem Schutz dieses Heiligen stehen. Bereits vier Jahre nach ihrem Tod wurde sie 1235 selbst heilig gesprochen. Ihre Vita bezeugt ein aufopferungsvolles Wirken für Arme und Kranke bis hin zur Pflege von Leprakranken.

In der bildenden Kunst wurde die Heilige zum Symbol für die Inkarnation der sieben Werke der Barmherzigkeit. Gotische Altarbilder, Skulpturen und Glasfenster zeigen sie beim Verteilen von Brot und Kleidung an die Armen und Bedürftigen. Darüber hinaus finden sich Abbildungen, auf denen sie einen Kranken in einem Badezuber wäscht. Fast scheint es so, als könne man einen direkten Blick in ein zeitgenössisches Krankenzimmer werfen.

Holzschnitt, nach 1500

Inmitten eines mittelalterlichen Krankenzimmers wäscht die hl. Elisabeth einen Aussätzigen in einem Badezuber. Die ungarische Königstochter zog sich nach dem Tod ihres Gatten, Landgraf Ludwig IV., aus dem weltlichen Leben zurück, gründete ein Spital und widmete den Rest ihres Lebens den Armen und Kranken in aufopferungsvoller Hingabe

Altarbild, 1474; Pfarrkirche zu Košice

Die großen Seuchen des Mittelalters

Apokalyptischen Reitern gleich, überfielen Krieg, Hunger und Seuchen die mittelalterliche Gesellschaft. In regelmäßigen Abständen hinterließen Seuchen entvölkerte Landstriche und Städte, brachten die Wirtschaft zum Erliegen und stellten alle Werte infrage. Die heutige Vorstellung von den Krankheiten dieses Zeitalters prägen vor allem die Infektionskrankheiten Lepra und Pest, die in den ungesunden Wohnverhältnissen der Städte ideale Nährböden fanden. Während sich die Pest rasch mit hoher Sterblichkeitsrate in einem Gebiet ausbreiten konnte, befiel die Lepra den Einzelnen, den sie mit grauenhaften Verstümmelungen zu langem Siechtum verurteilte. Als »Aussätziger« führte er ein Leben am Rande der Gesellschaft.

Dem Weltbild der damaligen Menschen entsprechend, waren Seuchen göttliche Strafen, die wie Pfeile vom Himmel geschleudert wurden, um die Sünden zu vertilgen. Die einzige Möglichkeit, dem zu entkommen, war die Buße. Den oft unweigerlichen Tod vor Augen, feierte man orgiastische Feste, verfiel in tiefe Verzweiflung oder übersteigerte Askese, isolierte ansteckende Kranke oder ergriff panisch die Flucht: man dachte in Extremen.

Stadtluft macht krank

Verheerende Auswirkungen hatten die Seuchenzüge vor allem in den Städten des späten Mittelalters und hier insbesondere unter den armen Bevölkerungsschichten. Zwischen dem 11. und 14. Jahrhundert sollte die Bevölkerung Europas kontinuierlich ansteigen und sich in neuen Städten zusammendrängen, die Freiheit und Arbeit versprachen. Aber Stadtluft machte nicht nur frei, sondern auch krank. Einerseits boten Mauern und Gräben Schutz, andererseits trug der beengte Lebensraum mit seiner verschachtelten Bauweise zu schlechten hygienischen Verhältnissen bei. Oft lagen Brunnen nur in kurzer Entfernung von Kloaken, Misthaufen oder Friedhöfen. Bei unzureichenden Abwassersystemen überließ man die Abfallbeseitigung den Stadtgräben und engen Gassen. Neben Handel und Gewerbe blieben ländliche Lebensweisen bestehen. Dies begünstigte allerhand Ungeziefer und Schädlinge. Den Menschen waren Ratten und Mäuse ebenso wie Läuse und Flöhe ständige Begleiter. Stiegen die Preise für Lebensmittel oder verknappten schlechte Ernten das Angebot, so waren Hungersnöte die unausweichliche Folge. Dazu schufen schlechte Wohnverhältnisse mit mangelnden Heizmöglichkeiten ein Übriges, um die Anfälligkeit gegenüber Infektionskrankheiten zu erhöhen.

Hilflose, aber gefragte Ärzte

In Krisenzeiten kam zu Angst und Schrecken noch die Hilflosigkeit der Ärzte hinzu. Ihr Wissen basierte auf den klassischen Texten, doch deren medizinische

Geißeln der Menschheit

Krieg, Hunger und Seuchen überfielen die Menschheit wie die Reiter der Apokalypse

Albrecht Dürer, Blatt aus der Holzschnittfolge »Die heimliche Offenbarung Johannis«, 1497

rühmte medizinische Fakultäten gaben wissenschaftliche Statements ab. Nicht selten gehörten die Ärzte jedoch zu den ersten, die einer betroffenen Stadt den Rücken kehrten.

Die zeitgenössische Literatur spiegelt diesen ambivalenten Zustand wider. So lässt Geoffrey Chaucer in den »Canterbury-Tales« einen in Seide gekleideten Arzt auftreten, dessen Gold von der vorangegangenen Pest herrührte, und angesichts des Pestjahres 1348 wird im ersten Prosawerk der italienischen Literatur, dem »Decamerone« des Giovanni di Boccaccio, die Hilflosigkeit der zeitgenössischen Heilkunde beklagt.

»zweimal ergriff keinen die Seuche«

Im Denken der Antike hatte zum Auftreten einer Seuche das »Miasma« gehört. Diese Bezeichnung für schlechte Luft hatte man dem Kultischen entliehen, um damit die Vorstellung von einer Verunreinigung zu erfassen. Denn für den antiken Arzt waren Ansteckungskrankheiten mittels der Säftelehre nicht erklärbar. Lag der Fall vor, dass viele Menschen gleichzeitig von einer Krankheit befallen waren, so suchte man nach Gemeinsamkeiten in ihrer Lebensführung und Umwelt. Eine Möglichkeit bestand in der Luft, die diese Menschen atmeten. Das Miasma dachte man sich gasförmig, aus Fäulnis und Verwesung entstanden. Es dünstete angeblich aus dem Erdinneren aus und zersetzte sich an der Erdoberfläche.

Dass dennoch Überlegungen über Infektionen angestellt wurden, ist Laien wie dem griechischen Geschichtsschreiber Thukydides zu verdanken. Über den Verlauf einer Seuche, die in der überfüllten, weil belagerten Stadt Athen ausgebrochen war, berichtete er im 5. Jahrhundert v. Chr. anlässlich des Peloponnesischen Kriegs. Oft fälschlicherweise als »attische Pest« bezeichnet, erwähnte er zu dieser Seuche,

Erklärungsmodelle waren nicht geeignet, zu ergründen, wie innerhalb einer Hausgemeinschaft, eines Viertels oder einer ganzen Stadt Krankheiten übertragen wurden und welche Gegenmittel ergriffen werden konnten. Wenngleich das ärztliche Handeln allzu oft nicht von Erfolg gekrönt war, waren die Vertreter der Heilkunst in den Zeiten der Not jedoch gefragter denn je: Städtische Anstellungsverträge sahen in Seuchenzeiten eine Anwesenheitspflicht vor, Ärzte ersannen spezielle Seuchenvorschriften und be-

dass sich die Menschen zunächst gegenseitig ansteckten. Wer jedoch die Krankheit überstanden hatte, konnte unbedenklich die Kranken pflegen, denn »zweimal ergriff keinen die Seuche«. Diese frühe Beobachtung erworbener Immunität wurde jedoch von den Vertretern der wissenschaftlichen Medizin nicht aufgegriffen. Ähnliches konnte bereits für laienhafte Darstellungen zum römischen Sumpffieber und zu möglichen Erregern der Malaria gezeigt werden. Symptomatisch für die Einstellung der antiken Heilkunde war die Auffassung, dass derjenige vom Aussatz befallen würde, der sich am meisten davor fürchtete.

Vor den Mauern jeder mittelalterlichen Stadt, bei Großstädten wie Köln oder Nürnberg sogar in allen vier Himmelsrichtungen, lagen kleine Höfe, in denen Personen isoliert wurden, die von ansteckenden Krankheiten befallen waren. Sie bildeten eigene Gemeinschaften, die über Priester, Kapellen und Friedhöfe verfügten. Von ihren Mitmenschen wurden diese Kranken abgesondert oder ausgesetzt, weshalb man ihre Krankheit »Aussatz« nannte.

In erster Linie ist hierunter die Lepra zu verstehen, die sich seit dem 6. Jahrhundert in Europa ausgebreitet hatte, im 13. Jahrhundert ihren Höhepunkt erreichte und ab dem 16. Jahrhundert aussterben sollte. Die Gründe hierfür dürften in den rigiden Maßnahmen der Separierung und der hohen Anfälligkeit für andere Krankheiten zu suchen sein. Als unheilbar eingestuft, galten die Leprakranken faktisch als tot. Man regelte den Nachlass, las ihre Totenmesse und entfernte sie unter Glockengeläut und Gebeten aus der Gesellschaft. Nach diesem zeremoniellen Abschied waren sie fortan an ihrer schwarzen Kleidung für jeden erkennbar. Außerdem hatten sie mit einer Klapper oder einem Horn auf sich auf-

Die Lepra – ein unheilbarer »Aussatz«?

Ein Krüppel und ein Lepröser mit einer Klapper als Warninstrument vor dem Stadttor von Jerusalem

Miniatur aus dem »Miroire Historial« des Vincent de Beauvais, um 1333–1350; Paris, Bibliothèque de l'Arsénal, Ms. 5080, fol. 373ʳ

DIE GROSSEN SEUCHEN DES MITTELALTERS

Aussätzige galten in der mittelalterlichen Gesellschaft als zügellos, lasterhaft und zum Verbrechen neigend. Man fürchtete ihren bösen Blick und verdächtigte sie nicht selten der Brunnenvergiftung

merksam zu machen. Sie lebten von der Mildtätigkeit ihrer Mitmenschen, mussten jedoch beim Sammeln von Almosen bestimmte Wege einhalten, sich von öffentlichen Brunnen fern halten und durften keine Gasthäuser betreten. Wollten sie Waren kaufen, so durften sie diese nur mithilfe eines Stocks berühren.

Eine uralte Krankheit

Der Ursprung der Lepra ist ungewiss und reicht wohl bis in die Frühzeit der Menschheit zurück. Im Alten Testament werden Hauterkrankungen genannt, die infolge frevelhafter Handlungen, als »Ausschlag« auftraten, doch handelte es sich dabei wohl um die Krätze. Dies gilt auch für das Buch Hiob, in dem der von Geschwüren bedeckte Hiob sein Schicksal als göttliche Prüfung trug und in der Annahme des Leidens vorbildlich wurde. Die heutige Lepra kann bakterienarm mit gefühllos werdenden Hautverfärbungen einhergehen, während die bösartigere Form von einer abstoßenden Entstellung des Körpers mit Geschwüren und Knotenbildungen geprägt ist. Der fortschreitende Verlust der menschlichen Züge setzt zunächst im Gesicht ein, dazu verändert sich die Stimme, sodass sie rau und heiser wird. Es kommt zu Haarausfall und Erblindung, wobei sich der Zerfallsprozess über Jahre hinziehen kann. Für den englischen Schriftsteller Rudyard Kipling trug die Krankheit daher das »Zeichen des Tieres«.

Erst Ende des 19. Jahrhundert sollte es gelingen, den Krankheitserreger zu identifizieren, an dem auch heute noch in der so genannten Dritten Welt zirka 15 Millionen Menschen leiden. Obwohl sich gerade mit der Lepra die Vorstellung einer extremen Ansteckungsgefahr verbindet, bedarf es bei der durch Tröpfchen- und Schmutzinfektionen übertragenen Krankheit eines längeren intensiven Kontakts.

Den Griechen war diese Hautkrankheit nur eine von vielen. Nur vereinzelt finden sich detaillierte Beschreibungen. So ist eine »Satyrkrankheit« belegt, hinter der man die Lepra vermutet. Mit den römischen Legionen gelangte die Lepra aus Arabien und Palästina an das westliche Mittelmeer. In Italien weitgehend unbekannt, beschrieb Aulus Cornelius Celsus kurz vor der Zeitwende beide Formen der Lepra oder »Elephantiasis«, die in Teilen des Römischen Imperiums auftraten. In den ersten nachchristlichen Jahrhunderten mehren sich die Nachrichten, wobei die römische Politik häufiger Truppenverlegungen zur Verbreitung des Aussatzes bei den Germanen, Galliern und Kelten beigetragen hatte.

Gesteigerte Fürsorge

Im frühen Christentum festigte sich die fehlerhafte Überzeugung von der Lepra als einer hoch ansteckenden Krankheit und der Notwendigkeit absoluter Separierung der Betroffenen. Nach Auslegung der Bibel war die Lepra einerseits eine stigmatisierte Hautkrankheit, andererseits beeinflussten die Heilungswunder Jesu die Leprosenfürsorge positiv. Damit galt die Krankheit als Ausdruck göttlicher Gnade und die den Kranken entgegengebrachten Werke der Barmherzigkeit als besonders segensreich. So verbindet sich die fürsorgliche Tätigkeit einer Reihe von Heiligen wie Elisabeth, Gertrud, Ludwig dem Frommen, Katharina von Siena und Franz von Assisi gerade mit der Pflege von Leprakranken. Charakteristischerweise nimmt in der spätmittelalterlichen Darstellung des hl. Martin der von ihm bedachte Bettler immer mehr die Gestalt eines Leprösen an. Hier kommt eine besondere Anziehungskraft des Schwerstkranken zum Ausdruck, dessen Pflege in der religiösen Ausdeutung zum Dienst am Leib des Herrn wurde. Der Lepröse wurde Christus gleichgesetzt.

Eine latente Bedrohung

Über den Ursprung der Lepra vermutete man, dass der Verzehr von Pferdefleisch das Blut verunreinige und damit den Aussatz hervorrufe. Ferner machte man übermäßig gewürzte Speisen, die Milch aussätziger Ammen, verdorbene Luft und außerehelichen Beischlaf verantwortlich. Der Aussatz galt damit als vererbbar. Letztlich blieben die Ursachen im Dunkeln, die Gefahr einer Ansteckung schien immer latent vorhanden zu sein. Im täglichen Umgang galt der Aussätzige als verbrecherisch, zügellos und lasterhaft. Euphemistisch sprach man von den »Gutleuten«, denen man Misstrauen entgegenbrachte und deren Anblick bereits unheimlich war. Man fürchtete ihren bösen Blick und verdächtigte sie – wie die Juden – der Brunnenvergiftung, denn mutwillig würden die Aussätzigen andere Personen anstecken. Mit ihren Krücken, Prothesen und Verbänden wurden die Leprakranken in der zeitgenössischen Malerei in ihrer ganzen morphologischen Breite als erbarmungswürdige, aber gleichsam bedrohliche Gestalten dargestellt.

Strikte Kontrolle

Seit dem frühen Mittelalter reagierten die geistlichen und weltlichen Großen auf die fortschreitende Ausbreitung der Krankheit. Im Zusammenhang mit dem im Osten des Römischen Reiches entstandenen Xenodochium wurde bereits auf eine spezielle Unterbringung von Leprakranken hingewiesen. Für das Merowingerreich bestimmten während des 6. Jahrhunderts Konzilsbeschlüsse, dass die Bischöfe außerhalb jeder Stadt Unterkünfte zu errichten hätten, und sie verboten den Aussätzigen sinnvollerweise das Reisen, um damit die Verbreitung der Krankheit zu unterbinden. Zu den ältesten Einrichtungen zählten die Leprosorien von Metz, Verdun und Maastricht, gefolgt von St. Gallen, Köln, Aachen, Straßburg und Bremen. Auch für das Reich der Langobarden erließ König Rothari eine strikte Kontrolle durch Isolierung, die für die karolingische Gesetzgebung vorbildlich wurde. Unterschiedliche Auffassungen vertraten die weltlichen und geistlichen Herrscher in der Frage des Eherechts, wobei die Kirche während des gesamten Mittelalters an der strikten Beibehaltung der Ehe mit Aussätzigen festhielt.

Gebrechliche und Kranke gehörten zu den Randgruppen der Gesellschaft

Hieronymus Bosch, Federzeichnung; Wien, Albertina, Graphische Sammlung, Inv.-Nr. 7798

> Wenn irgend jemand leprös wird und der Richter sich davon unumstößlich vergewissert hat, so sei es ihm, nachdem er von der Bürgerschaft ausgestoßen wurde, damit er in einer Hütte allein wohnt, nicht erlaubt, seine Sachen zu veräußern oder irgend jemanden zu schenken. Gilt er doch von dem Tage an, da er von Hause vertrieben ist, als wäre er gleichsam tot.
>
> *König Rothari, De Leprose, 643*

Von Lazarus zum Gutleuthof

Im Zeitalter der Kreuzzüge führte die vermehrte Mobilität von Pilgern, Reisenden und Kreuzfahrern zu einem Anstieg der Seuche. Als prominentes Opfer starb einer der letzten Könige Jerusalems, Balduin IV., mit 24 Jahren an der Lepra. Fast schien es, als sei die Seuche erst mit den Kreuzzügen aufgetreten, doch konnte gezeigt werden, dass sie in den bevölkerungsreichen Städten Europas bereits eine lange Tradition besaß. Im Jahr 1179 betonte das III. Laterankonzil erneut die Notwendigkeit der Isolierung und bestimmte, dass man Leprakranke nach ihrem Tod auf eigenen Friedhöfen beisetzen solle. Um 1200 gab es allein in Frankreich 2000 Leprosorien, wohingegen die Zahl von 19 000 Aussätzigenunterkünften innerhalb Europas zweifelhaft ist. Je nach Landschaft nannte man diese Einrichtungen Siechkobeln, Sondersiechen- oder Feldsiechenhäuser und Gutleutehöfe, in Frankreich *maladrerie* oder *leproserie*, in England sprach man von *lazer houses* und *leper hospitals*.

Da man den von Geschwüren bedeckten armen Lazarus des Neuen Testaments als Schutzpatron der Leprösen auserkoren hatte, wurden zahlreiche Anstalten nach ihm benannt. Es entstanden eigene Bruderschaften wie die Melaten in Köln oder die Pariser Leprösenzunft. Dazu versahen die Lazarusritter oder Lazariter die Pflege von Aussätzigen im Heiligen Land. Ihr Großmeister musste bis zur Mitte des 13. Jahrhunderts selbst erkrankt sein. Schließlich leitet sich aus der italienischen Bezeichnung *lazzaro* für den Aussätzigenpatron das Lazarett ab, das seit dem 14. Jahrhundert mit der Bekämpfung der Pest einen zusätzlichen Aufgabenbereich erhalten sollte.

Almosen und Seelenheil

Das Leben im Leprosorium war nach Art eines Klosters organisiert, wobei Bruderschaften die Pflege der Aussätzigen übernahmen. Bei der Versorgung der »Gutleute« dachte man sowohl an ihre alltäglichen Bedürfnisse als auch an ihr Seelenheil. Daher ließen der geistliche Stadtherr oder fromme Bürger bei den ummauerten Hofkomplexen auch kleine Gotteshäuser erbauen. Als St.-Georgskapellen oder St.-Jürgen-Höfe zeugen sie mitunter noch heute, wie in Hamburg

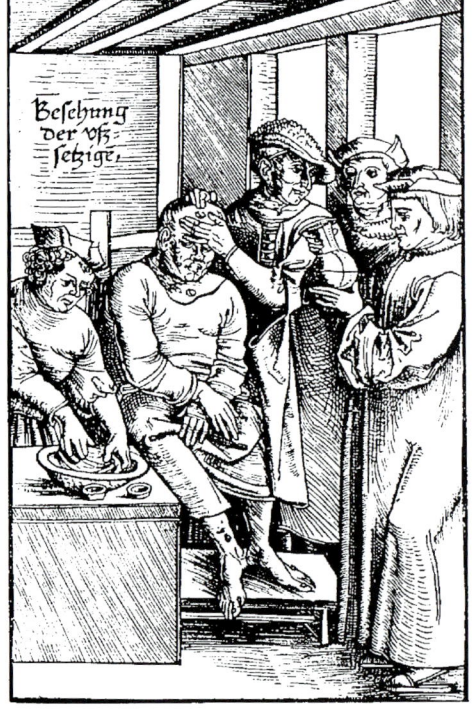

Ärzte beschauen einen Aussätzigen, wobei sie etwaige Hautveränderungen begutachten, den Urin und das Aderlass-Blut prüfen

H. Wächtlin, Holzschnitt aus dem »Feldtbuch der Wundartzney« von H. v. Gersdorff, Straßburg, 1517

oder Lübeck, von der vormaligen Existenz der Aussätzigen. Diesem Zweck diente auch der Nikolaihof am wichtigen Fernhandelsplatz Bardowick. Es können aber auch die Bezeichnungen für ganze Vorstädte wie San Lazzaro in Italien oder der Pariser Stadtteil St. Lazare auf den Ursprung als Elendsquartiere hinweisen. Um Almosen zu erhalten, lagen die Sondersiechenhäuser stets an den großen Einfallstraßen, wo der bettelnde Aussätzige ein alltägliches Erscheinungsbild war, der die Vorbeiziehenden an ihre Mildtätigkeit und den Wert der eigenen Gesundheit erinnerte.

Zeichen der Seuche

Fachwissen war gefragt, wenn es darum ging, bei einer »Siechenschau« zu bestimmen, wer vom Aussatz befallen war. Beauftragte man anfänglich den Meister eines Leprosenhauses, so ging die Kompetenz immer mehr auf geschworene Wundärzte und Stadtärzte über. Als günstig erwies sich ein Gremium aus drei Ärzten. Diese bedienten sich eines Kriterienkatalogs, der verschiedene Stadien der Erkrankung und des Verlaufs unterschied sowie sichere und unsichere Anzeichen für den Aussatz kannte. Damit besaß man eine probate Methode, um die etwa zehn Prozent der wirklich von der Lepra Befallenen aus dem Kreis der Verdächtigen zu ermitteln. Meist auf eine Diözese bezogen, fanden die Siechenschauen für bestimmte Regionen statt. Nachweise liegen ebenso für Köln, Trier und Mainz wie für Lüttich, Lüneburg oder Konstanz, Basel und Bern vor. In Nürnberg versammelte man sich jeweils in der Karwoche, um nach einem Einblattdruck des späten 15. Jahrhunderts durch zwei Ärzte die tatsächlich Leprakranken von eventuellen Simulanten unterscheiden zu lassen. Da man neben der Aufnahme unter die Sondersiechen zugleich Speisungen durchführte, zogen diese Schauen zahlreiche Bedürftige an.

Als Zeichen der Früherkennung galt das Stechen mit einer Nadel, denn unempfindliche und verfärbte Körperstellen deuteten auf die Seuche hin. Mit einem Stab spreizte man den Naseneingang und leuchtete hinein, um Geschwulste zu erkennen, wie sie auch auf der Zunge auftraten. Anschwellungen auf der Kopfhaut und hinter den Ohren, Haarausfall, das Abstoßen von Wasser durch die Haut und Muskelschwund waren sichere Anzeichen. Indem man die Kandidaten singen ließ, sollten Personen mit heiserer Stim-

Speisung der Sondersiechen in Nürnberg. Jeweils in der Karwoche wurden hier die tatsächlich an Lepra Erkrankten von den Simulanten unterschieden. Da man zugleich Speisungen durchführte, entbehrten diese Schauen nicht einer gewissen Attraktivität

Flugblatt, 1493

Die grossen Seuchen des Mittelalters

me auffallen. Natürlich gaben die Körpersäfte dem gelehrten Arzt Aufschluss über die Krankheit, da das Blut dabei schwarz und körnig, der Urin weiß und aschig waren. Hinsichtlich seines Temperaments besaß der Aussätzige ein zorniges Wesen und war von schweren Träumen geplagt.

Begehrte Siechenplätze

Die Anzeige einer verdächtigen Person geschah durch deren Familie oder die Nachbarn. Außerdem hatten die Pfarrer die Pflicht zur Anzeige, naturgemäß die Wundärzte, Ärzte und Leprosenpfleger. Lagen entsprechende Krankheitsmerkmale vor, so stellte die Kommission einen Lepraschaubrief aus, der zum Eintritt ins Sondersiechenhaus berechtigte. Es erscheint heute unverständlich, dass diese Plätze begehrt waren, doch führte man hier ein Leben ohne Hunger und Not. Das Mitleid der Bürger ließ den Speisezettel reichlich ausfallen, sodass nicht selten ein schwunghafter Handel mit den Berechtigungsschreiben getrieben wurde. Es bestand aber auch eine Einspruchsmöglichkeit gegen das medizinische Urteil und es sind Fälle bekannt, wo missgünstige Nachbarn die Einweisung von gesunden Personen veranlasst hatten. Eine Art Unbedenklichkeitsattest stellten 1357 drei Kölner Ärzte mit dem ältesten deutschen Leprazeugnis aus. Damit bescheinigten sie einem des Aussatzes verdächtigem Geistlichen aus Bonn, dass er die typischen Symptome nicht aufgewiesen hätte.

Wirkungslose Therapie

Die Lepratherapie zielte darauf ab, dem Aussätzigen, den man für einen Melancholiker hielt, das schwarzgallige Blut zu entziehen. Große Bedeutung maß man dem Alkohol bei, der reichlich genossen werden sollte. Eine ebenfalls nicht unangenehme Methode hatte man im Zeitalter der Kreuzzüge aus dem Vorderen Orient mit regelmäßigen Bädern übernommen. In der Summe wenig aussichtsreich, führte sie zur Verbreitung der europäischen Badekultur, die ihrerseits das Krankheitspanorama beeinflussen sollte. Denn obwohl das Wissen um die äußeren Anzeichen der Krankheit zunahm, war es nicht medizinische Erkenntnis, sondern das Verdrängen durch andere Krankheiten, allen voran der Syphilis, das dazu führte, dass die Siechenhäuser anderen Verwendungszwecken zugeführt wurden. Damit behielt das Urteil des Predigers Geiler von Kaysersberg seine Gültigkeit, der Ende des 15. Jahrhunderts befunden hatte, dass zwar viele wundersame Mittel gegen den Aussatz Heilung verheißen würden, es aber keinem Arzt gegeben sei, einen Leprösen gesund zu machen.

Die Pest – das große Sterben

Im Jahr 1347 steuerten italienische Handelsschiffe ihre Heimathäfen mit einer heimtückischen Fracht an. Mit ihnen kam die Pest, die sich in nur wenigen Jahren wie ein Flächenbrand über ganz Europa ausbreiten sollte und der ein Viertel der Bevölkerung – schätzungsweise 25 Millionen Menschen – zum Opfer fiel. Wie Feuer auf Reisig sollte nach den Worten der Zeitgenossen die Seuche von den Kranken auf die Gesunden übergreifen. Nach dem Auftreten schwarzer Hautflecken nannte man diese Seuche »schwarzer Tod«. Ihren Anfang hatte die Pestwelle zu Beginn des 14. Jahrhunderts in Ostasien genommen, wo sie das Reich der Mongolen erschütterte, um über die Seidenstraße an die Küste des Schwarzen Meeres zu gelangen. Hier beendete der Ausbruch der Pest die

»Triumph des Todes«

Belagerung der genuesischen Handelsniederlassung Caffa durch ein Tatarenheer, doch sollten die von der Krim in ihre Heimat zurückkehrenden italienischen Kaufleute der Ausbreitung den Weg weisen.

Eine tödliche Fracht

Wo die Schiffe anlegten, wie in Konstantinopel, an der dalmatinischen Küste oder im sizilianischen Messina, setzte bald darauf das große Sterben ein. Nachdem ein Teil der Schiffe Venedig angesteuert hatte, sollte neben Genua das Handelsnetz der Lagunenstadt das Vorrücken nach Norden begünstigen. Zwischen 1348 und 1350 erreichte die Pest die großen oberdeutschen Handelsstädte Augsburg und Nürnberg, alsbald ebenso Köln, Wien und Buda sowie Prag, Leipzig und Warschau. Am westlichen Mittelmeer hatte die Pest noch 1348 in Marseille und Sevilla Fuß gefasst und überzog von dort aus die Iberische Halbinsel und Frankreich. Ähnliches gilt für die afrikanische Nordküste.

In Avignon entging Papst Clemens VI. nur dank einer rigorosen Politik der Ab-

Pieter Bruegel d. Ä., Gemälde, Öl auf Holz, 1556; Madrid, Prado

Ein Arzt öffnet Pestbeulen. Meist nahm man diesen Eingriff mit einem Messer oder Brenneisen vor

schirmung durch seinen Leibarzt dem Schicksal der übrigen Bevölkerung der Stadt, in der zirka 60 000 Personen starben, darunter neun Kardinäle. Über die Küstenstädte des Atlantiks sowie über Brügge und Antwerpen führte der Weg nach London und Lübeck. Diese Städte sorgten für eine weitere Verbreitung der Seuche auf den Britischen Inseln und im südlichen Skandinavien bis der schwarze Tod 1353 in Moskau seine letzten Opfer fand. Allein an der Peripherie der damals bekannten Welt blieben Finnland, Grönland und Island von dieser Pestwelle verschont. Auch im Norden Europas war der schwarze Tod damit zu einer unfreiwilligen Ware der großen Umschlagplätze geworden.

Eine kollektive Bedrohung

Zweifellos stellte die Pest eine der tief verwurzelten Ängste des Ancien Régime dar. Zwischen 1348 und 1720 sollte Europa ständig von kleineren und größeren Ausbrüchen heimgesucht werden. Dass in einer Stadt, einem Dorf oder einem Landstrich die Pest ausgebrochen war, stellte über mehrere Jahrhunderte hinweg eine vertraute Nachricht dar. Dieser Zustand einer permanenten Bedrohung war über die Standesgrenzen hinaus existent, denn da die Gründe der Ansteckung unbekannt waren, schien der schwarze Tod weder Arme noch Reiche zu verschonen. Es ist aber nicht nur die reale Bedrohung zu sehen, auch in ihrer psychologischen Wirkung ging von der Pest eine existenzielle Gefahr aus. Unwillkürlich drängt sich hier ein Vergleich mit der Immunschwächekrankheit Aids und deren sozialen Folgen auf. Weitreichend wie die Beeinflussung durch unterschiedliche Mentalitäten und gesellschaftliche Normen war auch das Spektrum dessen, was in den Quellen als »Pest« bezeichnet wurde. Vom Alten Testament über Hippokrates und Galen ziehen sich Beschreibungen bis in das lateinische Mittelalter. Zunächst bedeuteten die Begriffe *pestis* oder *pestilentia* ganz allgemein eine gefährliche Seuche. Dies um so mehr, wenn, wie beim Fleckfieber, ähnliche Symptome vorlagen. Erst im späten Mittelalter verfestigte sich unter dem Eindruck der oben beschriebenen *Pandemie* die Bezeichnung »Pest« für die Bubonen- oder Beulenpest sowie die Lungenpest.

Heutigen Ferntouristen gleich, taten die Kreuzfahrer in den 200 Jahren ihres regen Austausches zwischen dem Nahen Osten und ihren abendländischen Heimatländern ein Übriges, um das Krankheitsspektrum zu erweitern. Mit ihnen kam auch einer der wichtigsten Überträger der Pest, die Hausratte, die man bezeichnenderweise zunächst Schiffsratte nannte und die in den europäischen Städten ideale Lebensbedingungen vorfand. Die Grundlagen für die Ausbreitung des schwarzen Todes waren gelegt.

Bis zur Mitte des 14. Jahrhunderts war die Pest eine Krankheit geblieben, die lediglich örtlich begrenzt oder an den Randbereichen des christlichen Abendlandes auftrat beziehungsweise in Europa über lange Zeit in Vergessenheit geraten war.

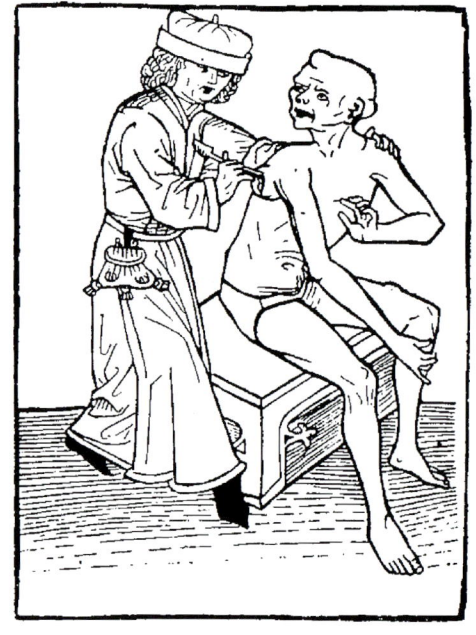

Rubrizierter Holzschnitt aus »Item ein fast koestlicher spruch der pestilencz ...« von H. Folz, 1482

Vor diesem Hintergrund gewann der schwarze Tod der Jahre 1348 bis 1352 die Ausmaße einer neuartigen, unvorhersehbaren Katastrophe.

Ratten und Flöhe

Dies schloss nicht aus, dass zum Teil erstaunliche Beobachtungen zur Herkunft der Krankheit gelangen, wenn etwa der viel zitierte arabische Gelehrte Avicenna für Pestzeiten feststellte, dass Ratten und andere »unterirdische Tiere« an die Erdoberfläche kämen und sich wie betrunken gebärden würden. Dennoch dauerte es, ähnlich wie bei der Lepra, bis zum Ende des 19. Jahrhunderts, dass man die Pest eindeutig als bakterielle Infektionskrankheit identifizieren und ihre Infektionskette aufzeigen konnte. Durch moderne Antibiotika gelang eine weitgehende Bekämpfung, doch kommt der Erreger weiterhin endemisch, das heißt örtlich begrenzt, unter verschiedenen Nagetieren der Bergwälder sowie der Savannen und Steppen Asiens, Afrikas und auf dem amerikanischen Kontinent vor.

Die häufigste Form der Pest stellt die so genannte Beulenpest dar, die mittels Rattenfloh auf den Menschen übertragen wird, woran sich eine Weiterverbreitung durch den Menschenfloh anschließen kann. Bereits nach zwei Tagen kann sich die Krankheit durch hohes Fieber, Übelkeit und Wahnvorstellungen äußern. Zunächst ist ein starkes Anschwellen der Lymphknoten am Hals, an den Achseln und Leisten zu beobachten, die hart, dunkel und schmerzhaft werden. Bei Aufplatzen oder gezielter Öffnung der Pestbeulen ist in etwa der Hälfte der Fälle eine Heilung möglich. Gelangt der Erreger allerdings in die Blutbahn, setzt eine rasche Vergiftung ein. Im Gegensatz dazu verläuft die Lungenpest in nahezu allen Fällen tödlich. Sie tritt meist nur in kälteren Regionen auf und kann direkt durch Tröpfcheninfektion übertragen werden.

Der Erkrankte stirbt unter schwarzblutigem Auswurf mitunter schon nach einem Tag. Ähnliches gilt, wenn der Pesterreger im Falle einer Verwundung unmittelbar ins Blut gelangt.

Vom Bosporus zur Engelsburg

Einer der Vorläufer des schwarzen Todes ging um die Mitte des 6. Jahrhunderts unter dem Namen »Justinianische Pest« in die Geschichte ein. Wahrscheinlich waren es ägyptische Getreideschiffe, die mit ihren Lieferungen nach Byzanz auch die Pest einführten. Als zuverlässiger Chronist schilderte der Historiker Prokop den Verlauf der Seuche, von der er zu berichten wusste, dass sie zunächst in den Küstenstädten aufgetreten sei, um sich dann ins Landesinnere auszubreiten. Ein epidemiologisches Phänomen, wie es auch gegen Ende des Mittelalters in Erscheinung trat. Detailliert beschrieb Prokop die Krankheitsbilder der Beulen- und Lungenpest, die hier parallel auftraten. An fachkundigem Betreuungspersonal herrschte Mangel, denn dem Auftreten der Pest war die Schließung nicht christlicher Ausbildungsstätten vorausgegangen, sodass viele gebildete Ärzte und Chirurgen abgewandert waren.

Am Ende des Jahrhunderts sollte sich die Pestwelle im Mittelmeerraum soweit ausgebreitet haben, dass sie auch die Ewige Stadt erreichte. Sie verschonte weder Papst Pelagius II. noch die Teilnehmer der zahlreichen Pestprozessionen. Der Legende zufolge endete die Seuche erst, nachdem dem neuen Papst Gregor der Erzengel Michael erschienen war, der zum Zeichen der Beendigung des göttlichen Strafgerichts sein Schwert in die Scheide gesteckt haben soll. Aus Dankbarkeit errichtete man dem himmlischen Helfer am rechten Tiberufer auf dem Mausoleum der römischen Kaiser ein Standbild, das der Zufluchtsstätte der Päpste den Namen »Engelsburg« gab.

Der schwarze Tod stellte über Jahrhunderte hinweg eine ständige Bedrohung dar. Ausnahmslos jeder, egal welchen Standes, konnte der tödlichen Seuche anheim fallen. Da man die Gründe für die Ansteckung nicht kannte, sah man sich spätestens seit der Mitte des 14. Jahrhunderts einer unvorhersehbaren Katastrophe gegenüber

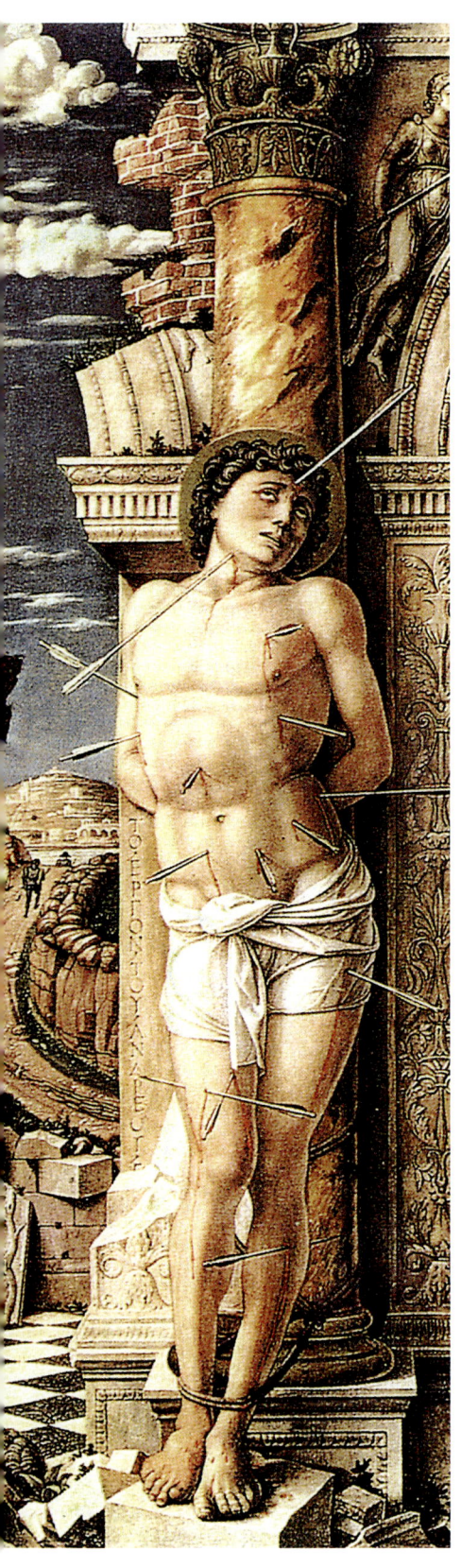

Sebastian anstelle von Apollo

Zuflucht vor der Pest suchte man bei den christlichen Heiligen. Neben der hl. Maria, von der man glaubte, dass sie generell alles Übel fern halte, und die deshalb in speziellen Pestmessen angerufen oder auf Altarbildern als Schutzmantelmadonna abgebildet wurde, ist an erster Stelle der hl. Sebastian zu nennen. Er schien besonders geeignet, das grausame Schicksal abzuwenden, war er doch als früher Glaubenszeuge von den Pfeilen seiner Peiniger durchbohrt worden. Nachdem der Offizier der kaiserlichen Leibgarde Christen vor der Verfolgung durch Diokletian beschützt hatte, ereilte ihn das Martyrium durch heidnische Bogenschützen, doch wurde er auf wundersame Weise errettet. Von Rom ausgehend, sollte sich die Verehrung des Heiligen seit dem 5. Jahrhundert ausbreiten. Dabei mag es erstaunen, dass erst die bildende Kunst des späten Mittelalters zu der so geläufigen Darstellungsform des hl. Sebastian mit den charakteristischen durchbohrenden Pfeilen führte. Als jugendlicher Akt wurde er eine der bevorzugten Körperdarstellungen der italienischen Renaissance.

Bei der Vorstellung von einer tödlichen Seuche, die in Form von Pfeilen als Ausdruck göttlichen Zorns vom Himmel herabgeschleudert werde, handelt es sich um ein altes Motiv, wie es bereits in der Ilias oder in jüdischen Vorstellungen aufgetaucht war. Dieses Bild sollte sich derart verfestigen, dass auch die in Caffa eingeschlossenen Italiener im Jahr 1347 pestbringende brennende Pfeile auf das heidnische Belagerungsheer niedergehen sahen.

In der Antike hatte Apollo als Sühnegott die Pest ins Lager der Griechen vor Troja geschickt, wobei den tödlichen Pfeilen zuerst die Tiere, dann die Menschen zum Opfer fielen. Gleichzeitig wurde Apollo aber auch als Arzt angerufen, eine Eigenschaft die, wie bereits angeklungen, später auf seinen Sohn Asklepios übergehen sollte.

Bei der Umdeutung des jugendlichen Schutzgottes Apollo zu einem christlichen Patron gegen die Pest kam es mitunter zu einer demonstrativen Besetzung alter Kultplätze. In diesem Sinne musste ein Apollotempel im frühmittelalterlichen Rom ganz gezielt einer Kirche zur Verehrung des hl. Sebastian weichen. Der Erfolg stellte sich unmittelbar ein, die Seuche ging zurück. Vergleichbares ereignete sich nach der »legenda aurea« während der Langobardenherrschaft in Pavia, wohin man Reliquien des Heiligen aus Rom gebracht hatte, um das Wüten der dortigen Pest zu beenden.

Eine vermehrte Darstellung des Pestheiligen setzte mit dem Buchdruck ein. Beliebt waren Einblattdrucke, die kurze Gebete oder Gesundheitsregeln enthielten und mitunter als Amulette am Körper getragen wurden. Als Kaufanreiz fungierten kleine, zum Teil farbige Abbildungen, die einen strafenden Gottvater zeigten, der symbolisch mit drei Pfeilen die Geißeln Krieg, Teuerung und Pest in Händen hielt. Für die Vergebung der Verfehlungen und Sünden der Menschheit setzten sich neben Christus und Maria die mit ihren typischen Attributen wiedergegebenen Heiligen Sebastian und Rochus ein.

Der hl. Rochus als pestkranker Pilger

Volksnah gestaltete sich die Verehrung des hl. Rochus, der selbst an der Pest erkrankt war und seit dem Ende des 15. Jahrhunderts zum populären Pestheiligen aufstieg. In der bildlichen und figürlichen Darstellung machen ihn die Kennzeichen

Seite 86:
In ihrer Not riefen die Menschen den hl. Sebastian an, die tödlichen Pfeile der Pest doch von ihnen fern zu halten

Links:
Wie ein Flächenbrand verbreitete sich die Pest über ganz Europa. Vielfach kam es während der Epidemien zu Massenbestattungen

Stab, Tasche und Hut unverwechselbar zum frommen Reisenden. Auf die Vita weisen als Nebenfiguren ein Engel und ein Hund hin. Meist auf dem rechten Oberschenkel findet sich das Attribut der Pestbeule. Gemäß der Legende wurde Rochus gegen Ende des 13. Jahrhunderts als Sohn einer reichen Familie in Montpellier geboren und reiste, nachdem er sein Vermögen unter den Armen verteilt hatte, als frommer Pilger nach Rom. Nachdem ihm auf dem Rückweg ein Engel verkündet hatte, dass er selbst von der Pest befallen werde, lebte er fortan außerhalb der Stadt Piacenza abgeschieden in einer Hütte. Heimlich versorgte ihn dort der Hund eines Großgrundbesitzers mit Brot. Nach seiner Genesung wirkte Rochus unter den Pestkranken Piacenzas, bevor er die Heimreise antrat. Das Martyrium ereilte ihn in seiner Heimatstadt, wo man ihn nicht erkannte und als Spion ins Gefängnis warf. Erst nach seinem Tod wurde seine wahre Identität bekannt.

Es waren vor allem Laien, die sich der Verehrung des Pestpatrons annahmen. Zum frühen Zentrum entwickelte sich ab dem letzten Drittel des 15. Jahrhunderts Venedig, wohin man die Reliquien angeblich verbracht hatte. Von hier aus breitete sich der Kult schnell auf andere bedeutende Handelsstädte wie Lissabon, Antwerpen und Köln aus. In Nürnberg entstand nicht nur einer der großartigsten Rochusaltäre nördlich der Alpen, zeitgleich nahm auch Hartmann Schedel die Heiligenlegende in seine weit verbreitete »Weltchronik« auf.

Mit seinem Werdegang ist Rochus ein Sinnbild seiner Zeit, die geprägt war von einer hohen Mobilität und den damit verbundenen Gefahren des Reisens. Den Unsicherheiten des Unterwegsseins setzte man die Gründung von Spitälern und Pilgerherbergen entgegen. Wer wie der hl. Rochus von Krankheiten ergriffen wurde, konnte dort mit Fürsorge und Pflege rechnen.

Boccaccios Pest

Als einer der bekanntesten Augenzeugen schilderte Boccaccio in der Rahmenhandlung des »Decamerone« die Ereignisse des Pestjahres 1348/49 in seiner Heimatstadt Florenz. Wenngleich die genannten Zahlen im literarischen Zusammenhang gesehen werden müssen, waren die Verlus-

Seite 86: Andrea Mantegna, Öl auf Holz, um 1459; Wien, Kunsthistorisches Museum

Oben: Illustration zur Pest in Tournai 1349; Bruxelles, Bibliothèque royale Albert 1er, Ms. 130 76–77, fol. 24v

Schnell, weit und möglichst lange sollten die Menschen vor der Pest flüchten, das riet bereits Hippokrates. Diesen Grundsatz beherzigte man auch in späteren Jahrhunderten, wie vielfach bezeugt, sogar von Universitätslehrern propagiert und von Giovanni Boccaccio im Florentiner Pestjahr 1348/49 literarisch verarbeitet

te dennoch erheblich. Ebenso erging es der Bevölkerung von Siena, wo die Hälfte der Bürger an der Pest starb. Noch heute zeugen die unvollendet gebliebenen Erweiterungen des gotischen Doms in Siena von dem tiefen Einschnitt in das Leben einer der bedeutenden oberitalienischen Handelsstädte. In Florenz wurden erste Anzeichen der Pest im Frühjahr 1348 bemerkt. Bei Personen beiderlei Geschlechts traten Schwellungen in der Achselhöhle und in der Leistenbeuge auf, welche die Größe von einem Apfel oder einem Ei annahmen und vom Volk als Pestbeulen bezeichnet wurden. Im fortgeschrittenen Stadium zeigten sich am ganzen Körper schwarze und bläuliche Flecken als Vorboten des Todes. Richtig ist hier die charakteristische Veränderung der Lymphknoten mit der nachfolgenden Bubonenbildung beschrieben. Ausführlich wird die Gefahr der Ansteckung dargelegt, wobei auch eine Übertragung durch Gegenstände wie etwa die Kleidung eines Infizierten erwähnt wird.

Übereinstimmend mit Thukydides oder Daniel Defoe, der mit einem fingierten Protokoll zur Londoner Pest von 1665 einen Erfolg landete, nimmt auch bei Boccaccio die durch die Seuche verursachte Zerrüttung der Gesellschaft einen breiten Raum ein. Unheimlich nehmen sich die rot gekleideten Pestknechte der *Compagnia della Misericordia* aus, die mit ihren Karren durch die Stadt zogen und die Leichen abholten, um sie anschließend in Massengräber zu werfen. Die magische Zahl von 100 000 Toten soll bis zum Sommer des Jahres 1349 erreicht worden sein. Die gesellschaftlichen Verhaltensregeln traten außer Kraft, wenn die Toten ohne Glockengeläut und Leichenzug beerdigt wurden. Auch das Handeln der Vertreter der Heilkunde war von Wirkungslosigkeit bestimmt. Aus Angst vor Ansteckung verweigerten selbst nahe Verwandte die Pflege der Kranken: Die Pest hatte die Herzen der Menschen erstarren lassen. Insbesondere die Lage der armen Bevölkerungsschichten wird schonungslos geschildert, aus deren Häusern der Geruch der Verwesung drang und die zu Tausenden auf den Straßen der Stadt starben.

Gegen diesen Zustand der Agonie setzte Boccaccio das lebenslustige Treiben einer kleinen Adelsgesellschaft, die aus der verseuchten Stadt in ein Landhaus geflohen war, um dort das Abklingen der Pest abzuwarten. Damit wird der alte Grundsatz der hippokratischen Medizin beherzigt, sich bei Auftreten von Seuchen möglichst rasch und weit zu entfernen und erst spät zurückzukehren. Ein Gebot der Stunde, das viele der reichen Bürger erkannten. Wer sich wie die Mehrheit der Bevölkerung jedoch keinen längeren Aufenthalt außerhalb der Stadt leisten konnte, war auf die Ratschläge der Ärzte angewiesen.

Zur Heilung dieser Krankheit schien weder der Rat eines Arztes noch irgendeine Arznei etwas zu vermögen oder von Vorteil zu sein; ob es nun die Natur der Seuche nicht zuließ, oder ob die Ärzte – deren Zahl außer den studierten Leuten ebenso durch Frauen, wie durch Männer, die nie einen Unterricht in der Arzneikunst gehabt hatten, übermäßig groß geworden war – in ihrer Unwissenheit nicht erkannt, woher sie rühre, und folglich nicht die richtigen Mittel anwandten, jedenfalls genasen nur sehr wenige, während schier alle binnen drei Tagen […] der eine rascher, der andere langsamer und die meisten ohne irgendein Fieber oder einen sonstigen äußeren Anlass starben.

Boccaccio, Decamerone, 1348/49

»Pariser Pestgutachten«

Mit der Entstehung des schwarzen Todes befassten sich die führenden Größen der akademischen Medizin. Auf Bitten des französischen Königs hatten die Magister der medizinischen Fakultät von Paris Ursachenforschung betrieben und diese in ihrem berühmten »Pariser Pestgutachten« noch im Oktober 1348 zusammengefasst. Als Grund für das Auftreten der Pest machte man kosmische Konstellationen verantwortlich. Demnach hätte sich aus der Konjunktion von Saturn, Mars und Jupiter ein Übermaß an heißen Kräften ergeben, das auf der Erde zum Verdampfen des Wassers und zum Aufsteigen übler Dämpfe geführt hätte. Hier kehrt die antike Vorstellung vom Miasma, der verdorbenen Luft, wieder, die von den Menschen eingeatmet, die feuchten und warmen Bestandteile des Körpers, nämlich Herz und Blut, verfaulen ließen. Das große Zusammenwirken von Makro- und Mikrokosmos ließ die Sterne auf der Erde Reaktionen hervorrufen. Alles in allem ein schlüssiges Konzept, wie es die Lehrbücher der Humoralpathologie vorsahen. Zur Bekämpfung setzte man auf die Befolgung diätetischer Ratschläge, doch letztlich propagierten auch die Universitätslehrer die Flucht. Denjenigen, die in der verpesteten Stadt zurückbleiben mussten, empfahl man das Verbrennen von Kräutermischungen in speziellen Räucherpfannen, die Anfertigung von Riechäpfeln und kleinen Kugeln mit Duftstoffen, die am Körper getragen werden sollten, sowie die Einnahme von *Theriak*, einer Mischung aus Schlangengiften und Opiaten, die man generell als Allheilmittel handelte.

Hilfreicher Aderlass

Die Ratschläge der höchsten Meister von Paris erfreuten sich großer Beliebtheit und ein Hinweis auf diese Autoritäten mehrte die medizinische Sachkompetenz zahlreicher Traktate. Stellvertretend sei hier der »Brief an die Frau von Plauen« aus dem 15. Jahrhundert genannt, in dem man vor allem im Aderlass eine wirkungsvolle Prophylaxe sah. In diesem Pestbrief wird ein ganzer Maßnahmenkatalog ausgebreitet, der den Hauptorganen Herz, Leber und Hirn entsprechende Stellen der Lymphknoten in Achsel-, Leisten- und Halsbereich zuordnete. Das Auftreten von Schwellungen und Beulen war demnach ein Versuch der Selbstreinigung der Organe, die durch den Aderlass unterstützt werden konnte. Glaubwürdigkeit sollte der Hinweis auf die Autorenschaft eines römischen Leibarztes erwecken. Zudem war mit der adeligen Adressatin ein aus Laien bestehender Kundenkreis angesprochen. Im Laufe des 15. und 16. Jahrhunderts wurde dieses Genre der Populärmedizin weiter ausgebaut. Es folgten Einblattdrucke mit »Pestlassmännchen« und die Verarbeitung volkssprachlicher Traktate in medizinischen »Hausbüchern«.

Brenneisen und Schnabelmaske

Zu den herausragenden Ärzten zur Zeit des großen Sterbens zählte Guy de Chauliac, der Chirurg des Papstes, der seine Beobachtungen über den Verlauf und die Behandlung der Krankheit schriftlich niederlegte, bevor auch er sich endgültig ansteckten sollte. Über das Verhalten der Ärzte führte er aus, dass die Seuche für sie sehr beschämend sei. Aus Furcht vor Ansteckung würden sie die Kranken in vielen Fällen nicht besuchen, taten sie es doch, so könnten sie nichts ausrichten, während er aus Furcht vor der Schande geblieben sei. Ähnlich sollte sich 200 Jahre später auch sein Delfter Kollege, der berühmte holländische Arzt Pieter van Foreest, äußern. Zeigten sich die ersten Anzeichen der Pest, so wurden die Kranken zur Ader gelassen, purgiert oder mit Tinkturen gekräftigt. Mit Brenneisen und

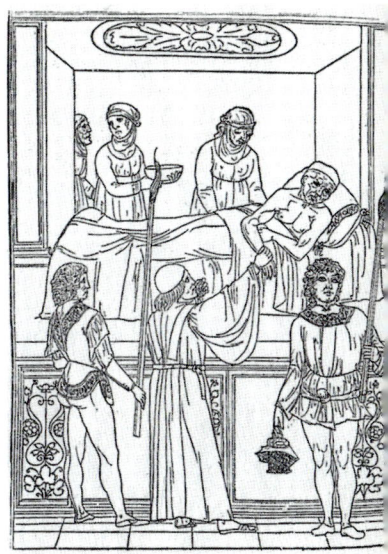

Mit Räucherwerk und Schwamm schützten sich die Ärzte beim Besuch von Pestkranken gegen eine mögliche Ansteckung

Holzschnitt aus »Incipit fasciculus medicine« von J. de Ketham, Venedig, 1500

DIE GROSSEN SEUCHEN DES MITTELALTERS

Messer öffnete man die Pestbeulen, eine Aufgabe, die den Badern und Scherern zufiel, während sich die akademischen Ärzte bei ihrer Diagnose auf Harnschau, Pulsmessung und den Anblick des Kranken beschränkten.

Aus einer spätmittelalterlichen Unterweisung für Ärzte geht hervor, dass man den Urin am besten außerhalb des verpesteten Hauses prüfe und dabei zur Vorsicht einen Handschuh trage. Sollte der Arzt direkt zum Kranken gerufen werden, mussten zuvor alle Fenster und Türen geöffnet werden, auch sollte der Kranke hoch gelagert werden. All diese Maßnahmen zielten also auf die Luft als Überträgerin ab. Unter keinen Umständen sollten Bettzeug oder Kleidung berührt werden. Außerdem hielt sich der Arzt einen mit Essig und pulverisierten Gewürznelken getränkten Schwamm vor das Gesicht, um dem tödlichen Pesthauch zu entgehen. Eine derart typische Szene von einem Arztbesuch bei einem Pestkranken hielt Joannes de Ketham um 1500 für ein medizinisches Sammelwerk fest. Den schriftlichen Quellen ist zu entnehmen, dass die vorsichtige Vorgehensweise gepaart war mit dem Hunger nach Geld, denn nur durch hohe Geldsummen konnten die Ärzte bewegt werden, sich der Kranken anzunehmen.

Angesichts der neuzeitlichen Pestzüge sollte sich die Schutzkleidung der Ärzte immer weiter perfektionieren. Zum »Doktor Schnabel« wurde, wer ein langes Gewand aus undurchlässigem Stoff oder Leder trug, dazu Handschuhe, Hut und einen Stock als Zeichen seiner Funktion. Dies dürfte allerdings kaum nötig gewesen sein, denn bereits von weitem war der Pestarzt an der namensgebenden Schnabelmaske zu erkennen, in die man Riechstoffe füllen konnte. Außerdem verwendete man Gläser aus Kristall, die vor einer Ansteckung durch Blickkontakt schützen sollten.

Krisenmanagement

Für die Obrigkeiten stellte die Pest eine Zeit der Krise dar, während der es galt, die Kontrolle zu behalten und die übersteigerten Emotionen zu kontrollieren. Dies gelang oftmals ebenso wenig wie der Versuch, die Pest vor den Toren der Stadt zu halten. Man erließ rigorose Gesetze oder versuchte die Nachricht vom Ausbrechen der Pest zu unterdrücken. So wurden Tote nur nachts beerdigt, die Räder der Karren mit Stoff umwickelt und das Tragen von Trauerkleidung sowie das Läuten der Totenglocken untersagt. Man verbot Tanzvergnügen ebenso wie Prozessionen oder Bittgottesdienste. Zwar wurden somit große Ansammlungen vermieden, doch geriet man in Konflikt mit der Kirche. Zweifellos sind die solcherart entstandenen Pestordnungen als frühe gesundheitspolitische Regelungen zu sehen. Strikt achtete man auf deren Einhaltung. In Venedig entschied ein spezieller Gesundheitsrat über Leben und Tod.

In den meisten Fällen hatten diese Sonderbehörden die Lebensmittelversorgung

Seite 90:
Kosmos und Mensch bildeten eine Einheit. Wie man annahm, vermochten die Gestirne durch das Zusammenwirken von Makro- und Mikrokosmos die Erde und das Leben auf ihr zu beeinflussen und selbst Seuchen auszulösen

Links:
»Doctor Schnabel« – so bezeichnet aufgrund der meist mit Riechsalz gefüllten Schnabelmaske, die den Pestarzt gegen eine mögliche Ansteckung schützen sollte. Diesem Zweck dienten auch lange Gewänder aus möglichst festem Stoff oder Leder, Hüte und Handschuhe

Seite 90: Miniatur aus »Les tres riches heures« des Duc de Berry, 14. Jh.; Chantilly, Musée Condé, Ms. 65, fol. 14^v

Oben: Kolorierter Kupferstich, um 1725

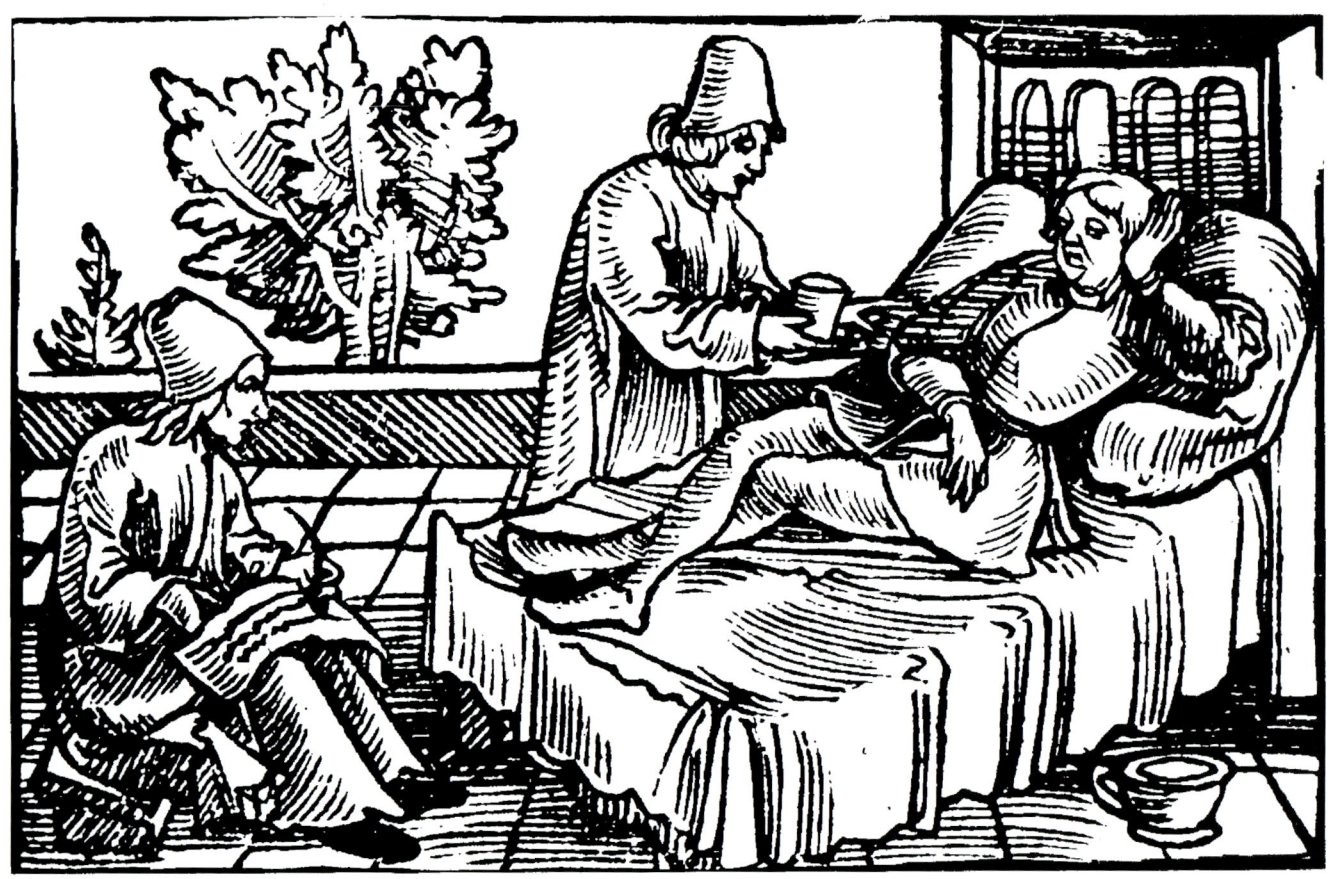

Arzt und Notar beim Diktat am Bett eines Kranken

Holzschnitt aus »Die groß Practica« von J. Virdung, o.O.,1543; München, Bayerische Staatsbibliothek

zu garantieren, das Trinkwasser zu kontrollieren, dem medizinischen Personal vorzustehen und den Abtransport sowie die Bestattung der Toten zu regeln. Im Falle Venedigs dehnte man die Kompetenz dieser Krisenmanager auf Dirnen, Bettler, Juden und alle Fremden aus. Zu den nahe liegenden Maßnahmen zählte es, die Straßen und Plätze von allerlei Unrat und Müll zu säubern sowie die Häuser der Pestkranken zu versperren und mit einem Zeichen – in der Regel ein Kreuz – zu markieren. Wer mit den Kranken in Kontakt stand, hatte dies kund zu tun, indem er an seiner Kleidung Schellen trug. Als besonders gefährdete Personen waren die Ärzte und Pfleger nicht nur an ihrer Kleidung zu erkennen, sondern auch ihre Häuser wurden kenntlich gemacht und versperrt. Ein hohes Risiko bestand außerdem für Priester und Notare, die man gleichermaßen in der Stunde des Todes herbeirief. In heutiger Kenntnis der Übertragungsmechanismen lässt sich sagen, dass sich die positiven und negativen Verordnungen damals oftmals die Waage hielten. Während das französische Verbot der Kleintierhaltung in Pestzeiten sicherlich günstig wirkte, konnte die vielfach geübte Praxis, bei ersten Anzeichen der Seuche Bettler und Hausierer aus der Stadt zu weisen, katastrophale Folgen für eine ganze Region nach sich ziehen.

Eine lästige Seuche

Die Motive, die Ansteckung zu verschweigen, waren zahlreich. Nicht nur im englischen Kent unterlief man das Verbot von Prozessionen und Gottesdiensten, indem man heimlich die Kirchen der Nachbarorte aufsuchte. Dazu kam die materielle Bedrohung. Wer konnte ein Interesse daran haben, dass verpestete Kleidung und Dinge, die man täglich brauchte, von den Behörden verbrannt wurden? Kaufleute wie Handwerker verloren ihren Lebensunterhalt, wenn bekannt wurde, dass in der Familie oder unter dem Gesinde die Pest grassierte, da die Obrigkeit mit der Schließung von Laden oder Werkstatt reagierte. Dies galt es zu verhindern. Notfalls musste ein Arzt oder ein Helfer bestochen werden. Die Todesursache blieb unbekannt, die Seuche breitete sich weiter aus.

Wie ihre Bewohner, so verhielten sich auch die Städte insgesamt. Auf den Export angewiesen, dementierten die Handelsstädte das Auftreten der Seuche. War man nämlich erst einmal dem Bann verfallen, konnte es lange dauern, bis sich die Beziehungen wieder normalisiert hatten. Nützlich waren hier die Stadtärzte, die oft zu einem vorteilhaften Urteil kamen. Einen intensiven Schriftverkehr führte der Magistrat von Basel um die Mitte des 17. Jahrhunderts, um gegenüber den oberitalienischen Handelspartnern sowie Straßburg und Frankfurt den Pestverdacht zu entkräften. Doch vergeblich, für drei Jahre schlossen sich auch Städte der Eidgenossenschaft dem Bann an. Einige Jahrzehnte später stand die Leipziger Messe im Ruf, hier herrsche die Pest. Kaufleute und Waren blieben aus. Um wirtschaftliche Einbrüche zu vermeiden, ersann man daher Methoden der Dekontaminierung. Zu diesem Zweck wurden verdächtige Waren geräuchert oder mit Essig abgewaschen. Nach solch einem Essigbad waren auch Geldmünzen wieder im Gebrauch.

Unter Quarantäne

Dem Reisenden zeigten schwarze Fahnen eine verpestete Stadt an, verdächtige Schiffe wurden an der Landung gehindert, notfalls – wie in Genua – beschossen. Einzelpersonen sowie Schiffsbesatzungen mussten sich ausweisen, indem sie einen Gesundheitspass ihrer Heimatorte vorzeigten: Das moderne Pass-System nahm seinen Ursprung in den Zeiten der Pest. Auch die uns heute geläufige Form der zeitlich begrenzten Isolierung von eventuell erkrankten Personen ist hierauf zurückzuführen. Maßgeblich waren hieran die großen Handelsstädte des Mittelmeerraums beteiligt, in denen sich die Folgen der Pest als erstes gezeigt hatten. Richtungsweisend war eine Verordnung des Stadtrates von Ragusa, die im Jahre 1377 für Reisende zu Land und zu Wasser, die aus verseuchten Gebieten kamen, einen Aufenthalt von 30 Tagen auf einer kleinen Insel vor der Stadt vorschrieb. Wahrscheinlich war es 1383 in Marseille, wo man erstmals eine Dauer von 40 Tagen festsetzte. Diese Frist wurde rasch von anderen Städten übernommen. In Italien sprach man von *quaranti giorni*, die »Quarantäne« war geboren. Für die Kaufleute war diese Regelung sehr nützlich. An die Stelle einer Hafensperre trat lediglich eine zeitliche Verzögerung, die Geschäfte konnten weitergehen.

Lazarett und Pesthaus

Wiederum in Venedig baute man zu Beginn des 15. Jahrhunderts auf der vorgelagerten Insel S. Maria di Nazarett eine Quarantänestation, die den Namen »Lazzaretto« trug. Vorbildlich sollte um 1500 das »Große Lazzaretto für Verpestete« in Mailand werden. Es wurde auf einem großen rechteckigen Platz angelegt, um den man fast 300 kleine Räume für die Kranken und das Pflegepersonal gruppierte. Umgeben war diese Anlage von einem Wassergraben, der das Terrain gegen das Umfeld abgrenzte. Die Mitte des Platzes nahm eine Kapelle ein, sodass nach allen Seiten die Teilnahme am Gottesdienst möglich war. Aber nicht nur Menschen, auch deren Handelsgüter sollten hier Reinigung erfahren. Auf dem weiträumigen Platz konnten Waren ausge-

Gegen die gefürchtete Pest versuchte man sich durch Amulette, Prozessionen, Notfeuer oder laute Geräusche zu schützen. War die Krankheit bereits aufgetreten, konnte sich neben verschiedensten Kräutern auch ein auf die Pestbeulen gelegter Frosch günstig auswirken

breitet und nach den beschriebenen Verfahren behandelt werden. Die schlechte Luft, der Pesthauch, sollte vertrieben werden. Die Einweisung in ein derartiges Lazarett stieß jedoch nicht nur auf Gegenliebe. Wer gesund, aber verdächtig war, wurde hier mit Pestkranken zusammengelegt. Viele Klagen galten dem Personal, das als diebisch und gewalttätig beschrieben wurde.

Nördlich der Alpen kamen feste Pesthäuser selten vor und datieren fast durchgängig in die frühe Neuzeit. Eine Ausnahme stellt das St.-Sebastian-Pestlazarett in Nürnberg dar. Von einem reichen Handelsherrn der Stadt gegen Ende des 15. Jahrhunderts gestiftet, diente es unter dem Namen des weit verbreiteten Schutzpatrons der Pflege von Pestkranken. Entgegen den italienischen Lazaretten hatte man hierzu einen zweistöckigen Steinbau mit angeschlossener Kapelle errichtet. Naturgemäß lagen diese Einrichtungen für ansteckende Kranke wie in München, Aachen, Celle oder Hamburg außerhalb der Stadt, doch im Gegensatz zu den Leprosorien wurden für die Zeit einer Epidemie oft nur vorübergehende Einrichtungen geschaffen. Mitunter nutzte man auch ein älteres Siechhaus um.

Am Ende der großen Seuchenzüge des Ancien Régime steht ein Pesthaus, das zu Beginn des 18. Jahrhunderts vorsorglich vor den Toren Berlins erbaut wurde. Nach dem Willen des preußischen Königs Friedrich I. war eine umfangreiche Anlage aus Kranken- und Versorgungsbereichen vor dem Spandauer Tor entstanden. Die gefürchtete Pest blieb 1726 jedoch aus! Seiner Funktion beraubt, sollte das Gebäude zunächst unterschiedlichen Nutzungen dienen, bevor es zu einer der führenden klinischen und schulischen Behandlungs- und Ausbildungsstätten wurde, das bis heute unter dem berühmten Namen »Charité« fortbesteht.

Pestwurz, Frosch und Totentanz

In der Vorstellungswelt des Volkes besaß die Gefahr der Pest sehr konkrete Züge. Der allgegenwärtige Tod erschien als Pestdämon, der in der Gestalt eines Knaben, einer Frau oder als so genanntes Pestmännle gesichtet wurde. Gegen diesen unheilvollen Dämon halfen Notfeuer, Amulette oder Prozessionen. Außerdem versuchte man ihn durch laute Geräusche, mit Schießen und Glockenläuten, zu vertreiben. Angekündigt wurde die Pest durch starken Wind an Pauli oder in der Neujahrsnacht. Lag eine Erkrankung vor, wandte die Volksmedizin den antiseptisch wirkenden Rauch des Wacholders, Enzians oder des Eberwurz an. Aber auch ein aufgelegter Frosch konnte die Entwicklung von Pestbeulen günstig beeinflussen. Heilsam waren zudem die Bibernelle und das schweiß- und harntreibende Pulver des Pestwurz. Auf keinem Bauernhof fehlte der Baldrian, schließlich half er gegen alle Formen von Zauberei und gegen Hexen, die als Verbündete der Pestdämonen verfolgt wurden.

Unter dem Eindruck des großen Sterbens setzten sich auch viele Bücher intensiv mit der Stunde des Todes auseinander. Man wünschte sich einen guten Tod, dem Reue und Buße vorangegangen waren. Es entfaltete sich sogar eine ganze Literaturgattung, die Sterbebüchlein, denen man die *ars moriendi*, die Kunst zu Sterben, entnehmen konnte. Im Bewusstsein der eigenen Vergänglichkeit galt es, den Tag zu nutzen. War der Tod in der Zeit vor 1300 noch ein dämonenhaftes Wesen gewesen, so nahm er im späten Mittelalter die Gestalt des Knochenmanns an. Dieser Tod war ein aktiv Handelnder, der Pfeil und Bogen hielt, den Lebensfaden durchtrennte, das Stundenglas umkehrte, als »großer Schnitter« das Leben beendete und in den Zyklen der aufkommenden Totentänze mit Vertretern aller Stände sein Spiel trieb.

Arzt und Tod im beständigen Kampf um den Menschen

Religiöse Exzesse

Für viele Menschen schien mit dem schwarzen Tod das Ende der Welt nahe zu sein. In diesem überreizten Klima gedieh auch die Bewegung der Flagellanten, die in der Wiederholung der Geißelung Christi für die Sünden der Menschheit büßen wollte. Als Gruppen von mehreren hundert Personen zogen sie in Büßergewänder gehüllt durchs Land. In ihrer religiösen Hysterie schlugen sie sich morgens und abends mit Lederpeitschen, die mit eisernen Nägeln besetzt waren. Im Lateinischen *flagellum* genannt, gaben diese Peitschen oder Geißeln ihren Namen einer Bewegung, die sich über ganz Europa ausbreitete und besonders in den Niederlanden auf fruchtbaren Boden fiel. Da die immer mächtiger werdenden Flagellanten zunehmend die Beichte abhörten und die Absolution erteilten, stellten sie die geistliche Ordnung infrage, sodass das Konstanzer Konzil schließlich ein Verbot aussprechen sollte. Halb Bedrohung, halb Segen, wanderten sie von Ort zu Ort. Ihr in selbst auferlegter Qual vergossenes Blut wurde wie eine Reliquie verehrt. Es umgab sie eine Aura der Wundertätigkeit.

Obwohl der Papst verkündet hatte, dass auch die Juden an der Pest sterben würden, hatten die Flagellanten sie dennoch als Glaubensfeinde ausgemacht, gegen die man in jeder Stadt vorgehen solle. Wie vormals die Leprosen oder auch die Hexen, wurden sie als Brunnenvergifter diffamiert. Aus der unheimlichen Verbindung von kollektiver Angst und übersteigerter Religiosität kam es zu Judenprogromen. Oft legten die Flagellanten dabei nur die Lunte an ein Pulverfass schwellenden Hasses. In Köln wiederholte der Rat der Stadt ergebnislos die päpstliche Auffassung. In Freiburg, Augsburg, München, Königsberg, Frankfurt, Mainz, Regensburg und vielen anderen Orten kam es zur grausamen Ausrottung. Bis in die hohe Reichspolitik hinein reichen die Gründe der Judenverfolgung in Nürnberg, wo man 1348 nicht erst auf das Eintreffen der Pest gewartet hatte.

Ausschnitt aus dem Berner Totentanz, 15. Jh.

Fromme Gelübde

Immer wieder finden wir Belege für fromme Gelübde, die zur Abwehr oder nach glücklichem Überstehen der Pest geleistet wurden. So weihte man 1713 die Karlskirche in Wien dem hl. Karl Borromäus, der bei einer Pestepidemie in der zweiten Hälfte des 16. Jahrhunderts Kranke geheilt hatte. Kritisch war die Reformation gegen die Pestheiligen und deren Devotionalien ins Feld gezogen. Der neuen Lehre schienen Pestdrucke und Amulette als abergläubische Auswüchse eines überkommenen Glaubensverständnisses. Doch wie der elsässische Humanist Sebastian Brant glaubten viele, dass bei anhaltenden Seuchenzügen die Heiligen weiterhin eine wichtige Rolle als Vermittler übernähmen.

Bleiben wir in der Neuzeit und in der Stadt Wien. Seit 1697 erhebt sich hier eine eindrucksvolle Pestsäule, die auf ein Gelübde des österreichischen Kaisers zurückgeht, nach Abklingen der Seuche eine Säule zu Ehren der Heiligen Dreifaltigkeit zu errichten. Zu einem mächtigen barocken Schauspiel türmt sich eine Wolkenpyramide auf, die Austrias Hoffnung auf Rettung symbolisiert – der Glaube hatte die tödliche Seuche überwunden. Doch zeigt der Blick auf vorangegangene Wiener Pestzüge, dass sowohl die seuchenpolizeilichen Maßnahmen als auch die Versäumnisse den mittelalterlichen Verhältnissen glichen. Für die Stadtverwaltung rührten die Todesfälle lediglich von fiebrigen Erkrankungen her. Nach der Beschreibung des Predigers Abraham a Santa Clara war die Pest von gewissenlosen Leuten verhüllt worden, um in eine »allgemeine giftige Contagion« auszubrechen.

Als getreue Begleiterin war die Pest während des Dreißigjährigen Kriegs aufgetreten. In ihrer Not gelobten 1633 die Bewohner des kleinen oberbayerischen Ortes Oberammergau alle zehn Jahre die Passion Christi aufzuführen, wenn sie von der Pestilenz verschont blieben. Ein Gelübde, das noch heute von den Nachfahren gewissenhaft in einem großen volkssprachlichen Schauspiel erfüllt wird. Da die Münchner Böttchergesellen unter den ersten waren, die sich in den 1630er-Jahren nach der Pest wieder auf die Gassen gewagt hatten, verlieh ihnen der Rat der Stadt das Privileg, ihren »Schäfflertanz« alle sieben Jahre aufzuführen.

Das Antoniusfeuer

Der seltsame Name »Antoniusfeuer« bezeichnet eine Krankheit, die nach dem Genuss verdorbenen Getreides auftrat und bei der der hl. Antonius Linderung versprach. Aber auch der umgekehrte Fall schien möglich, da man bei mangelnder Verehrung die Rache des Heiligen fürchtete, der dann eine Krankheit schicken könnte, die wie ein *ignis sacer*, ein heiliges Feuer, über die Menschen kommen würde. Die Ursachen liegen im Zusammenspiel von Armut, Krankheit und Not. Für die Armen bestand der Großteil ihrer Nahrung aus Getreide, vor allem aus Roggen, das man in Form von Brei und Brot zu sich nahm. Waren die Sommer nass und kalt und die Ernten schlecht gewesen, so wurde alles zu Mehl vermahlen, dessen man habhaft wurde. Damit gelangte das schwarzviolette Mutterkorn ins Getreide, eine giftige Pilzart, die zu schweren Erkrankungen, dem Ergotismus, führte.

Ein soziales Problem

Erste Fälle traten in Mitteleuropa während des 9. Jahrhunderts auf, um in den nachfolgenden Jahrhunderten weiter zu-

zunehmen. Nicht zufällig brach die Krankheit in bevölkerungsstärkeren Gebieten aus, die auch die Heerscharen der Kreuzzüge stellten, wie in Flandern, Lothringen, dem östlichen Frankreich und dem Rheinland. Zeitlich sollte die Mutterkornvergiftung bis weit in die frühe Neuzeit mit dem Auf und Ab der landwirtschaftlichen Produktion verbunden bleiben. Dass die Krankheit schließlich zum Erliegen kam, ist auf verstärkte staatliche Mehlkontrollen und verbesserte Agrartechniken mit der Verwendung unbelasteten Saatguts zurückzuführen. Letztlich verdrängte aber auch die Kartoffel den Roggen als Hauptnahrungsmittel der Armen. In erster Linie war das Antoniusfeuer ein soziales Problem.

Über das Meer hatte man gegen Ende des 11. Jahrhunderts die Gebeine des Eremiten Antonius aus Konstantinopel in das stark betroffene Gebiet der Dauphiné geholt. Im dortigen La-Motte-aux-Bois wirkte er gegen eine als seuchenähnlich und brandig beschriebene Krankheit. Es setzte die Verehrung als Schutzpatron ein und rasch bildete sich eine Bruderschaft, die Antoniter, die die Pflege derjenigen übernahm, die am Antoniusfeuer erkrankt waren. Von überall her strömten die Notleidenden zusammen, die sich hier eine Wunderheilung erhofften. Erfolge erzielte der Pflegeorden durch seine diätetische Vorgehensweise. Anstelle schlechten Roggenbrots, das meist von den Alkaloiden befallen war, reichte man den Kranken reines Weizenbrot, das auf den klösterlichen Gütern hergestellt wurde. Dazu bekamen sie den *Saint Vinage*, einen Trank aus schmerzstillenden und gefäßerweiternden Kräutern und Wein.

Brennender Schmerz und ärztliche Versorgung

Der Beginn der Vergiftungskrankheit äußerte sich durch Schwindel, Übelkeit und ein merkwürdiges Kribbelgefühl, sodass der Entdecker des Erregers, Johann Daniel Taube, 1771 seiner Schrift den Titel »Die Geschichte der Kriebelkrankheit« gab. Erschütternd wirken die Berichte, wonach sich unter brennenden Schmerzen das Leiden unter die Haut fraß. Starker Durst und Heißhunger ließen die verzweifelten Menschen nach Nahrung verlangen, die meist nur in Form des verdorbenen Getreides vorhanden war. Die einen wanden sich in nervösen Krämpfen, an deren Ende Geistesgestörtheit stand, während bei den anderen die Finger und Zehen gefühllos wurden und aufgrund brandiger Zerstörung abfielen. In der Tat war hier für die Zeitgenossen ein grausames inneres Feuer am Werk, das die Kranken allmählich verbrannte. Diese wurden zudem von Halluzinationen geplagt, denn Angst und Schrecken mehrten die im Mutterkorn enthaltenen Alkaloide, aus denen unser Jahrhundert die bewusstseinserweiternde Droge LSD gewinnen sollte.

Letztes Mittel gegen das Wüten des inneren Feuers war die Amputation der betroffenen Körperteile. Als einer der bekanntesten Vertreter seines Fachs arbeitete der Chirurg Hans von Gersdorff im Antoniterhof von Straßburg. Seinem »Feldbuch der Wundartzney« von 1517

Der heilige Antonius, dargestellt mit Feuerhand und Schwein, galt als Beschützer gegen das »heilige Feuer«

Holzschnitt aus dem »Feldtbuch der Wundartzney« von H. v. Gersdorff, Straßburg, Joh. Schott, 1540

DIE GROSSEN SEUCHEN DES MITTELALTERS

ist zu entnehmen, dass er bis zu 200 Amputationen an den dortigen Kranken ausgeführt haben musste. Dies ist eine beachtenswerte Besonderheit, denn um die Wende zur Neuzeit verfügten die wenigsten Spitäler, wie wir sehen werden, über einen fest besoldeten Arzt.

Sichere Einkünfte

Als Bruderschaft der Pilger- und der Krankenpflege um 1095 gegründet, breiteten sich die Antoniter schnell über ganz Europa aus. Um 1200 sollen mehr als 100 Niederlassungen zwischen Schottland und dem Heiligen Land bestanden haben. Dabei lagen ihre Niederlassungen oder »Präzeptoreien« vor allem entlang der Pilgerwege der Jakobswallfahrten. Wichtige Einkünfte erzielte der Pflegeorden aus einer aggressiv betriebenen Sammeltätigkeit. Außerdem besaß man das Privileg, so genannte Antoniusschweine zu halten. In Stadt und Land gehörten die frei laufenden Schweine zum Straßenbild. Durch ein Glöckchen und ein eingebranntes griechisches Tau als Ordenszeichen waren sie leicht als Besitz der Antoniter zu erkennen. Den Schrecken des heiligen Feuers vor Augen, war es in einer agrarisch geprägten Gesellschaft leicht, durch Fütterung in diese »Sparschweine« zu investieren. Allein die Reformation und allen voran Martin Luther fanden wenig Gefallen an dieser Form der Werkgerechtigkeit. Derbe Worte fand er in einem Spottgedicht über das geschäftstüchtige Treiben des Ordens.

Antonius und die Dämonen

Zu einem faszinierenden Motiv für die Kunst wurde die Versuchung des hl. Antonius durch eine Heerschar von Dämonen. Während wir den Schutzpatron der an Ergotismus Leidenden auf einem Holzschnitt des erwähnten »Feldtbuchs« nur mit den typischen Attributen Taukreuz, Antoniusschwein und kleiner Gestalt mit Flammenhand finden, sollten die zeitgenössischen Altarbilder eines Hieronymus Bosch oder Matthias Grünewald zu Inszenierungen des Phantastischen werden. Ein Blick in die »legenda aurea« zeigt den glaubensstarken Antonius im Kampf mit Dämonen. Nachdem böse Geister den Einsiedler in einer Grabkammer attackiert hatten, sollten ihm ein zweites Mal Dämonen erscheinen, um ihn mit Zähnen, Hörnern und Krallen zu malträtieren. Eindringlich umgesetzt ist diese Szene am spätgotischen »Isenheimer Altar«, der um 1515 in einer mysteriösen Landschaft den von Kreaturen der Finsternis zu Boden geworfenen Heiligen zeigt.

Aus der Schar der Peiniger muss hier besonders ein Dämon interessieren, dessen amphibischer Körper mit geschwürigen Pusteln bedeckt ist. Der Schluss liegt nahe, dass der Künstler sich vom Antoniusfeuer inspirieren ließ, denn das Bild entstand für eine Niederlassung der Antoniter, die in Isenheim ein Spital unterhielten. Doch ist, wie generell in der vormodernen Krankendarstellung, Vorsicht geboten, denn hier wurden mehrere Komponenten infektiöser Krankheiten wie Lepra und Syphilis mit den Erscheinungsformen des Antoniusfeuers zur bildhaften Übersteigerung des Bösen zusammengefügt.

> Anthoni herrn man dise nennt/
> In alle landt man sie wol kent/
> Das macht ir stets terminiren/
> Das arm volck sie schentlich verfüren/
> Mit trauung sanct Anthoni Pey/
> Bettlen ser, auch lerns ire schwein/
> Schwartz, darauf blaw creutz, ist ir kleyd/
> Sind alle Buben, schwer ich eyd.
> — *Martin Luther*

Pocken – unvermeidliche Kinderkrankheit?

Unter dem Eindruck der medizinischen Schriften von Rhazes und Avicenna festigte sich im lateinischen Abendland die Überzeugung, dass es sich bei den Pocken ähnlich den Masern um eine unvermeidliche Kinderkrankheit handeln würde. Diese Einstellung bestimmte maßgeblich die Haltung der Ärzte und die medizinische Versorgung der Betroffenen. Nicht von ungefähr hatten sich arabische Ärzte dieser Thematik angenommen, denn im ganzen islamischen Reich waren die Pocken gefürchtet. Mancher Herrscher war von Pockennarben gezeichnet. Zu einer erfolgreichen theoretischen Schrift wurde die Abhandlung »Über Pocken und Masern«, die in Europa von der Zeit des Wiegendrucks bis zur Mitte des 19. Jahrhunderts 40-mal aufgelegt wurde. Hierin war der persische Arzt Rhazes der in seinem Kulturkreis weit verbreiteten Auffassung entgegengetreten, dass die Pocken durch Menstrualblut entstehen würden, das während der Schwangerschaft auf den Säugling übertragen werde.

Doch Rhazes vertraute lieber auf Galen, der davon ausging, dass das menschliche Blut einen Prozess der Gärung durchlaufen müsse. Wie der Most des Weins, so müsse auch das Blut im Kindesalter gegoren werden, damit es beim Erwachsenen rein und von überflüssigen Substanzen befreit sei. Wenn dies nicht geschehe, käme es zur Erkrankung. Als Arzt am Bagdader Krankenhaus hatte Rhazes wohl reichlich Gelegenheit, den Verlauf der Krankheit zu beobachten. Demnach gingen dem Ausbruch der Pocken Fieber, Juckreiz und Angstzustände voran, gefolgt von Entzündungen und heftigen Rötungen. Darüber hinaus beschrieb er die symptomatische Entzündung der Augen sowie Schmerzen im Mund und Rachenbereich.

Der »Kanon« Avicennas schloss sich dieser Meinung an, wobei die Gärung für ihn eine Reinigung des Blutes von menstrualen Rückständen bewirkte, als deren äußerliche Anzeichen die charakteristischen Pusteln oder Hautflecken gedeutet wurden. Je nachdem, wie stark dieser Prozess der Läuterung ausfiel, entstanden für Avicenna die »gröberen« Pocken oder die »zarteren« Masern. Mit den erwähnten Pusteln oder Blattern, wie sie das Mittelalter nannte, wird ein fortgeschrittenes Stadium angesprochen, während dem sich juckende Knötchen oder Bläschen bilden, die den ganzen Körper überziehen. Bei gutem Verlauf können diese nach einigen Wochen abtrocknen, wobei entstellende Pockennarben zurückbleiben. Fast immer tödlich verlief die schwere Form der gefürchteten »schwarzen Blattern«, die man oft mit der Pest verwechselte.

Bereits eine biblische Plage

Seit dem Jahr 1980 gilt die Infektionskrankheit der Pocken, die im Alten Testament als sechste ägyptische Plage in Erscheinung tritt und von der Hiob heimgesucht wurde, weltweit als ausgestorben. Nicht nur das Heer Alexanders des Großen wurde durch sie dezimiert, ferner nimmt man heute an, dass die erwähnte »Attische Seuche« des Thukydides als ein gleichzeitiges Auftreten von Fleckfieber und Pocken zu deuten ist. Während der Völkerwanderungszeit

Hiob als biblisches Beispiel für den Aussatz

Titelholzschnitt eines Pockenbuches, um 1520; Nürnberg, Germanisches Nationalmuseum

DIE GROSSEN SEUCHEN DES MITTELALTERS

Nach Meinung Voltaires verhinderten zwei Seuchen die Vermehrung der Menschheit: die Pocken als Geschenk Mohammeds und die Syphilis als Spende des Christoph Columbus

nahmen die Pocken ihren Weg nach Westen, um im 6. Jahrhundert in Europa eine erste Epidemie auszulösen. Bei Gregor von Tours ist zu lesen, dass die Pocken vor allem unter Kleinkindern auftraten und von der bäuerlichen Bevölkerung durch das Aufsetzen von Schröpfköpfen behandelt wurden. In den nachfolgenden Jahrhunderten werden die Pocken Teil von Heiligenlegenden. So wird etwa erwähnt, dass der hl. Ludger mehrfach Pockenblinde geheilt habe und am Grab des hl. Martin Heilungen von Blattern stattgefunden hätten.

Auch Notker der Arzt ist hier nochmals anzuführen, der als heilkundiger Mediziner des Klosters St. Gallen den Bitten eines pockenkranken Bischofs nicht nachgab, Maßnahmen gegen die Pusteln auf seiner Haut zu unternehmen, da er als Anhänger Galens auf eine Entleerung unreiner Säfte wartete. Besonders erwähnenswert fand es der Verfasser der Vita, dass Notker den Geistlichen so erfolgreich behandelte, dass kaum Narben zurückblieben. Oft trat das Gegenteil ein, sodass im 11. Jahrhundert eine pockennarbige Prinzessin in Byzanz den Schleier nahm oder eine englische Hofdame zur Zeit Edwards I. ihr Gesicht hinter einer Maske verbarg. Dem Problem der entstellenden Narben nahmen sich die Ärzte an, indem sie etwa das Öffnen der Pusteln mit goldenen Nadeln empfahlen. Von weniger lauteren Motiven waren frühe Versuche einer Schutzimpfung durch arabische Sklavenhändler geleitet, die ihre »Ware« vor den Folgen der Pocken schützen wollten. Doch diese empirische Erfahrungswelt stand in krassem Gegensatz zur akademischen der gebildeten Ärzte, die von der Notwendigkeit des Durchleidens als eines gesundheitsfördernden Prozesses überzeugt waren.

Richtungsweisend für die Bekämpfung der Pocken sollte im Laufe des 18. Jahrhunderts die Impfung mit dem Pustelinhalt leicht Erkrankter und der späteren Impfung mit Kuhpocken werden, wobei den Befürwortern, wie Lady Montagu, in Teilen der Ärzteschaft und des Klerus heftige Gegner erwuchsen. Auch Goethe, der in seiner Kindheit von einem durchreisenden Engländer geimpft worden war, beklagte in seinem Werk »Dichtung und Wahrheit« die Engstirnigkeit seiner Zeitgenossen.

Von Europa in die Neue Welt

Im Zeitalter der Entdeckungen waren die Pocken in ganz Europa verbreitet und wurden als notwendiges Übel angesehen. Wer sie im Kindesalter überstanden hatte, war immun. Vernichtend wirkten die Pocken jedoch in Gebieten, in denen sie bis dahin unbekannt waren. Hierzu zählte der amerikanische Kontinent. Nachdem die Pocken auf den Schiffen des Christoph Kolumbus den Atlantik überquert hatten, sollten sie zu einer fürchterlichen Waffe werden. Nur 50 Jahre nachdem die Spanier auf der Insel Española, dem heutigen Haiti, gelandet waren, hatten mehrere Pockenepidemien die indianische Bevölkerung vernichtet. Noch schneller verliefen die Seuchenzüge auf Kuba, sodass man auf die Einfuhr von Negersklaven verfiel. Wo die Gier nach Gold Conquistadoren wie Cortez den Weg aufs Festland wies, wüteten die Pocken in den altamerikanischen Hochkulturen.

Was die Spanier in Mittel- und Südamerika begonnen hatten, sollten die Engländer an der Ostküste der heutigen Vereinigten Staaten fortsetzen. Als ein günstiges Zeichen deuteten die frommen Pilgerväter die Tatsache, dass die Pocken nicht nur unter ihnen Opfer forderten, sondern weit mehr die in Dörfern lebenden »Wilden« dahingerafft wurden.

Doch die europäischen Schiffsbesatzungen waren einen verhängnisvollen Tausch eingegangen, denn im Gegenzug führten sie die bis dahin unbekannte

»Lustseuche«, die Syphilis, in die Alte Welt ein. Welches Ausmaß beide im 18. Jahrhundert erreicht hatten, zeigt die Äußerung Voltaires, dass zwei Seuchen die Vermehrung des Menschengeschlechts verhindern würden: die Pocken als ein Geschenk Mohammeds und die Syphilis als eine Spende des Christoph Kolumbus.

Vor ihm flohen die Magister und Studenten der Universität Wittenberg nach Jena, brachen Luther und Zwingli die »Marburger Religionsgespräche« ab und verließ die Habsburgerin Maria, Königin von Böhmen und Ungarn, schleunigst die Stadt Linz. Die Rede ist vom »Englischen Schweiß«, einer Krankheit, die Ende des 15. Jahrhunderts unter den englischen Truppen der Rosenkriege aufgetreten war und um 1529 auf das Festland übergriff. Bevor die Viruserkrankung 20 Jahre später abebbte, sollte sie die großen Wirtschaftszentren in der Mitte Europas heimgesucht haben. Für eine neue Pest hielt man diese Bedrohung, die am Beginn ihrer Ausbreitung fast immer tödlich endete. Nur langsam ließ die Wirkung nach. Ausgehend von den Britischen Inseln griff der *sudor anglicus* zunächst auf Hamburg über, wo innerhalb von vier Tagen 400 Personen starben.

Über die Handelswege erfolgte eine rasante Ausbreitung. Innerhalb nur eines Jahres trat die Krankheit in allen wichtigen Städten Nord- und Süddeutschlands, ebenso in Dänemark und in den Niederlanden auf. In Lübeck, Magdeburg und Lüneburg stellte man typischerweise fest, dass vor allem Personen mittleren Alters betroffen waren. Große Messen wie die Frankfurter begünstigten die Ausbreitung, in Köln starben viele tausend Menschen. Allmählich häuften sich Nachrichten aus Brandenburg, Thüringen, Sachsen und Schlesien. Über die großen Wasserwege Rhein und Donau gelangte der »Englische Schweiß« gleichermaßen nach Straßburg und Basel wie nach Augsburg und Wien, das 1529 von den Türken belagert wurde, die nach ihrem Abzug möglicherweise für eine weitere Verbreitung auf dem Balkan sorgten.

Schwitzkur gegen Schlafsucht

Herzschmerzen und Schüttelfrost waren die ersten Anzeichen des »Schweißschreckens«. Danach folgten hohes Fieber und Wahnvorstellungen. Die Kranken zeigten eine unüberwindbare Schlafsucht, zu der ein starker, übelriechender Schweiß hinzukam. Diese Krankheit war neu, das heißt, sie war von den antiken Autoritäten nicht beschrieben worden. Die zeitgenössische Heilkunde nahm sich dieser Thematik in medizinischen Abhandlungen und populär gehaltenen Belehrungs-

»Englischer Schweiß« – eine ungewollte Handelsware

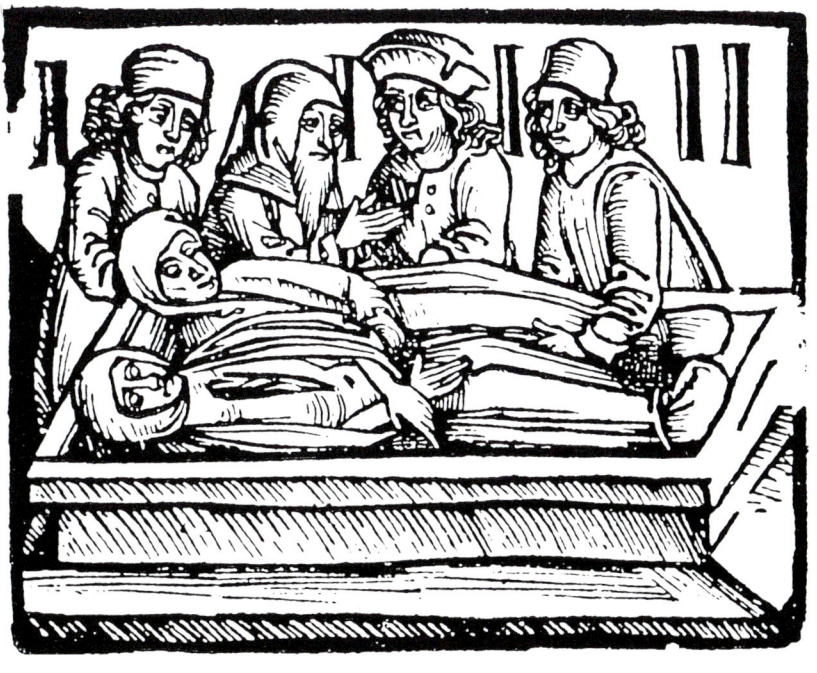

»Anno 1529 hat der sweischs regeret in gansu Dutzenlande …«

Titelholzschnitt zu einem Büchlein über die Englische Schweißsucht von Euricius Cordus, Straßburg, 1529

DIE GROSSEN SEUCHEN DES MITTELALTERS

schriften an und erklärte das Ausschwitzen zur wesentlichen therapeutischen Maßnahme. Die gemäßigte Version des »englischen Regiments« sah sechs bis acht Stunden vor, in denen der Patient leicht zugedeckt schwitzen sollte. Des Weiteren stillte man den quälenden Durst der Betroffenen. Mit gutem Erfolg wandte man außerdem abführende Pflanzendrogen an.

Belastender war das »niederländische Regiment«, bei dem die Kranken zwangsweise wach gehalten wurden und einen ganzen Tag schwitzen mussten. In dicke Federbetten gehüllt, wurden die Betroffenen zusätzlich in Pelze eingenäht, was naturgemäß die ohnehin auftretenden Symptome von Angst und Beklemmung verstärken musste.

Die Syphilis oder »Franzosenkrankheit«

Unter vielerlei Namen trat die Syphilis an der Schwelle zur Neuzeit in Europa als neuartige Krankheit auf. Nach ihren Symptomen bezeichnete man die hoch ansteckende Geschlechtskrankheit als »große« oder »böse Blattern«, ihrer vermeintlichen Herkunft nach in deutschen Landen als *morbus gallicus* oder »Franzosenkrankheit«. In England sprach man von *french pox*, in Holland von *spanske Pocken* und in Polen von der »deutschen Krankheit«.

Die Ausbreitung begann mit den Matrosen des Christoph Kolumbus, die 1493 die Krankheit von den Antillen mitgebracht hatten. Über die spanische Hafenstadt Barcelona breitete sie sich zunächst im mediterranen Bereich aus. Dies führt uns zur Bezeichnung »Franzosenkrankheit« zurück, denn Ende des 15. Jahrhunderts belagerte ein französisches Söldnerheer die Stadt Neapel. Wie so oft in der Geschichte der Seuchen, gedieh die Krankheit im Klima des Krieges. Bevor Karl VIII. von Frankreich das zusammengewürfelte Heer 1495 auflöste, hatte die »Lustseuche« die Reihen der Söldner und Dirnen deutlich gelichtet. Schließlich taten Reisende und Pilger ein Übriges, um in den Herbergen, Wirts- und Frauenhäusern entlang der großen Routen für eine rasche Verbreitung zu sorgen. Verständlicherweise sprach man in Frankreich lieber von der »Neapolitanischen Krankheit«, der drei Jahre nach der Belagerung Neapels auch Karl VIII. erlag. Bereits nach einem Jahr waren die »elenden blateren« nördlich der Alpen aufgetreten, ebenso in der Schweiz und im Elsass, wo man die Stadttore vor den zurückkehrenden Kriegsknechten mit ihrer unheimlichen Krankheit versperrte. Schnell griff die Syphilis auf die damaligen Großstädte und Handelszentren, auf Paris, Köln, Frankfurt am Main und Nürnberg (alle 1496) über. In Leipzig und Krakau berichtete man schon 1495 von den Folgen. Um 1500 sollte die Bevölkerung von Chartres bis Smolensk unfreiwillig Bekanntschaft geschlossen haben. Ebenso hegte Albrecht Dürer 1506 die schlimmsten Befürchtungen während seines Aufenthaltes in Venedig. Dabei war dem Künstler das Erscheinungsbild der Krankheit wohl vertraut, denn von ihm stammt eine der frühesten Illustrationen.

> Saget nur unserm Prior mein willig dienst. Sprecht daz er Gott vür mich pit, daz ich pehüt werd und sunderlich vor den Frantzosen, wan ich weiß nix, daz ich beller fürcht an schir idermann hat sy. Vil leut fressen sy gar hinweg, daz sy also sterben.
>
> *Albrecht Dürer, Venedig 1506*

Amors vergifteter Pfeil

Im Jahr 1496 hatte der Magistrat der Freien Reichsstadt Nürnberg durch den Stadtarzt Ulsenius eine Warnschrift erstellen und mit einem Holzschnitt Dürers versehen lassen. Da man die neuartige Krankheit nur mit dem vergleichen konnte, was man kannte, sprach das Flugblatt von einer »epidemischen Krätze«, die sich ausgebreitet hätte, und deren Folgen anhand einer abschreckenden Darstellung eines mit Pusteln übersäten Landsknechts gezeigt wurden. Wichtig für das medizinische Verständnis der Zeit war eine über dem Landsknecht dargestellte astronomische Konjunktion, in der man die Ursache für die Ausbreitung der Seuche darlegte: ein Schema, wie es uns bereits beim »Pariser Pestgutachten« begegnet ist. Die Folge des unglücklichen Zusammentreffens von Saturn und Jupiter im Jahr 1484 war demnach eine Seuche, die angeblich über den ganzen Erdkreis wütete. In der Tat sollten aber erst die europäischen Entdeckungen die Syphilis zu einem globalen Phänomen werden lassen.

Von einem Chronisten des folgenreichen Italienzuges ist zu erfahren, dass die »schwarze Krätze« die Landsknechte völlig entstellte. Über und über waren sie mit Pusteln und Warzen bedeckt, die unter großem Gestank aufbrachen. Manche hatten den Ausschlag nur an einigen Körperstellen, dafür jedoch härter als Baumrinde. Selbst die Aussätzigen mieden die Betroffenen, deren Krankheit langes Siechtum bedeutete. Zu den Hautausschlägen kamen Knochenschmerzen, sodass mancher in seiner Verzweiflung aus dem Fenster oder in einen tiefen Brunnen sprang. Da die Ärzte die Möglichkeit der Ansteckung durch Geschlechtsverkehr zunächst nicht erkannten, hielt man alles für gefährlich, was mit dem Kranken in Kontakt kam. Weder sollte man ihr Bettzeug noch Ess- und Trinkgeschirr berühren, sie nicht küssen und am besten nicht mit ihnen sprechen, damit ihr übler Atem nicht vergiftete Luft übertragen könne.

Warnung vor den Gefahren der Unzucht. Für die Syphilis machte man allerdings auch unheilvolle Konstellationen der Gestirne verantwortlich

Radikale Kuren

Erfolge bei der Behandlung von Syphiliskranken erzielte man seit 1496 mit einer Quecksilberkur. Außerdem wurde seit 1514 das aus der Neuen Welt exportierte Guajakholz verwandt. Zu den bekannten Opfern der Syphilis zählt der Humanist Ulrich von Hutten (1488–1523). Auch

Albrecht Dürer, Holzschnitt, 1484, zum Syphilisflugblatt des Nürnberger Stadtarztes Theodoricus Alsenius, 1496

DIE GROSSEN SEUCHEN DES MITTELALTERS

HYACVM, ET LVES VENEREA.
Grauata morbo ab hocce membra mollia   Leuabit ista sorpta coctio arboris.

Florierende Geschäfte, aber wenig Linderung versprach die Guajakkur

Guajakkur, Kupferstich, 1689; Privatbesitz

Erasmus von Rotterdam schrak vor ihm zurück und beschrieb ihn als lebenden Leichnam. Letztlich sollte sich von Hutten vergeblich beiden Behandlungsmethoden unterziehen. Seinem Bericht »Über die Gallische Krankheit« ist zu entnehmen, dass man elf Quecksilberkuren an ihm ausführte. Das Erstaunlichste daran ist wohl, dass er die Behandlung überhaupt überlebte. Mit einer quecksilberhaltigen Salbe eingerieben, wurde der Kranke zugedeckt und in einer stark geheizten Stube bis zu 20 Tage lang eingeschlossen. Mancher verlor dabei seine Zähne, musste wegen Atemnot aufgeben, trug Sprachstörungen davon oder starb, wie drei Bauern, die sich mit Ulrich von Hutten der Schmierkur ausgesetzt hatten. Ähnliches wusste auch François Rabelais (1494–1553) von dieser Radikalkur zu berichten, bei der den Kranken der Schaum vor dem Mund stand. Verhängnisvollerweise sah man im vermehrten Speichelfluss den Austritt schädlicher Stoffe und nicht den warnenden Hinweis auf eine Vergiftung.

Beim zweiten Verfahren bereitete man aus den Spänen des Guajakholzes einen Absud, um den Kranken diesen teeartigen Trank einzuflößen. Die Wirkung beruhte weniger auf den Inhaltsstoffen des karibischen Holzes, sondern vielmehr auf dem Einsetzen einer starken Überwärmung, sodass auch hier Substanzen ausgeschwitzt werden sollten. Während von Hutten auf Genesung hoffte und 1519 in einem Traktat »Von der wunderbarlichen Artznei des Guajakholzes« das Heilmittel pries, besaß diese Methode mit Paracelsus (1493–1541) einen vehementen Gegner. Als Befürworter der Quecksilberkur sah er die Gefahren allein in der unsachgemäßen Anwendung metallischer Arzneien, während er die Nützlichkeit der Guajakkur nur für die Vertreiber des Mittels gegeben sah. In Augsburg war dem lobpreisenden Humanisten die kostspielige Kur nämlich durch die Fugger ermöglicht worden. Zusammen mit dem zweiten großen Handelshaus der Stadt, den Welsern, organisierten sie einen regen Handel mit dem wundertätigen Holz. Für 100 Pfund Guajakholz zahlte man um 1525 auf der Frankfurter Messe fünf Gulden, den gleichen Betrag, den ein Knecht im ganzen Jahr verdiente. Das lukrative Geschäft mit dem Guajakholz florierte vor allem in den höheren Kreisen der Gesellschaft. Zu den Käufern zählten Kaiser und Könige, Bischöfe und Päpste. Nicht von ungefähr besaß die Syphilis in Spanien den Beinamen »Hofkrankheit«. Langfristig sollte sich die Quecksilberkur als wirkungsvoller erweisen. Trotz erheblicher Nebenwirkungen blieb sie solange im Gebrauch bis 1905 nicht nur der Erreger der Syphilis entdeckt wurde, sondern Paul Ehrlich, zugleich Begründer der Chemotherapie, erfolgreich ein Arsenpräparat gegen diese Krankheit einsetzen konnte.

Im Franzosenhaus

Wie bei allen anderen ansteckenden Krankheiten reagierte man auch auf die Syphilis mit Ausgrenzung und Isolierung.

Wo man wie in Paris die Betroffenen nicht einfach aus der Stadt jagte und mit drakonischen Strafen an der Rückkehr hinderte, wurden die Kranken in leer stehende Leprahäuser gesteckt. Doch die Kapazitäten reichten nicht aus, die Zahl der Betroffenen stieg, man brauchte zusätzliche Einrichtungen. Je nach Region bezeichnete man sie als »Franzosenhaus« oder »Blatternhaus«, wobei das ebenfalls gebräuchliche »Kurhaus« die wesentliche Maßnahme bezeichnet. Im Gegensatz zur Lepra oder Pest war die Franzosenkrankheit heilbar! Durch die billigere Quecksilberkur konnten auch mittellose Kranke »kuriert« werden, deren Behandlungskosten sich in den städtischen Rechnungsbüchern niederschlugen.

Badehaus und Dame Venus

Frühzeitig hatte man in Nürnberg erkannt, dass im Badewesen ein Grund der Verbreitung lag. Bereits 1496 forderte man die Bader unter Strafe auf, darauf zu achten, dass kein an der Franzosenkrankheit Leidender badete, zur Ader gelassen oder geschröpft würde. Alle Instrumente, die zur Behandlung kranker Personen dienten, sollten aus dem öffentlichen Bad entfernt werden. Während hier vor allem hygienische Gesichtspunkte im Vordergrund standen, finden sich seit 1500 in Gesundheitsratgebern vermehrt Hinweise darauf, sich des außerehelichen Geschlechtsverkehrs zu enthalten. Da das illustre Treiben in den Badehäusern oftmals auch den Umgang mit Prostituierten einschloss, sollte dies den Niedergang der Badestuben weiter beschleunigen.

Den Ruf »Fliehe die Dirnen« wandelte der Arzt Jacques de Bethencourt in den 1520er-Jahren zu der Auffassung um, dass die Seuche nach ihrer Ursache, der »Dame Venus«, als »venerische Krankheit« zu bezeichnen sei. Die Fachwelt prägte den Terminus *lues venera*. Volkstümlich sprach man fortan von der »Lustseuche«. Zu dieser Zeit sollte sich die Einstellung gegenüber dieser Krankheit bereits gewandelt haben. Entgegen früheren Seuchen wie der Lepra nahm man hier nicht mehr an, dass es sich um eine göttliche Prüfung handeln würde, sondern um das Zeichen für einen selbst verschuldeten Makel. Der Schande der Franzosenkrankheit stellte das Zeitalter der Reformation das Ideal der bürgerlichen Ehe gegenüber.

Der mythische Hirte Syphilus

Der oft geübten Praxis, den Ursprung der Geschlechtskrankheit jeweils einem anderen Volk anzudichten, setzte der Arzt Girolamo Fracastoro mit seinem Lehrgedicht »Syphilis oder die Franzosenkrankheit« ein Ende. Im Jahr 1530 kleidete er die Geschichte des mythischen Hirten Syphilus in Verse. Dieser hatte sich gegen den Sonnengott Apollo aufgelehnt und wurde daraufhin mit fürchterlichen Gliederschmerzen und Hautausschlägen bestraft. Detailliert beschreibt Fracastoro den Verlauf der Krankheit, die vom verdorbenen Blut bis zu äußerlich sichtbaren Geschwüren reicht. Rettung naht endlich in Gestalt einer Nymphe, die den gotteslästernden Hirten zu einem heilsamen Guajakbaum führt. Geblieben ist jedoch der Name dieser Krankheit, die seitdem als »Syphilis« bezeichnet wird.

Doch Fracastoro beließ es nicht bei seiner lyrischen Umschreibung. Um die Mitte des 16. Jahrhunderts wurden von ihm in Venedig drei medizinische Bücher publiziert, die sich bahnbrechend mit kontagiösen Krankheiten wie der Pest oder der Syphilis und deren Therapien befassten. Hierin vertrat der Veroneser Arzt die frühe Auffassung einer Übertragung durch spezifische Keime. Ebenso nachhaltig bekannt blieb der Arzt jedoch als Dichter, dem es gelungen war, die prägnanten, aber abwertenden Bezeichnungen der Syphilis durch einen neutralen Begriff ersetzt zu haben.

Die beiden großen Augsburger Handelshäuser, die Fugger und die Welser, betrieben einen regen Handel mit dem besonders in höheren Gesellschaftskreisen gegen die Syphilis verwendeten exotischen Guajakholz

Heilberufe und Fürsorge in der mittelalterlichen Stadt

Der gelehrte Arzt – mit Buch und Harnglas

Eingebunden in die mittelalterliche Ständeordnung, gehörten die Vertreter der Heilberufe unterschiedlichen sozialen Schichten an. Patriziat, zünftiges Handwerk, unehrliche Berufe oder Fahrende stellten feste Kategorien dar, vor denen Arzt, Barbier, Hebamme oder Quacksalber agierten. An der Spitze der Heilberufe stand der akademisch gebildete Arzt. Seine gehobene Stellung drückte sich bereits in seinem Erscheinungsbild aus. Könnten vor uns Ärzte verschiedener Epochen auftreten, so würde uns der weiß gekleidete Vertreter der antiken Heilkunde vertraut erscheinen, während ein Arzt aus der Zeit um 1500 im langen Mantel mit kappenartiger Kopfbedeckung Erstaunen erregen würde. An einer Universität war dieser Arzt in den Lehrgebäuden der Klassiker unterwiesen worden und bezeichnete sich als »Magister« oder »Physikus«, das heißt als jemand, der die Natur erforscht hat. Seine wichtigsten Attribute waren Harnglas und Buch. Die Harnschau wies ihn als versierten Theoretiker, die Schrift als Gelehrten aus. Bis weit in die Neuzeit hinein erkannte man einen akademischen Arzt auf Abbildungen an diesen Symbolen. Erst Ende des 16. Jahrhunderts äußerte man vorsichtige Zweifel an den Möglichkeiten des Harnschauens für die Diagnose. Damit wurde der Arzt auch zur Zielscheibe satirischer Darstellungen. Das Gebetbuch Kaiser Maximilians I. enthält eine Randzeichnung, die einen Arzt mit langer Nase und Brille bei der charakteristischen Harnschau zeigt: ein kleiner Seitenhieb Dürers auf hochnäsige Standesvertreter.

Strikt unterschied sich der Physikus vom handwerklich arbeitenden Chirurgen oder Barbier, der meist im kurzen Rock dargestellt wurde. Hingegen war das Metier des

Arzt und Gehilfe. Als Angehörige gehobener Stände waren Ärzte auch Gegenstand des Spotts

Hans Weiditz, Karikatur; Gotha

Physikus die Medizin als Wissenschaft, die selbstbewusst als etablierte Disziplin neben die Philosophie, Theologie und die Jurisprudenz trat. Im Volksmund bezeichnete man sie abschätzig als »Maulärzte« oder »Buchärzte«, die ihr Wissen nicht in der Praxis, sondern aus Büchern erworben hatten. Dies stand allerdings im Gegensatz zu ihrem Ansehen, das sie in höheren Kreisen der Gesellschaft genossen, wo sie als Mitglieder der gelehrten Welt und als Würdenträger geschätzt wurden. Gerne schickten reiche Bürger ihre Söhne an ausländische Universitäten, da ein Magister- oder Doktortitel dem Image der Familie förderlich war.

Magister oder »Doctor medicinae«

Folgen wir dem angehenden Arzt in die Ferne, so hatte er wie erwähnt, zunächst für zwei Jahre an einer Artistenfakultät die sieben freien Künste zu erlernen. Hierauf folgte die eigentliche medizinische Ausbildung, die nach drei Jahren das Baccalaureat, nach weiteren zweieinhalb Jahren das Lizentiat vorsah. Außerdem waren praktische Erfahrungen nachzuweisen. So musste man für mindestens ein halbes Jahr ein Praktikum bei einem niedergelassenen Arzt absolvieren. Auch nicht studierte Heilkundige ließen sich als Magister anreden, daher strebte man danach, den Titel eines *doctor medicinae* zu erwerben, der nach weiteren drei Jahren verliehen wurde. Als Zeichen seiner Würde erhielt der junge Doktor ein viereckiges Barett, einen Ring und das Buch des Hippokrates. Fortan durfte er im langen Talar einherschreiten. Doch sollte man nicht glauben, dass derartige alte Rituale den Alltag der Universitäten bestimmten, denn die Hörsäle waren nicht vor modischen Erscheinungen wie geschlitzten Hosen oder Schnabelschuhen zu verschließen.

Nach etwa zehn Jahren hatte der junge Doktor der Medizin also eine Position erreicht, die hohes gesellschaftliches Ansehen versprach. Der Doktortitel wurde dem Adel gleichgestellt. Nicht zuletzt lag dies daran, dass die Zahl der promovierten Ärzte klein war. Bevor das Netz der Universitäten im späten Mittelalter dichter wurde, mussten die Scholaren die wenigen medizinischen Fakultäten in Frankreich und Italien aufsuchen. Doch wer an den berühmten Ausbildungsstätten von Bologna, Padua, Montpellier oder Paris studiert hatte, galt als besonders qualifiziert. In Paris waren dies Ende des 12. Jahrhunderts lediglich sechs, Ende des 14. Jahrhunderts etwas mehr als 30 Personen. Soweit sie nicht selbst Professoren wurden, traten diese *doctores* in die Dienste der Mächtigen. Als Leibärzte finden wir sie an den weltlichen und geistlichen Höfen von Königen und Kaisern, Bischöfen und Päpsten. Diese gehobene Stellung verschaffte ihnen bedeutende Privilegien, wie in Paris, wo sich die Leibärzte der franzö-

Links:
Der studierte Arzt Bartholomäus aus Padua

Oben:
Illustration oder Spott? Der Arzt, dargestellt von Albrecht Dürer

Links: Illustration einer Handschrift von 1464 »Matthaei de Bolderiis…«; München, Bayerische Staatsbibliothek

Oben: Albrecht Dürer, Randzeichnung aus dem Gebetbuch Kaiser Maximilians, 1515; München, Hofbibliothek

Oben:
Die Begegnung von Arzt und Patient vollzog sich oft im Kreise der Familie

Rechts:
Der Arzt: ein angesehener Berufsstand

Oben: Holzschnitt aus der »Chirurgiae« von Andrea della Croce, 1573; Bibliothek der Wellcome Collection

Rechts: Holzschnitt aus »Das Ständebuch« von Jost Amann, Frankfurt/M., 1568

sischen Könige überwiegend aus Mitgliedern der dortigen Fakultät zusammensetzten, die das ausschließliche Recht zur medizinischen Praxis besaßen.

Dies war die Garantie für schnellen Reichtum, weshalb der habgierige Arzt eine feste Größe in der Literatur und den Volksdichtungen des Mittelalters werden sollte. Überspitzt meinte ein zeitgenössischer Spruchvers, dass Justinian, der das römische Recht kodifiziert hatte, zwar Ruhm geerntet hätte, Galen als Meister der Medizin verspreche dagegen Reichtum.

Harnschau und Hofgewand

Der fürstliche Leibarzt hatte auf die Gesundheit seines Herrn zu achten und ihn vor Schaden zu bewahren. Täglich war dabei der »Brunnen« zu besehen, womit nicht etwa die Güte öffentlicher Wasseranlagen geprüft wurde, sondern eine Harnschau erfolgte. Als zweite wichtige Maßnahme der zeitgenössischen Früherkennung musste der Leibarzt bei seinem Herrn täglich den Puls fühlen. Bei ungünstigem Resultat wandte der Arzt entsprechend seines akademischen Studiums

Medikamente an, deren Zusammensetzung er selbst in den Apotheken überwachte. Großen Wert legte man naturgemäß darauf, dass der persönliche Arzt jederzeit verfügbar war, weshalb er den Residenzort nur mit besonderer Genehmigung verlassen durfte. Dies war dann nötig, wenn die Dienste eines angesehenen Leibarztes einem anderen adeligen Kranken zuteil werden sollten. In vielen Fällen war der Leibarzt nicht nur für den Fürsten und dessen Familie da – von seinem Geschick konnte der Fortbestand einer Dynastie abhängen –, sondern hatte allen Mitgliedern des Hofstaats mit Rat und Tat zur Seite zu stehen. Der hochgestellte Gesundheitsratgeber lebte am Hof und wurde dort mit seiner Dienerschaft versorgt. Zu seinem wohl dotierten Gehalt kamen ein jährliches Hofge-

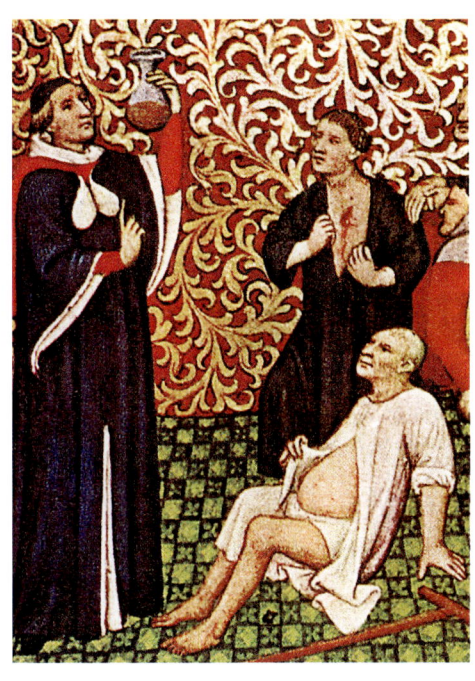

wand, Wein, Getreide und Futter für seine Pferde.

Der Platz des »Hof- und Leibmedicus« war stets an der Seite des Fürsten. So reiste beispielsweise der Sachsenherzog Wilhelm im Jahr 1476 in Begleitung seines Leibarztes zu einem der Modebäder der damaligen Zeit, nach Teinach im Schwarzwald. Gleichermaßen arbeiteten die bedeutenden Chirurgen Guy de Chauliac und Ambroise Paré als Leibärzte dreier Päpste und der französischen Könige. Um die Mitte des 16. Jahrhunderts sollte auch der Begründer der modernen Anatomie, der berühmte Andreas Vesal, seinen Hochschulkatheder verlassen, um als Hofarzt Karls V. in eines der politischen Zentren der damaligen Welt zu wechseln.

Die Harmonie der Säfte bot ein schlüssiges Erklärungsmodell. Fürstliche Leibärzte hatten täglich eine Harnschau vorzunehmen

Mit dem Aufblühen des Städtewesens folgte man nördlich der Alpen dem Beispiel italienischer Kommunen, fest besoldete Ärzte anzustellen. Trotz staatlicher Versuche wie der erwähnten Medizinalordnung Friedrichs II. von 1240 blieb die Regelung des Gesundheitswesens in erster Linie eine Sache der Bürger. Ebenso wie der Rat einer Stadt die Qualität der Nahrungsmittel in Marktordnungen und Zunftbestimmungen regelte, um zu verhindern, dass schlechtes Fleisch oder zu klein gebackene Brote verkauft wurden, nahm man sich auch den Vertretern der Medizin und deren »Waren« an. Nicht nur in den Kaufmannsdielen und Kontoren vertraute man nämlich auf Fachleute, auch die Kunst des Heilens sollte professionell ausgeführt werden. Der erste deutsche Stadtarzt ist 1281 in der mecklenburgischen Hansestadt Wismar belegt. Ab dem 14. Jahrhundert treten bestallte Ärzte auch in den Diensten oberdeutscher Handelsstädte auf. Wenngleich manches Fragezeichen hinter die Ausbildung dieser frühen Stadtärzte zu setzen ist, so stieg mit der Zahl der Universitäten auch der Kreis der studierten Ärzte.

Mit der Anstellung eines »Statt-Leibarztes«, wie er noch im 15. Jahrhundert in Augsburg hieß, folgte die städtische Obrigkeit, also die kleine Gruppe einflussreicher Familien, dem adeligen Beispiel, ständig über einen gebildeten Vertreter der Heilkunde zu verfügen. Er war nicht nur ein Garant für das Allgemeinwohl, sondern förderte auch das Ansehen der Stadt. Wie vormals die Fürsten, schlossen Bürgermeister und Rat mit ihm einen Dienstvertrag, in dessen Eid er sich verpflichtete, sein Wissen zum Nutzen der Bürger anzuwenden und die Stadt nicht ohne ihre Erlaubnis zu verlassen. Eine notwendige Vorsichtsmaßnahme, wenn wir uns an die Reaktion der Ärzte in Pestzeiten erinnern. Arm und Reich sollten von ihm versorgt werden. Maßgebliche

Der Stadtphysikus – in städtischen Diensten

Miniatur aus »De propietatibus rerum« von Bartholomaeus, 15. Jh.; Paris, Bibliothèque Nationale

Gebete und Heilmittel ließen selbst am Sterbebett noch hoffen

Bedeutung erlangte der Stadtphysikus, indem ihm das gesamte Medizinalwesen unterstellt wurde. Er inspizierte die Apotheken, führte die Siechenschau durch, kontrollierte die Geburtshilfe und die Badestuben und hatte ein kritisches Auge auf zweifelhafte Wanderärzte und ihre Wundermittel. Wohl auch im eigenen Interesse, denn neben seiner Anstellung besaß der Stadtarzt meist eine eigene Praxis.

Ein florierender Gesundheitsmarkt

Große Städte boten gute Verdienstmöglichkeiten, sodass im 16. und 17. Jahrhundert in Köln neben dem Leibmedicus des Erzbischofs, dem Stadt- und dem Spitalarzt sowie den Angehörigen der medizinischen Fakultät weitere sechs bis acht Mediziner nachzuweisen sind, dazu 14 Apotheker! Dieser florierende Gesundheitsmarkt lebte nicht nur von einigen wenigen Patriziern, sondern hatte auch in der breiten Mittelschicht der kleinen Händler und Handwerker seine Klientel. Dabei achtete der Rat auf den guten Ruf der Stadt und eine qualifizierte Berufsausübung. In diesem Sinne hatten im spätmittelalterlichen Nürnberg die

Der in den mittelalterlichen Städten florierende Gesundheitsmarkt bot den Angehörigen verschiedenster Heilberufe ein reiches Betätigungsfeld

Oben: Miniatur aus dem »Stundenbuch der Katharina von Kleve«, 15. Jh.; New York, Pierpont Morgan Library

Unten: Jost Amann, Holzschnitt, um 1566; Wolfenbüttel, Herzog-August-Bibliothek

Nicht selten wurden Ferndiagnosen mittels Harnschau gestellt. Ein Henkelkorb mit Uringlas dürfte ein fester Bestandteil des bürgerlichen Haushalts gewesen sein

Ratsherren einem Doktor der Medizin mit wohl gesetzten Worten zu verstehen gegeben, dass er ihnen in seinem Beruf noch zu unerfahren sei. Bedenklich klingt der Vorschlag, sich zunächst in einer kleineren Stadt niederzulassen, um an den dortigen Patienten Erfahrungen zu sammeln. Vielleicht klang den Ratsherren beim Verfassen ihres Ablehnungsschreibens das zeitgenössische Sprichwort im Ohr, dass ein junger Arzt drei Friedhöfe haben sollte.

Arztbesuch und Ferndiagnose

In der fränkischen Metropole war um 1350 die älteste deutsche Ärzteordnung entstanden, die alle Ärzte betraf, egal wie sie sich selbst nannten. Bescheiden sollten ihre Lohnforderungen ausfallen. Ein bezeichnendes Licht auf die Praxis wirft die Ermahnung, nicht selbst überteuerte Rezepturen herzustellen, sondern die in Apotheken hergestellten Arzneimittel zu gebrauchen. Wenig später ist aus Augsburg zu erfahren, dass Hausbesuche und Behandlungen in der Praxis einem unterschiedlichen Abrechnungsschlüssel unterliegen würden. Wurde der Arzt ans Krankenbett gebeten, so verlangte er mit acht Pfennigen das vierfache Honorar. Wurde ein Rezept fällig, so war die horrende Summe von vier Schilling Pfennig zu zahlen. Es verwundert daher nicht, dass sich die Ferndiagnose großer Beliebtheit erfreute. Man könnte sagen, dass ein Henkelkorb mit Uringlas zum festen Bestandteil eines bürgerlichen Haushalts gehörte. Durch einen Boten – nicht selten Kinder, Mägde oder Knechte – ließ man dem Arzt eine Urinprobe zukommen, der nach erfolgter Harnschau zu therapeutischen Maßnahmen riet oder einschlägige Medikamente mit auf den Weg gab. Die städtische und ländliche Kultur der Zeit begegnen sich in den Schwänken und Fastnachtsspielen, in denen das Zusammentreffen des gelehrten Arztes und des Bauern mit Harnprobe zum typischen Motiv werden sollte. Denn wo sachkundige Übermittler fehlten, entbehrte das Verfahren der Harnschau nicht einer un-

Miniatur aus der »Epistel von Othea« von Christine de Pisan, 15. Jh.; Bruxelles, Bibliothèque royale Albert 1er, Ms. 9392, fol. 42

freiwilligen Komik. Stadtärzte wie der Wormser Philipp Begardi betonten daher die Notwendigkeit, vor Beginn einer Behandlung den Patienten selbst gesehen und untersucht zu haben. Aus der Sicht des Patienten besaß diese Uroskopie aus der Ferne jedoch den zusätzlichen Vorteil, mehrere Ärzte befragen zu können, neben einem Wundarzt oder einer weisen Frau vielleicht auch einen verpönten Heiler. Hierzu zählten jüdische Ärzte, die keine Christen behandeln durften, zu denen man aber des Öfteren Harnproben sandte, um von ihrem Fachwissen zu profitieren, das bis in die höchsten Kreise der Gesellschaft geschätzt wurde.

Selbstbewusste Wundärzte

Der Wundarzt oder Chirurg, der sein Metier nicht durch ein Studium erlangt hatte, zählte zu den niederen Heilberufen. Den Handwerkern gleichgestellt, war auch er in einer Zunft organisiert und konnte sich erst nach fünf- bis sechsjähriger Lehre und bestandener Meisterprüfung in einer Stadt niederlassen. Häufig bildeten die Wundärzte zusammen mit Barbierern eine gemeinsame Zunft, der geschworene Meister vorstanden. Wo nicht genügend akademische Ärzte vorhanden waren, versahen auch bestallte Wundärzte den Dienst eines Stadtarztes. Im Übrigen aber führten sie nach Anweisung des studierten Arztes die operative Heilkunde aus.

Es war ein Chirurg, der an der Universität als Demonstrator oder Prosektor bei Anatomievorlesungen Hand anlegte und Leichen sezierte, während der Professor den Vorgang gemäß den medizinischen Lehrbüchern kommentierte. Die fachliche Konkurrenz zwischen Theorie und Praxis blieb nicht aus, sodass an den frühen Universitätsorten Italiens und Frankreichs auch wichtige Chirurgieschulen entstanden. Ende des 12. Jahrhunderts hielt der Chirurg Roger Frugardi Vorlesungen in Parma und hinterließ Lehrbücher, die in mehrere Volkssprachen übersetzt wurden. Besonderen Wert legte er auf die Behandlung von Kopf- und Bauchverletzungen und das Problem der Blutstillung. Mit

Die Sektionen dienten dem Beleg tradierten Wissens, nicht der Erforschung des menschlichen Körpers

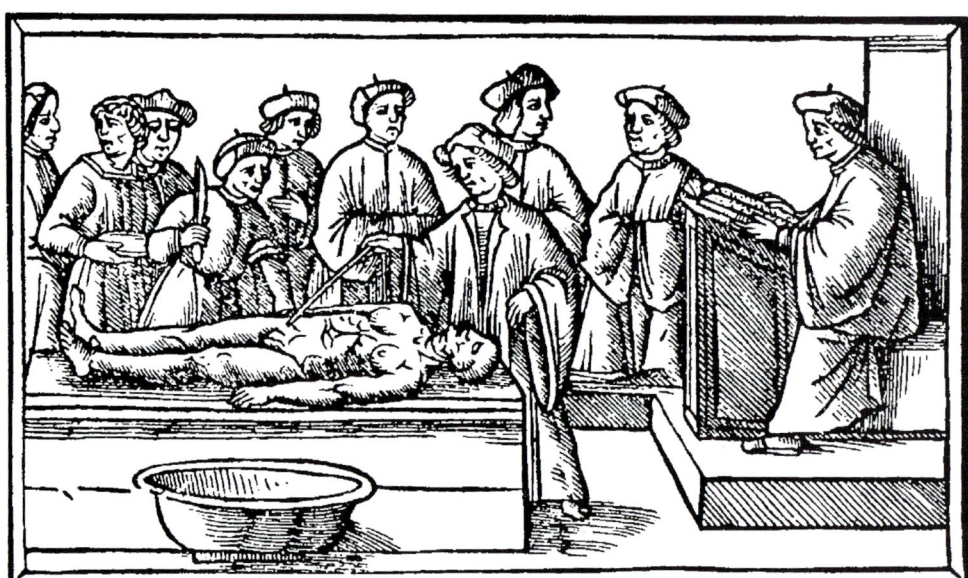

Holzschnitt, 1523

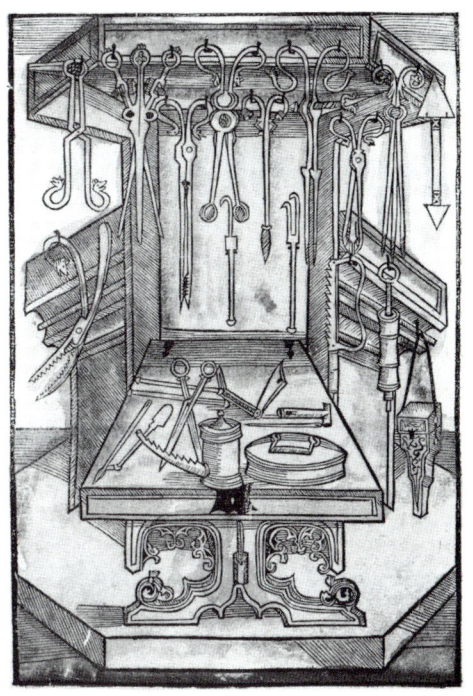 

Links:
Ein Blick in einen Instrumentenschrank aus der Zeit des Paracelsus

Rechts:
Der Verkaufstisch eines Nürnberger Wundarztes, der gerade eine Salbe verstreicht

Lanfranc von Mailand hielt Ende des 13. Jahrhunderts die lombardische Chirurgie in Paris Einzug, wo das Collège de St. Côme neben der medizinischen Fakultät bestand. Der Unterricht folgte scholastischen Methoden und selbstbewusst traten die Lehrer der Kosmas-und-Damian-Bruderschaft wie Henri de Mondeville in langen Roben auf und führten den Magistertitel. Um die Mitte des 14. Jahrhunderts bezeichnete man sich als *faculté*. Der Erfolg gab ihnen Recht, denn die Absolventen der berühmten Chirurgieschulen konnten hohes gesellschaftliches Ansehen erlangen.

Pflaster, Brenneisen und Buße

Durch ihre »Handarbeit« wurden die Wundärzte zum eigentlichen Behandlungspersonal breiter Bevölkerungsschichten, die im Alltagsgeschäft mit Pflastern, Salben, Pulvern und Ölen Wunden versorgten, Verrenkungen einrichteten oder Knochenbrüche schienten. Der im arabischen Kulturkreis bereits bekannte Gipsverband war im späten Mittelalter noch nicht nach Europa vorgedrungen. Auch die an einigen Chirurgieschulen gelehrten antiseptischen Alkoholverbände konnten in der Praxis lange Zeit den »lobenswerten« Eiter nicht verdrängen. Vor schwierigen Operationen narkotisierte man den Patienten mit einem Schlafschwamm, bevor man daran ging, Amputationen vorzunehmen, wie sie im Zuge von Infektionskrankheiten, etwa dem geschilderten Antoniusfeuer, unvermeidlich waren. Bleiben wir bei den Seuchen, so erlangten die Wundärzte Erfahrung im Öffnen von Pestbeulen und anderweitigen Geschwüren, gegen die man mit Messer und Brenneisen vorging. Spezialisten waren gefragt, wenn es darum ging, mit einem »Steinschnitt« einen Blasenstein zu entfernen oder Leistenbrüche zu behandeln. Eigene Augenärzte verstanden sich darauf, beim »Starstich« die Linse nach hinten zu drücken, doch agierten hier oftmals fahrende Heiler in Konkurrenz zu den niedergelassenen Wundärzten.

Auch der Glaube wirkte bei der Behandlung mit, denn vor einem Eingriff

Links: Kolorierter Holzschnitt aus dem »Buch der Chirurgie« von H. Brunschwig, 1497

Rechts: Aus dem »Hausbuch der Mendelschen Zwölfbruderstiftung«, 1636; Nürnberg, Stadtbibliothek, M. I/59ʳ, Amb. 317.2°

Glaube und medizinisches Können waren bei einer Schädeloperation gleichermaßen gefragt, bargen derartige Eingriffe doch vielerlei Risiken

hatte der Arzt den Patienten auf die Notwendigkeit der Beichte hinzuweisen. Tat er dies nicht, so drohte ihm der Ausschluss aus der Kirche, denn nur wer ohne Schuld war, konnte von Gott geheilt werden. Ein gemeinsames Gebet vor der Operation sollte ein Übriges tun, um die Gefahr des chirurgischen Eingriffs zu mildern.

Zu den breit gefächerten Aufgaben der Wundärzte gehörte es, bei Gerichtsverfahren tätig zu werden. Sie waren für die Wundschau zuständig, um den Grad der Verletzung zu bestimmen. Makaber muten hierbei Instrumente an, mit denen man die Tiefe einer Wunde bestimmen konnte. Ungeklärte Todesfälle und die Angst vor Seuchen ließen auch die Geistlichkeit Leichensektionen zustimmen. Im frühen 14. Jahrhundert ging man in Bologna und Florenz auf diese Art dem Verdacht möglicher Giftmorde nach und zur Zeit des schwarzen Todes öffnete der Leibchirurg des Papstes, Guy de Chauliac, in Montpellier eine Pestleiche auf ausdrückliche Anordnung seines Herrn.

Chirurgen des Krieges

Völlig neue Erfahrungen in der Behandlung von Kriegsverletzungen machten die Wundärzte seit dem 14. Jahrhundert mit dem Aufkommen von Kanonen und Handfeuerwaffen. Als Feldscherer waren sie ein fester Bestandteil jedes Heerlagers. Auch die freie Reichsstadt Nürnberg sah

Zuverlässig oder grausam? Ein Feldarzt beim Ausbrennen einer Wunde mit dem Brenneisen

Oben: Jan Sanders van Hemessen (ca. 1500–1575), Gemälde »Der Chirurg«; Madrid, Prado

Unten: Holzschnitt aus dem »Feldtbuch der Wundartzney« von H. v. Gersdorff, Straßburg, 1517

Versierte Feldscherer gehörten zum festen Bestandteil der Söldnerheere. Zu verschiedensten Verwundungen durch Hieb- und Stichwaffen kamen die Wirkungen der Feuerwaffen sowie des Schießpulvers hinzu

Kolorierter Holzschnitt aus dem »Feldtbuch der Wundartzney« von H. v. Gersdorff, Straßburg, 1517

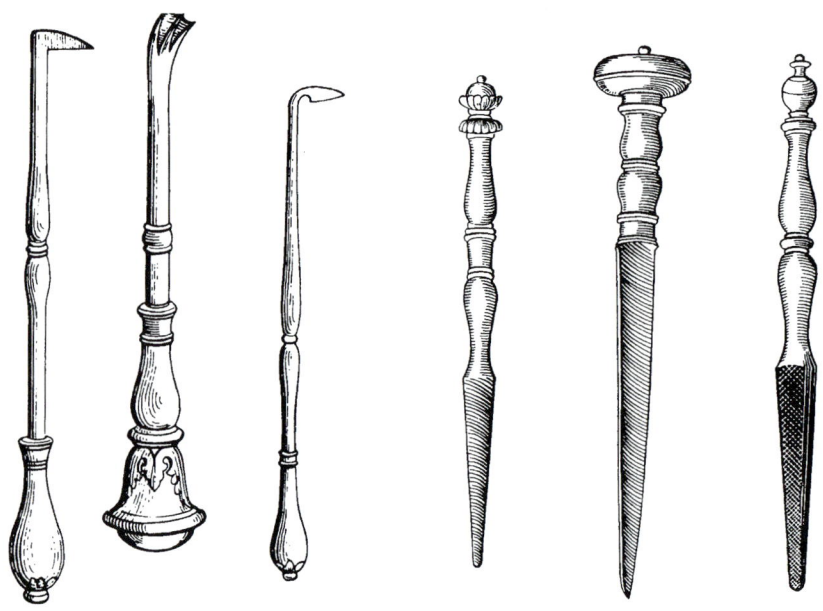

Das tägliche Handwerkszeug eines neuzeitlichen Chirurgen.

Zum Aufgabenfeld der Wundärzte gehörte auch die Tätigkeit bei Gerichtsverfahren. Spezielle Instrumente verwendete man zum Beispiel, um die Tiefe von Wunden festzustellen

Zeichnungen aus den »Dix livres de la chirurgie« von Ambroise Paré

gische Fachliteratur. Berühmt waren hierfür das »Buch der Chirurgia« des Straßburgers Hieronymus Brunschwig von 1497 und das »Feldtbuch der Wundartnei« des Hans von Gersdorff aus dem Jahre 1536.

Zu den bekannten Verwundungen kamen nun die Wirkungen der Feuerwaffen sowie des Schießpulvers hinzu. Da man Letzteres für giftig hielt, wurden die Schusskanäle mit kochendem Öl ausgebrannt. Zu den ersten Praktikern, die diese schmerzhafte Methode nicht mehr anwandten, gehörte der bedeutendste Chirurg der Renaissance, Ambroise Paré, der von 1510 bis 1590 lebte. Selbst Sohn eines »Barbierchirurgen«, nahm er als Feldscherer an zahlreichen Feldzügen teil. Rückblickend schilderte er aus dem Blickwinkel des Arztes die Schrecken des Krieges. Durch Zufall, da ihm das Öl ausgegangen war, hatte er als wenig erfahrener Wundarzt Schusswunden lediglich mit Eigelb, Rosenöl und Terpentin gereinigt und damit gute Resultate erzielt. Dazu wandte er kühlende Umschläge an. Mit der Wiederentdeckung der Gefäßligatur trat das Abbinden an die Stelle des Glüheisens. Zeittypisch hob er hervor, dass er auf diese Art, und nicht aus Büchern, den Umgang mit Wunden erlernt habe.

Vielseitige Barbiere

Nur scheinbar lassen sich Bader und Barbier in einem Atemzug nennen, denn obwohl die Barbierer zu den weniger angesehenen Handwerken gehörten, tendierten die Bader, die mancherorts auch Leichenwäscher waren, sogar zu den unehrlichen Berufen. In der Gedankenwelt des Mittelalters klaffte hier ein tiefer sozialer Gegensatz. Von der städtischen Obrigkeit wurden die Barbierer oder Bartscherer oftmals mit den Wundärzten in einer Zunft vereinigt. In Paris übten im späten Mittelalter mehr als 150 Barbiere ihre Tätigkeit aus, während man in Ham-

sich vor ihrer Auseinandersetzung mit dem Markgrafen Albrecht von Brandenburg veranlasst, zwei dieser Chirurgen des Krieges unter Vertrag zu nehmen. Verwundete Bürger oder Fußknechte waren zu verbinden und bis zu ihrer Genesung mit Wein und Kost zu versorgen. Viele Arten von Verwundungen durch Hieb- und Stichwaffen waren den Feldscherern schon seit längerem bekannt. Die bildliche Darstellung verschiedener Verwundungsmöglichkeiten hielt in Form so genannter »Wundenmänner« Eingang in die chirur-

burg ihre Zahl auf etwa 15 Personen beschränkte. Die Ausbildung zum Barbier umfasste eine vierjährige Lehrzeit, bevor der neue Meister nach abgelegter Prüfung mit einem aufgehängten Becken vor seiner Tür seine Dienste anzeigen durfte. Als Zeichen der Friseure überlebte es an traditionsbewussten Geschäften bis in unsere Tage. Neben der Haarpflege – angesichts der verbreiteten Kleinlebewesen ein nicht unerheblicher Beitrag zur Körperhygiene – bestand die Haupttätigkeiten der Barbiere im Aderlass. Nachdem mit einer Binde das Blut gestaut war, ritzte man die Vene mit einem »Schnepper«, einem kleinen Messerchen, und ließ das Blut in ein Becken ab. Des Weiteren verabreichten die Barbiere Brechmittel und Klistiere, zogen schon mal einen Zahn, versorgten Wunden mit Salben und Verbänden und wagten sich sogar an innere Eingriffe. Dies macht eine Abgrenzung zu den Chirurgen fast unmöglich. Die Nähe dieser Tätigkeiten drückt sich in der Bezeichnung »Barbierchirurg« sowie dem Begriff »Schermesser« für das Skalpell aus.

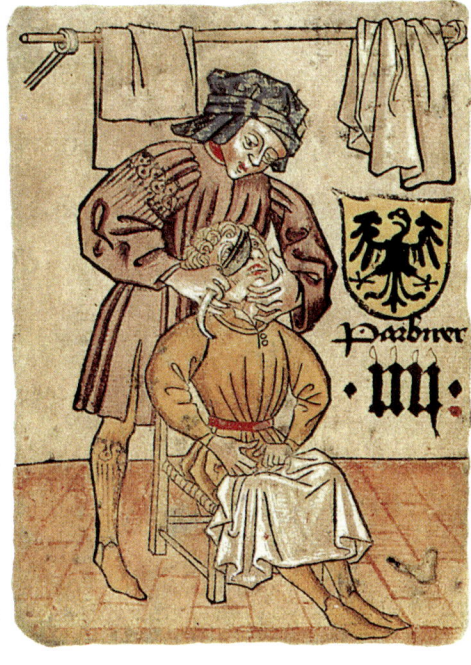

Mit sicherer Hand – der Barbier. Außer der Haarpflege bestand eine weitere Haupttätigkeit der Barbiere im Aderlass

Ein regelmäßiges Bad zählte für die Gesellschaft des Mittelalters zu den gewohnten Vergnügungen. Reiche Bürgerhäuser, Klöster oder große Spitäler verfügten über eigene Bäder, ja sogar auf abgelegenen Burgen war eine Badestube weit verbreitet. In der Regel sollten Männer und Frauen getrennt baden. Strikt war den Juden die Benutzung der städtischen Badestuben untersagt. Ihre daraus folgende eigene Badekultur wurde misstrauisch beäugt. Der Besuch eines Bades war Bestandteil der Entlohnung von Handwerksgesellen. Über fromme Stiftungen, so genannte Seelbäder, konnten auch die städtischen Armen in diesen Genuss kommen. Dabei dachten die frommen Stifter nicht nur an den hygienischen Aspekt, sondern legten zu diesem Anlass die Versorgung mit Speis' und Trank fest. Generell war der Badebesuch immer auch ein gesellschaftliches Ereignis.

Das Gewerbe des Baders, das Männer wie auch Frauen ausüben konnten, war kein Lehrberuf. Häufig wechselte hier das Personal und viele Badestuben besaßen den zweifelhaften Ruf eines Bordells. In vielen Städten waren die Bader nicht in Zünften, sondern nur in religiösen Bruderschaften organisiert. Bei kirchlichen Prozessionen gingen die Bader vielfach an letzter Stelle. Anders war die Situation auf dem Land, wo der Bader bis weit in die Neuzeit hinein zu den wenigen heilkundigen Personen zählte, dem man hohes Ansehen entgegenbrachte. Nur in absoluten Notfällen sollte es 1539 in Freiburg im Breisgau den Badern wie den Scherern erlaubt sein, nachts Wunden zu verbinden.

Heilkundige Bader

Hofämterspiel, Böhmen-Vier: Barbier, Südwestdeutschland, um 1450; Wien, Kunsthistorisches Museum

ocet cor; vlumidis; q facit i eis putredinē. Remo nocti mundificando cor. Geiat

Blandum eciā luxuria
malum q̄ accusare
aliquo facilius est
qua vitari operī m̄o ī serū̄t. Non
quidem ut nulli honorem rapiat
sed ut seipsum recognoscent ad
penitencia impelli possit. Iungat
illi libidi gñi eo hysdem vitiorum
p̄ncipijs oritur negz a reprehēde

aut ab emendatione sep̄rent. geo
mentis errore coneye. **translateur**
En ceste partie valerius commence
son vi.e liure qui est des dis z des
fais dignes de memoire de la cite
de romme z des estrangiers. ouql
apres ce que valerius es viij liures
precedēt a determiné des vertus z
operations vertueuses. en ce vi.e

Seite 118:
Illustrer Zeitvertreib in einem öffentlichen Badehaus. Wannen-, Schwitz- und Dampfbäder mit Zusätzen aus Schwefel, Kochsalz oder Kräutern dienten therapeutischen Zwecken. Aber auch für Unterhaltungen aller Art und das leibliche Wohl wurde gesorgt

Links:
Der Aufbau eines Badehauses, in dem sich Komfort und Hygiene verbanden. Im Vordergrund ist der Heizkessel für die Zubereitung des warmen Wassers abgebildet

Im Badehaus

Die niedrige soziale Stellung der Betreiber tat der Beliebtheit der städtischen Badehäuser keinen Abbruch. Im spätmittelalterlichen Wien bestanden allein 29 Badehäuser, geringfügig weniger waren es in Paris. Wie sah nun der Betrieb eines derartigen Badehauses aus? Naturgemäß finden wir hier den Bader am Werk, der in vielfältiger Form für die äußere, aber auch die innere Reinigung der Badenden sorgte. Dem Wohlbefinden der Kunden dienten Wannen-, Schwitz- und Dampfbäder. Im Sinne der Säftelehre setzte man temperierte Bäder ein. So sollte beispielsweise ein warmes Wannenbad gegen kalte Materie im Körper wirken. Zusätze wie Schwefel, Kochsalz oder Kräuter dienten therapeutischen Zwecken. Während sich die Armen selbst abwuschen, wurde man gegen Bezahlung einiger Pfennige mehr vom Bader und einem Heer von Bademägden und -knechten mit warmem Wasser und Seife gereinigt. Scherer oder

Seite 118: Miniatur aus »De dictis et factis Romanorum« von Valerius Maximus, um 1470; Berlin, Staatsbibliothek Preußischer Kulturbesitz, Depot Breslau 2, Ms. Rehd. 2, fol. 244

Oben: Miniatur aus »Bellifortis« von Konrad Keyser, Böhmen, nach 1400; Göttingen, Niedersächsische Staats- und Universitätsbibliothek, cod. ms. philos 63 cim, fol. 113^v/114^r

Oben:
Ein Bader mit Badewedel und gläsernen Schröpfköpfen an verschiedenen Körperstellen

Unten:
Ein reger Badebetrieb herrschte im beliebten Kur- und Heilbad Plombières zur Zeit Montaignes

Seite 121:
Verführerische Bademägde mit zumeist leichter Kleidung und Moral trugen sicher zur Anziehungskraft der Badehäuser bei

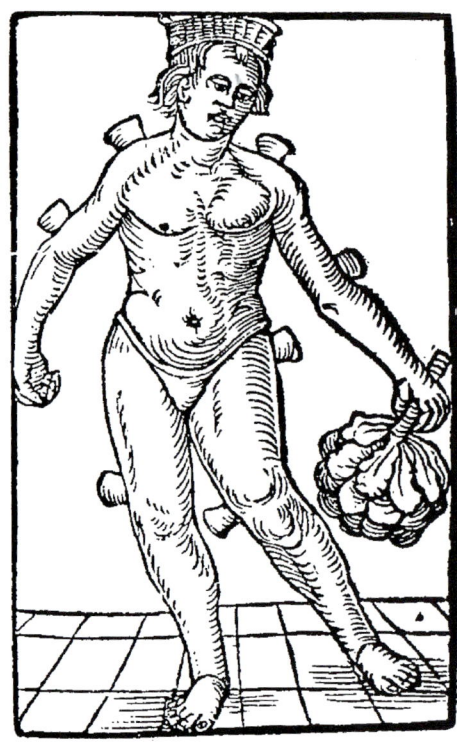

Schaber rasierten und schnitten die Haare, Schröpfer setzten zur Reinigung des Blutes Schröpfköpfe und Sauger an. Als Faustregel für eine sinnvolle Prophylaxe galt die Anwendung einmal im Jahr. Man versuchte das Schröpfen auch als Mittel gegen die Seuchen einzusetzen. Zu den weiteren Maßnahmen der Körperhygiene gehörte die von einem Reiber ausgeführte Massage. Ein Gießer oder Haller begoss die Badenden mit Wasser oder füllte die Wannen. Da die Bader zudem Zähne zogen, blieben Streitereien mit anderen Heilberufen nicht aus.

Die Anziehungskraft der Badeanstalten lag aber auch in der leichten Bekleidung und Moral der hier tätigen Bademägde, wobei Spiel und Tanz ebenso zum Badebesuch gehörten wie sexuelle Kontakte. Vielfach galten die Bader deshalb als Kuppler und Bordellwirte, ein Vorwurf, der sicherlich nicht aus der Luft gegriffen war. Aus Furcht vor ansteckenden Krankheiten wie der Syphilis sollten mit der Wende zur Neuzeit viele Badestuben ge-

schlossen werden. Außerdem passte deren Treiben nicht zu den strengeren Moralauffassungen der Reformationszeit.

Beliebte Naturbäder

Regen Zulaufs erfreuten sich allerdings weiterhin natürliche Mineralbäder, die in abgelegenen Regionen von Quellen gespeist wurden und oftmals nur in den Sommermonaten in Betrieb waren. Ärzte wie der Chirurg und Meistersinger Hans Folz oder der Naturarzt Paracelsus priesen diese Form der Heilbehandlung. Im »Bäderbüchlein« aus der Zeit um 1500 mahnte Folz zum vorherigen Gespräch mit einem Arzt, um gesundheitlichen Risiken vorzubeugen, und auch Paracelsus betonte in der Schrift »Von den natürlichen Bädern« die sachkundige Anwendung arzneihaltiger Wässer, in denen die Wirkstoffe der Natur enthalten seien. Zu den berühmten Zeitgenossen, die eine Badefahrt unternahmen, gehörte 1580/81 der französische Schriftsteller und Philosoph Michel de Montaigne. Erfreut hielt er in seinem Tagebuch die Zeit im Bad Plombières in den Vogesen fest, in dem er

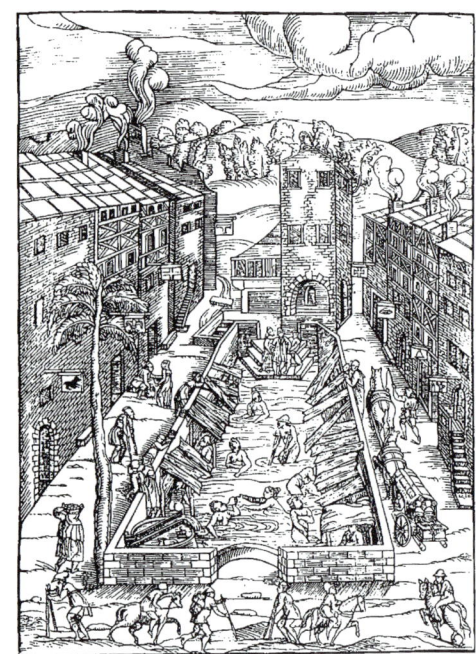

Oben: Holzschnitt, Basel, 1555

Unten: Holzschnitt aus »De Balneis« von Conradus Gesnerus, Venedig, 1553

Seite 121: Bordürenmedaillon der Wenzelsbibel, Ende 14. Jh.; Wien, Österreichische Nationalbibliothek, Cod. 2759, fol. 160[r]

et co2b; uhumidis. q2 facit i eis putredine. Remo noci mundificando co2. Genitu

Heilberufe und Fürsorge in der mittelalterlichen Stadt 121

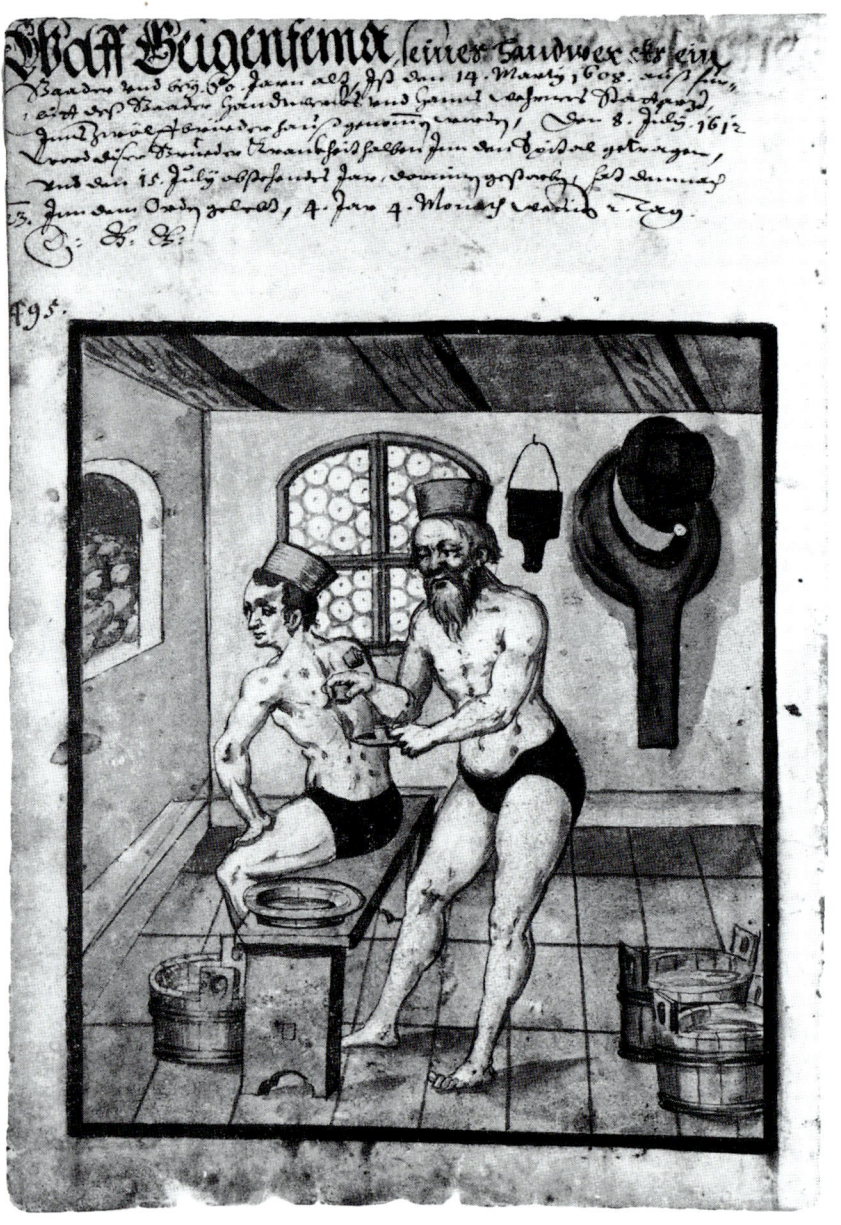

sich einer Trinkkur unterzogen hatte, die zum Abgang mehrerer Harnsteine führte. Drastische Worte fand hingegen Paracelsus, der einige Jahre zuvor festgestellt hatte, dass ein dortiges Warmbad einem gärenden Misthaufen entspreche und man den Ausschlag ohne jeden Nutzen bade. Positive Reaktionen zeigten sich den Zeitgenossen nämlich durch einen heftigen Badeausschlag an, der die schädlichen Stoffe ans Licht beziehungsweise auf die Haut beförderte. Dies sollte möglichst rasch geschehen, sodass man tagelang im Bad zubrachte und sich dort die Zeit vertrieb. Oft saßen die Kranken schon kurz nach Mitternacht im Wasser. Als emsiger Kurbetrieb erscheint das Bad Plombières auf einem Holzschnitt aus der Mitte des 16. Jahrhunderts, auf dem sich eine Vielzahl von Schenken und Herbergen um ein großes Bassin drängen.

> Manche nehmen ihre Mahlzeit während des Badens selbst ein, lassen sich schröpfen und auch allemal purgieren, bevor sie hineinsteigen. […] Wir sahen Leute, die von den Geschwüren, und andere, die von über den ganzen Körper zerstreuten Hitzepocken geheilt worden waren. Es ist die Regel, dass man mindestens einen Monat dort bleibt.
>
> *Montaigne über Plombières, 1580*

Der Apotheker – mit Mörser und Salbenbüchse

Ein Sammelsurium von exotischen Gewürzen und Arzneimitteln, heimischen Kräutern, Salben, Pillen und Pulvern bis hin zu Duftwässern und Süßigkeiten hielten die Apotheken bereit. Entsprechend ihrem Sortiment ordnete man sie im Mittelalter in Speyer und Mainz der Krämerzunft, in Basel der angesehenen Safranzunft zu. Die Verkaufsstelle nannte der Volksmund »creme« oder »schrage«. Erst allmählich wurde im deutschen Sprachraum die lateinische Bezeichnung *apoteca* üblich, während im romanischen und englischen Sprachraum der Begriff *pharmacia* vorherrschte. Der Absatz der Medikamente folgte den allgemeinen Handelsströmen, sodass bis um 1300 an Umschlagplätzen wie Köln, Hamburg, Magdeburg, Würzburg, Basel oder Wien Apotheken entstanden waren. Ein sozialer Aufstieg blieb den nicht studierten Heilkundigen jedoch vielerorts verwehrt. Eine Ausnahme stellten gegen Ende des Mittelalters die Apotheker Venedigs dar, die sich mit Adeligen verheiraten konnten.

Der angehende Apotheker absolvierte eine drei- bis vierjährige Lehrzeit und musste als Meisterstück eine komplizierte Arzneimischung zubereiten. Seit der Medizinalordnung der Staufer stand das Apothekenwesen unter obrigkeitlicher Kontrolle. Ein Prinzip, dem auch die Städte nördlich der Alpen folgten, als sie den *apotecarius* der Aufsicht des Stadtarztes unterstellten. Eine kurzfristige Ausnahme ist lediglich in den Zeiten der großen Seuchen zu verzeichnen, als die Kommunen dazu übergingen, Stadtapotheker anzustellen, doch sollte diese Entwicklung in der frühen Neuzeit wieder abklingen.

Regelmäßig hatte der Stadtarzt die Apotheke zu inspizieren, um die Qualität der Kräuter und Drogen zu überprüfen, aus denen der Apotheker nach seinen Anweisungen Medikamente herstellte. Vor allem alte, in ihrer Wirkung verminderte Bestände der *materia medica* galt es auszusortieren. Was lag dabei näher, als die Arztpraxis gleich in den Räumen des Apothekers zu unterhalten? Doch zum Schutz der Patienten ordnete man an, dass Arzt und Apotheker nicht gemeinsame Sache machen sollten, indem sie etwa das Honorar teilten. Neben dem Verbot derartiger Interessengemeinschaften legten die ältesten Apothekerordnungen wie die von Basel und Nürnberg oder die für Böhmen zur Zeit Karls IV. fest, dass die Arzneibereitung oder Rezeptur nur auf ärztliche Anweisung oder aus einem Arzneibuch zu erfolgen habe. Auch in der Festlegung des Verkaufspreises war der Apotheker nicht frei. An Arme sollte er Arzneimittel billiger abgeben. Auf die Herstellung und Vorratshaltung von Medikamenten deuten zudem die typischen Attribute des Berufsstandes, der Mörser und die Salbenbüchse hin, die auch bei den Schutzpatronen Kosmas und Damian erscheinen.

Lukrativer Monopolbetrieb

Wie der Klosterapotheker zog auch sein städtischer Kollege Heilkräuter im eigenen Garten. Zudem sollte er mit Bedacht Drogen von Händlern kaufen, um eine ständige Versorgung der städtischen Bevölkerung zu garantieren, denn oftmals sicherte das Apothekerprivileg den alleinigen Medikamentenverkauf in einer Stadt. War es an ein Grundstück gebunden, ver-

Seite 122:
Bader setzten Schröpfköpfe als heilvolle Prophylaxe

Oben:
Waage und Mörser gehörten zum Handwerkszeug des Apothekers. Im Hintergrund befinden sich verschiedenste Arzneigefäße

Seite 122: Aus dem »Hausbuch der Mendelschen Zwölfbruderstiftung«, 1612; Nürnberg, Stadtbibliothek, M. II/80ᵛ, Amb. 317ᵇ.2°

Oben: Kolorierte Federzeichnung, Elsass, Hagenau (Werkstatt des Diebold Lauber), 1438; Salzburg, Universitätsbibliothek

Mörser und Gewichtssatz einer Apotheke aus dem 15. und 16. Jahrhundert

Zu den Pflichten des Stadtphysikus gehörte die regelmäßige Inspektion der Apotheken

Oben: Messingguss, 15./16. Jh.; Nürnberg, Germanisches Nationalmuseum

Unten: Holzschnitt aus dem »Destillierbuch« von H. Brunschwig, Straßburg 1505

Ein Nürnberger Apothekergehilfe aus der Zeit des frühen 17. Jahrhunderts, der mithilfe eines Mörsers ein Heilmittel zubereitet

Aus dem »Hausbuch der Landauer Brüderstiftung«, 1614; Nürnberg, Stadtbibliothek, L. I/86ʳ, Amb. 279.2°

HEILBERUFE UND FÜRSORGE IN DER MITTELALTERLICHEN STADT

erbte sich der lukrative Beruf oft vom Vater auf den Sohn. Mitunter sind ganze Dynastien nachzuweisen. Des ältesten deutschen Apothekerprivilegs kann sich die uckermärkische Stadt Prenzlau rühmen, wo 1303 die Brandenburger Markgrafen neben der Vererbbarkeit auch ein Monopol im Umkreis von zehn Meilen zusicherten. Dem Mittelalter entstammt auch das Prinzip der Nachtapotheke, da man es für selbstverständlich hielt, dass der Apotheker Tag und Nacht zur Verfügung stand. Mörser und Standgefäße charakterisierten die Offizin. Arzneimittel wurden im daran anschließenden Laboratorium hergestellt. Von Umsicht zeugen Hinweise, sorgfältig mit Giften und Betäubungsmitteln umzugehen, sowie die Ermahnung, nicht zum Schaden der Kranken zu handeln. Eine weise Rückversicherung gegenüber der möglicherweise unbedacht geäußerten Rezeptur eines Arztes.

»eine Hand voll«

Während Preis und Qualität geregelt waren, bot gerade die Zubereitung der Arzneien gewisse Ermessensspielräume. Häufig galten das Augenmaß oder einfache Einteilungen wie etwa »was man mit drei Fingern fassen kann« oder »eine Hand voll«. Natürlich war es nicht sinnvoll, die Genesung des Kranken von den Körpermaßen des Apothekers abhängig zu machen. Ebenso wie beim Verkauf von Edelmetallen war man auch in der Pharmazie bei teuren und stark wirkenden Arzneimitteln um exakte Maße und Gewichte bemüht. Auf antiken Vorbildern basierte schließlich das »Nürnberger Apothekergewicht« von 1555, das mit seinen Maßeinheiten von Pfund, Unze und Gran jahrhundertelang Gültigkeit besaß, bevor es in der zweiten Hälfte des 19. Jahrhunderts vom Dezimalsystem abgelöst wurde.

Von Quacksalbern, Scharlatanen und Zahnbrechern

Der Wunsch nach schneller Heilung und die Bereitschaft, eine Wundermedizin zu erstehen, stellt ein menschliches Bedürfnis dar, das nicht an Jahrhunderte und Epochen gebunden ist. Für die Zeit um 1500 widersprachen diese Sehnsüchte jedoch dem Bestreben der Obrigkeiten, das Gesundheitswesen straffer zu organisieren und die Ausbildung der Ärzte und generell der Heilberufe zu professionalisieren. Diese Bestrebungen kollidierten zwangsläufig mit einer Kunst des Heilens, deren Schauplätze Messen und Jahrmärkte waren. Naivität und Wundergläubigkeit eines faszinierten Publikums trafen hier auf Scharlatanerie und Unterhaltung durch so genannte Kurpfuscher und Quacksalber. Ihr Kapital war das Entertainment: Vom italienischen Wort für »schwatzen« leiteten sich die Scharlatane, vom niederdeutschen »quaken« die Quacksalber ab. Diese Wunderärzte zogen von Ort zu Ort, inszenierten spektakuläre Heilungen und priesen zweifelhafte Mixturen an. Als prominentester Vertreter hat »Doktor Eisenbart«, der die Leute auf seine Art kurierte, Einzug in Dichtung und Volkslied gehalten. Als ausgebildeter Augenarzt dürfte er um 1700 nicht zu Unrecht gleichermaßen auf Jahrmärkten und an Fürstenhöfen gerühmt worden sein. Seine Vorgänger, unter denen sich ebenso erfahrene Heiler wie zwielichtige Existenzen befanden, waren zahlreich. Der Mangel an ausgebildeten Ärzten sicherte ihr Geschäft. Mitunter schlossen sie aber auch eine Lücke, die von den übrigen Vertretern der Heilkunde bewusst offen gelassen wurde. Gerne überließ man das Risiko einer gefährlichen Operation reisenden Bruch-, Stein- oder Starschneidern.

Auch die hoch bezahlte Kunst heutiger Dentisten fiel bis weit in die Neuzeit hinein in den Tätigkeitsbereich umherziehender Zahnbrecher, die ihre Kunden öffentlichkeitswirksam von ihren Schmerzen befreiten. Die narkotische Wirkung des Bilsenkrautes nutzte man bei der Entfernung von Zahnwürmern, die übrigens auch die akademische Medizin kannte. Mit einem Trichter leitete man den schmerzlindernden Rauch an den kranken Zahn und holte dann mit dem weißen Kern des Bilsensamens den vermeintlichen Schädling auf spektakuläre Weise hervor. Das Staunen der Menge war gewiss. Drastische Worte fand wiederum Geiler von Kaysersberg für diese Art Heilkünstler, da mancher, der zu ihnen gelaufen sei, lahm oder blind geendet hätte und seitdem »dem alten hauffen« angehören würde.

Einhorn, Brillen und Schlangenfleisch

Ein weites Feld stellte der Handel mit Drogen und Heilmitteln dar. Noch Ende des 16. Jahrhunderts wandte sich Ambroise Paré heftig gegen die Verwendung von Mumien und Einhörnern in der so genannten Dreckapotheke. Ebenso hatte Luther gegen sein Harnleiden auf Anraten seiner Frau mit Pferdemist experimentiert. Zu den angesehenen Heilmitteln zählte der Theriak, eine kuriose Mischung, die Opium und getrocknetes Vipernfleisch enthielt. Bis in das 18. Jahrhundert hinein kam der beste Theriak aus Venedig. Nördlich der Alpen stellte Nürnberg ein wichtiges Produktionszentrum dar. Die italienischen Händler nannte man *trochisci de viperis* oder Drogisten. Wie bei allen begehrten Drogen setzte auch hier ein schwunghafter Handel mit gefälschten Präparaten ein, weshalb die Stadtärzte regelmäßige Kontrollen des gefragten Allheilmittels durchführten, das man auch bei ersten Anzeichen der Pest einnahm.

Zu den begehrten Handelsgütern gehörten ferner Brillen. Eifersüchtig hütete die Stadt Venedig seit dem Ende des 13. Jahrhunderts das Geheimnis verschiedener Techniken. Dennoch konnte man nicht verhindern, dass sich Flandern und Brabant im späten Mittelalter zu wichtigen Zentren der Brillenherstellung entwickeln konnten. Unter den oberdeutschen Kaufleuten waren es wiederum die Nürnberger, die einen florierenden Handel mit den Sehhilfen betrieben. Als Ende des 16. Jahrhunderts vor der Küste von Ragusa ein Handelsschiff sank, gingen auch 300 Brillen aus Nürnberg verloren, die man vor wenigen Jahrzehnten, fein säuberlich verpackt, bergen konnte. Aufsehen hatte zu Beginn des 14. Jahrhunderts ein Gesandter der Stadt Padua am

Auf den Marktplätzen gingen die Zahnbrecher ihrem Geschäft nach

Scharlatan oder Heiler? Karikatur eines fahrenden Chirurgen

Oben: Leonhart Beck, ca. 1521; Veste Coburg, Kunstsammlungen

Links: Hans Weiditz, Karikatur, um 1530; Nürnberg, Germanisches Nationalmuseum

Der Zahnbrecher als gefragter Heiler über die Jahrhunderte hinweg

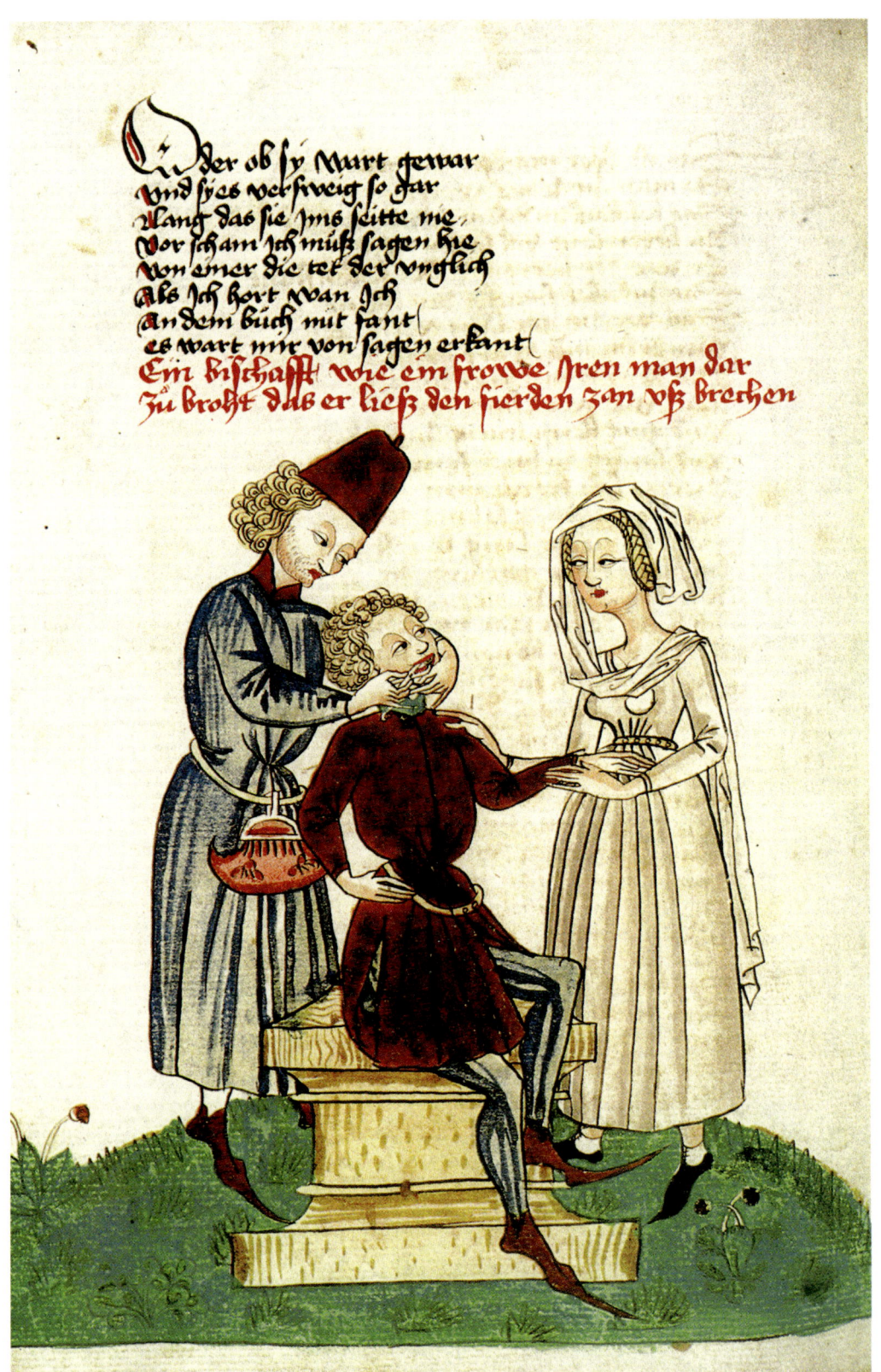

Rechts: Aquarellzeichnung, 15. Jh.; Stuttgart, Landesbibliothek, Cod. poet. 202, fol. 59

Seite 129: Johann Liss, Gemälde nach einem Kupferstich von Lucas van Leyden; Bremen, Kunsthalle

et cor; nhumidis, qr facit i eis putredine. Remo noct mundificando cor. Genatur

Heilberufe und Fürsorge in der mittelalterlichen Stadt 129

Theriakhändler und Drogisten boten Wundermittel feil, die sogar gegen die Pest Hilfe versprachen

Tätigkeiten, die mit Tod und Vergänglichkeit zu tun hatten, galten in der mittelalterlichen Gesellschaft als unehrliche Berufe, deren Angehörige – wie Scharfrichter, Totengräber oder Abdecker – einen zweifelhaften Ruf genossen, obwohl ihre empirischen Erfahrungen in der Heilkunst durchaus geschätzt wurden

Holzschnitt aus dem »Destillierbuch« von H. Brunschwig, Straßburg, 1531

österreichischen Hof erregt, denn er trug eine Brille auf der Nase! Doch als an der Wende zur Neuzeit der Arzt und Historiker Hartmann Schedel seine Weltchronik veröffentlichte, war die Brille längst zu einem wichtigen Attribut der Gelehrsamkeit geworden.

Verpönte Heiler

Zu den ortsansässigen Personen, die einerseits über empirische Erfahrungen in der Heilkunst verfügten, sich andererseits jedoch eines zweifelhaften Rufes erfreuten, gehörten die Angehörigen unehrlicher Berufe. Regional konnten hierzu auch die Bader zählen. In erster Linie galten aber Gewerbe als unehrlich, die mit Tod und Vergänglichkeit zu tun hatten. Für die mittelalterliche Gesellschaft waren dies Scharfrichter oder Henker, Totengräber sowie Abdecker und Hundeschläger. Aber auch die Hirten und Schäfer, die außerhalb der Stadtmauern ihr Auskommen suchten, konnten hierunter fallen. Diese verpönten Heiler waren in der Lage, Verrenkungen einzurichten oder Beinbrüche zu schienen. Auf dem Land war die Lämmernabelschere der Schäfer auch bei der Geburtshilfe nützlich. Eine seltsame Mischung aus Magie und Heilkunde verband man mit dem Scharfrichter, der bei der Vollstreckung von Urteilen nicht nur »Schauspiele des Todes« inszenierte, sondern auch Knochenamulette verkaufte. Schließlich half, über die Türschwelle gegossen, ein Kräutersud, der von der Frau des Scharfrichters zubereitet worden war, gegen böse Geister. Unter dem Galgen wuchs außerdem die besonders wirksame Alraune.

Ärztinnen und Heilpraktikerinnen

Eine bekannte Ulmer Ärztin, nämlich Agatha Streicher, war es, die man nach Regensburg an das Krankenbett Kaiser Maximilians II. rief. Dass sie um die Mitte des 16. Jahrhunderts in der Stadt an der Donau praktizieren konnte, stellt allerdings eine Ausnahmeerscheinung dar. Während an der frühen Medizinschule von Salerno auch Frauen zum Studium zugelassen waren, sollten an den mittelalterlichen Universitäten zu Füßen der durch weibliche Allegorien verkörperten Wissenschaften nur Männer Platz nehmen. Erst im Laufe des 19. Jahrhunderts öffneten sich die Pforten der Alma Mater allmählich für das weibliche Geschlecht und die Absolvierung medizinischer Studiengänge wurde möglich.

Charakteristisch für das Mittelalter ist es, dass mit dem Aufkommen akademisch ausgebildeter Ärzte selbstständige Ärztinnen verdrängt wurden. Nur vereinzelt werden in den Quellen überhaupt weibliche Ärzte fassbar, wie die christliche Ärztin Restituta, die im 6. Jahrhundert praktizierte. Doch ist im frühen Mittelalter eine Abgrenzung gegenüber den angesehenen Hebammen schwierig. Bereits in der römischen Kaiserzeit gab es den Beruf der Arzthebamme, die sich neben der geburtshilflichen Pflege auch auf die Frauenheilkunde verstand. Als erfahrene Naturärztin wurde aus dem Bereich der Klostermedizin bereits die hl. Hildegard von Bingen vorgestellt. Auch die epische Dichtung des hohen Mittelalters kannte heilkundige Frauen, die ihre Recken gesund pflegten, doch war der höfische Minnedienst auf andere Ideale ausgerichtet.

In den Städten tauchten heilkundige Frauen in den niederen Heilberufen auf. Außer als Baderinnen wurden sie um die Mitte des 13. Jahrhunderts auch unter den Pariser Chirurgen genannt. Gegen Ende des 14. Jahrhunderts behandelte etwa die Tochter eines Frankfurter Wundarztes Söldner. Weitreichendes medizinisches Wissen besaß zu Beginn des 14. Jahrhunderts auch die Pariser Heilpraktikerin Jaqueline Félicie, gegen die man gerade deshalb einen Prozess anstrengte.

Als erfolgreich werden jüdische Ärztinnen beschrieben. Mit Erlaubnis des geistlichen Landesherrn und gegen Gebühr durfte im spätmittelalterlichen Bistum Würzburg die »Judenärztin Sarah« praktizieren. Wohl auch unter den christlichen Einwohnern Frankfurts war das medizinische Wissen der jüdischen Augenärztin Zerline gefragt, da man ihr zu Beginn des 15. Jahrhunderts erlaubte, außerhalb des Ghettos zu wohnen.

Hexe oder weise Frau?

Sie gaben Ratschläge bei Krankheit und Liebeskummer, schafften verlorene Gegenstände herbei und führten allerlei abergläubische und magische Praktiken aus, die sie in den Verdacht der Zauberei brachten – die weisen Frauen. Von der angesehenen Heilerin bei den Germanen sollte sich das offizielle Bild der weisen Frau bis hin zu einer gesellschaftlichen Randerscheinung des christlichen Abendlandes verschieben. Einerseits wurde diesen Frauen vonseiten der Kirche und der

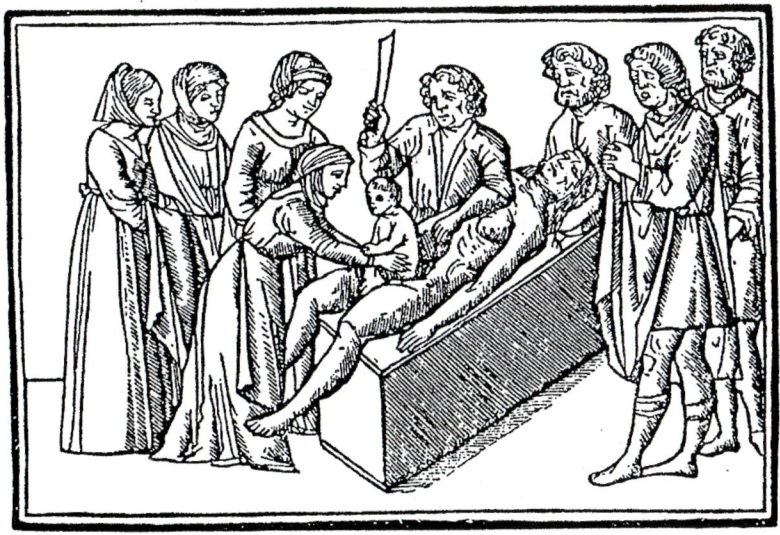

Die angebliche Geburt Cäsars mittels eines Kaiserschnitts

Holzschnitt aus dem »Suetonius«, 1506

Wasserbrennerin beim Destillieren. Die »gebrannten Wasser« dienten der Heilkunst und sollten möglichst nur äußerlich angewandt werden

Obrigkeiten Misstrauen entgegengebracht, andererseits blieb ihr Rat als heilkundige Praktikerinnen gefragt. Zweifellos war das volksmedizinische Wissen der weisen Frauen manchem niedergelassenen Arzt ein Dorn im Auge. In Konkurrenz zur Säftelehre und den *materia medica* der studierten Mediziner verstanden sie sich auf übernatürliche Erscheinungsformen von Krankheiten, gegen die sie Kräutermixturen, aber auch christliche Schutzmittel kannten. Hegte jemand den Verdacht, dass eine Zauberin durch Nesselknüpfen Impotenz verursacht oder ihn ein böser Blick getroffen hätte, wandte er sich lieber an diese Praktikerinnen, zu denen man, wie wir gesehen haben, auch Harnproben brachte. Wer bei ihnen in die Lehre gegangen war, praktizierte als »Ärztin« gleichsam in der Grauzone des städtischen Gesundheitsmarktes. Zu den Heilmitteln zählte am Ausgang des Mittelalters auch der Branntwein. Wer in der Stadt als so genannte »Wasserbrennerin« Destillate herstellen wollte, bedurfte einer Genehmigung. Das »gebrannte Wasser« sollte möglichst nur äußerlich angewendet werden, war für Schwangere schädlich und durfte nicht mit Kalk oder der Liebeswurzel Alraune vermischt werden.

Es verwundert daher nicht, dass der Prediger Geiler von Kaysersberg in seine Kritik an den nicht autorisierten Personen der Heilkunst auch »alte Weiber« aufnahm, die ohne je in ein Buch geschaut zu haben, die Kunst des Arzneiens ausübten. Dem stellte er den guten Arzt mit seinem erworbenen Wissen gegenüber. Dabei war die weise Frau keineswegs nur für das einfache Volk zuständig. Ihre Klientel reichte weit über die Angehörigen der Unter- und Mittelschichten hinaus, ihr Rat war auch in reichen Bürgerhäusern und an Adelshöfen gefragt. Angesichts eines bis weit in die Neuzeit vorherrschenden Ärztemangels stellten die weise Frau und der Dorfbader auf dem Land häufig die einzigen heilkundigen Bezugspersonen dar. Nur ein Teil ihrer Aufgaben bestand in der Geburtshilfe, die sich allmählich verselbstständigte und im Zeitalter des Städtewesens zur Herausbildung des Hebammenberufes führte. Sicherlich ist es übertrieben, anzunehmen, in der frühen Neuzeit sei es zu einer systematischen Vernichtung der weisen Frauen gekommen, denn oftmals wurden alle Frauen eines Dorfes unter der Folter der Zauberei und Teufelsbuhlschaft bezichtigt. Zweifellos stellten die weisen Frauen aber ebenso wie die Hebammen eine besonders gefährdete Gruppe dar – man begegnete ihnen mit Furcht und Respekt, und wo sie nicht heilen konnten, beschimpfte man sie als Hexen.

Titelholzschnitt aus »Ain guts nutzlichs büchlin von den außgeprenten wassern« von Michael Puff aus Schrick, Ulm, Joh. Zainer, 1498

Hebammen – verdächtige Geburtshelferinnen

Vergebens sucht man auf zeitgenössischen Darstellungen zur Geburtshilfe nach einem Arzt. Als wichtiger Bereich der Frauenheilkunde war die Geburtshilfe traditionell eine weibliche Domäne, die man »klugen und erfahrenen Frauen« überließ. Seit der Antike war man der Auffassung, dass nur Frauen, die bereits selbst geboren hatten, einer Gebärenden beistehen sollten. Weiterhin wurden das Wissen um die Entbindungskunst und etwaige heilkundige Maßnahmen mündlich weitergegeben. Da sich Ärzte und Obrigkeit um Regulierung und Kontrolle des Hebammenwesens bemühten, wurden die Geburtshelferinnen seit dem späten Mittelalter paradoxerweise dem studierten Stadtarzt unterstellt, der die Gynäkologie lediglich aus seinen mit Irrtümern behafteten Lehrbüchern kannte: Theorie und Praxis waren getrennte Bereiche.

Misstrauen bekundete die Kirche gegenüber der Tätigkeit der Hebamme, bei der, aufgrund der Tabuisierung des Themas Geburt, kein Geistlicher anwesend war. Doch legte man Richtlinien für das Verhalten der Geburtshelferinnen fest. Anstelle abergläubischer Praktiken hatten die Hebammen den Kreißenden mit christlichen Gebeten beizustehen. In ihren Händen lag die Entscheidung über Leben und Tod, Seelenheil oder Verdammnis. Waren sie mit den Mächten der

Finsternis im Bund, wenn sie das Neugeborene aus der Stube trugen und in die Höhe hielten? Opferten sie es hierbei sogar den Dämonen? Die Kirche verdächtigte sie ebenso der Abtreibung und der Kindstötung wie der Unterschiebung fremder Kinder. Widerstrebend wurde akzeptiert, dass die Hebamme in ernsten Fällen die Beichte abnehmen durfte. Im Wettstreit Gottes mit dem Teufel sollte die Hebamme zur Rettung des Kindes den Kaiserschnitt ausführen und Nottaufen vornehmen. Dabei hatte sie nur Wasser und keinesfalls Wein, Bier oder Milch zu verwenden. Bei unehelichen Geburten hatte sie unter allen Umständen den Vater des Kindes festzustellen und unverzüglich einem Geistlichen mitzuteilen. Für die Hebamme war dies eine gefährliche Machtposition. Zu den negativen Aus-

Eine Gebärende, umgeben von heilkundigen Frauen

Der Kaiserschnitt wurde zwar häufig bildlich dargestellt, aber nur selten überlebt

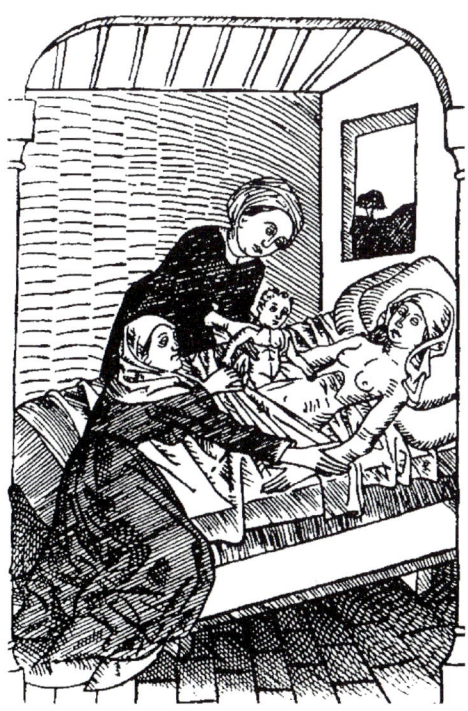

Oben: Pseudo-Apuleius, Miniatur, 13. Jh.; Wien, Österreichische Nationalbibliothek, Cod. Vind. 93

Unten: Holzschnitt, um 1480

Geburtsszene in einer mittelalterlichen Wohnstube. Hebammen, Mägde und erfahrene Frauen fanden sich ein, um der Gebärenden beizustehen. Häufig werden die Frauen bei der Pflege von Kind und Wöchnerin sowie der Zubereitung warmen Wassers dargestellt

wüchsen zählte in der frühen Neuzeit die im »Hexenhammer« nachzulesende Feststellung, dass niemand dem katholischen Glauben mehr schade als die Hebammen. In der »Zeit der Verzweiflung« waren sie damit dem Verdacht der Hexerei ausgesetzt. Fast in jedem Dorf vermutete man »Hexenammen«. Dem sollte die Obrigkeit durch vereidigte Hebammen begegnen, die dem Zauberglauben förmlich abgeschworen hatten.

Die Geburt in Wort und Bild

Gelegenheit zur Darstellung der Entbindungskunst bot das Leben von Heiligen. Dabei versetzte man die Geburtsszenen in zeitgenössische Wohnstuben. So agieren auf den Gemälden Hebammen und helfende Mägde bei der Geburt Jesus oder Marias zwischen Wochenbett und Badezuber. In Marienliedern priesen Mönche des 12. und 13. Jahrhunderts die Niederkunft der Gottesmutter. Erstaunlich sind dabei die Detailkenntnisse über die sachgerechte Betreuung des Kindes und gynäkologische Handgriffe, die auf die vorherige Konsultation einer Hebamme deuten. Auch Hildegard von Bingen hat die Schwangerschaft und den Geburtsakt, der eschatologisch mit der Vertreibung aus dem Paradies gleichgesetzt wurde, abgehandelt und Anweisungen zur Säuglingspflege gegeben. Da die Entbindungskunst in den theoretischen Schriften zur Chirurgie zählte, blieb den Mönchsärzten auch diese seit dem 13. Jahrhundert verschlossen. Zeitgleich bildete der Sachsenspiegel, eines der ältesten deutschen Rechtsbücher, eine Hebamme mit gewickeltem Kind und Nabelschere ab. An der Medizinschule von Salerno entstand zu dieser Zeit eine Abhandlung mit dem Titel »Trotula über Frauenleiden«, in der erstmals seit der Antike wieder Dammnaht und Dammschutz beschrieben wurden. Sicherlich nicht auf den Kirchenlehrer Albertus Magnus geht die

Meister des Marienlebens, 1470/80;
München, Alte Pinakothek

et co:b; ihumidis. q: facit i eis putredine. Remo noct mundificando co:. Geriatri

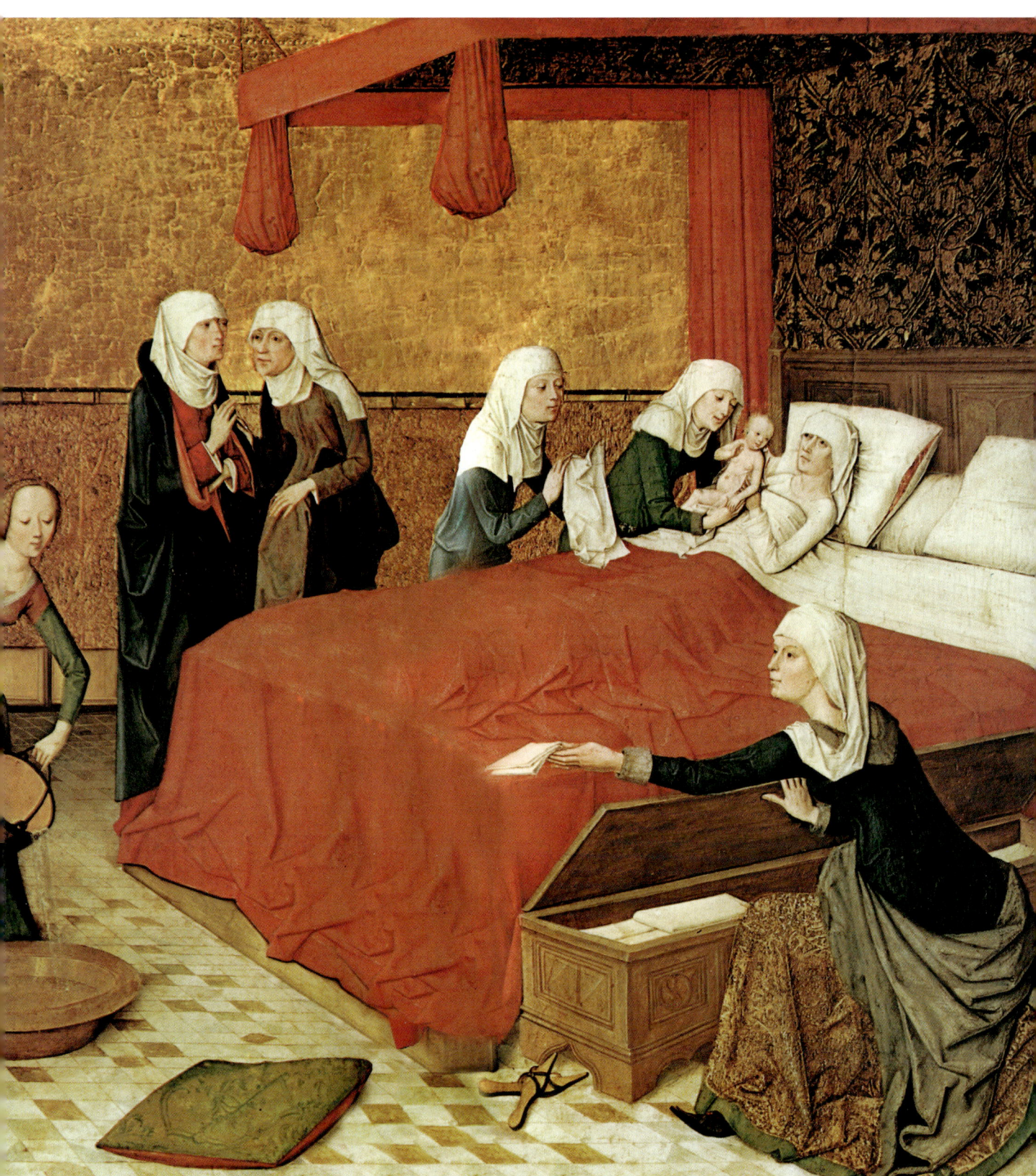

HEILBERUFE UND FÜRSORGE IN DER MITTELALTERLICHEN STADT

»Heimlichkeit der Weiber« zurück, eine weit verbreitete lateinische Handschrift des 13. Jahrhunderts und Vorlage zahlreicher Frühdrucke, die sich mit Schwangerschaft, Geburt und den Aufgaben der Hebammen beschäftigte.

Als ein konkreter Ratgeber für die Praxis sollte erst 1513 »Der swangeren Frawen und hebamen Rosengarten« entstehen. Das reich illustrierte Hebammenbuch war in deutscher Sprache abgefasst und hielt eine Übersetzung lateinischen Fachvokabulars bereit. Mit dieser gezielten Unterweisung schrieb Eucharius Rößlin, Stadtarzt in Frankfurt und Worms, eines der wichtigsten Standardwerke seiner Zeit, das zahlreiche Auflagen erlebte. Neben antiken und arabischen Autoren ist hier ohne Zweifel das empirische Wissen fachkundiger Frauen eingeflossen. Für Schwangere und Hebammen bestimmt, werden die letzten Monate vor der Niederkunft, Medikamente für eine leichtere Geburt, etwaige Komplikationen bei unterschiedlichen Kindslagen, Massagen und Salbung der Geburtswege bis hin zur richtigen Atemtechnik beschrieben. Doch vieles, wie die Darstellung des Ungeborenen in einem schematischen, flaschenförmigen Uterus, blieb theoretisch. Erst nach der großen Zäsur fortschreitender anatomischer Erkenntnisse, hervorgerufen durch Vesal, sollte das »Schön lustig Trostbüchle« des Züricher Meisters Jacob Rueff von 1554 eine gute Anatomie der weiblichen Geburtsorgane und exakte Beschreibungen der nötigen Handgriffe beinhalten. Der halbrunde, mit Griffen versehene Rueffsche Gebärstuhl findet sich auch auf einer typischen zeitgenössischen Entbindungsszene wieder. Vor der Schwangeren sitzt eine Hebamme auf einem Schemel, umgeben von anderen Frauen, die mit ihren Armen den Kopf der Schwangeren stützen. Bereit stehen Badezuber und Krug mit warmem Wasser sowie Garn, Schere und Salbfläschchen. Die Geburt war eine reine Frauensache. Der werdende Vater dagegen wurde meist im Kreis zechender Männer oder bestenfalls beschäftigt mit astrologischen Überlegungen zum künftigen Schicksal des Kindes dargestellt.

Bezeichnenderweise war es ein Chirurg, nämlich Ambroise Paré, der in der zweiten Hälfte des 16. Jahrhunderts mit der »Wendung auf die Füße« eine in der Antike beschriebene, aber in Vergessenheit geratene Entbindungsmethode einführte. Der erste Kaiserschnitt, den die

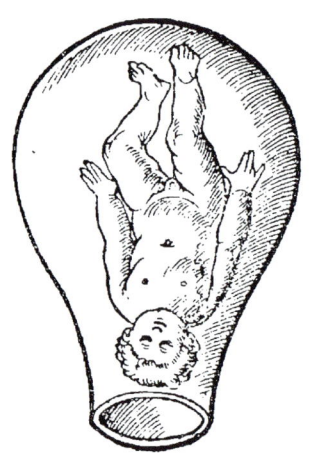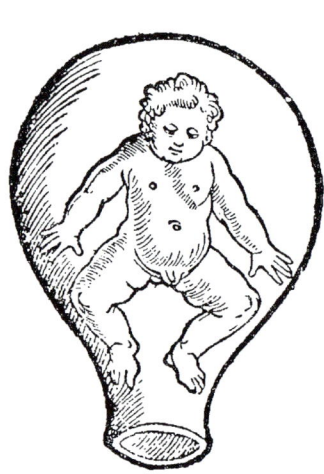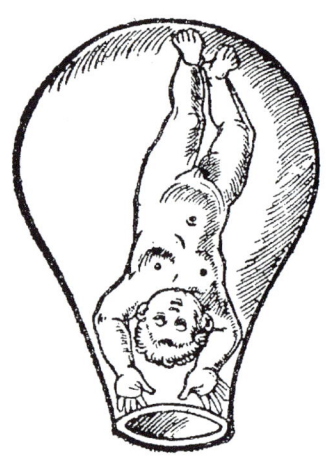

Verschiedene Kindslagen nach antiker Vorstellung

Holzschnitte aus »Der Swangern Frauwen und hebammen Rosegarten« von Eucharius Rößlin, Straßburg, 1513

Mutter überlebte, soll zu Beginn des 17. Jahrhunderts einem Wittenberger Chirurgen gelungen sein. Gegen Ende dieses Jahrhunderts trieb dann eine englische Chirurgenfamilie einen lukrativen Handel mit der von ihr erfundenen Geburtszange. Weit in die Neuzeit führt auch die nahe liegende Frage, wann Geburtshelferinnen denn eigentlich selbst zur Feder gegriffen haben. Stellvertretend seien hier für das 17. Jahrhundert die berühmte kurbrandenburgische Hofhebamme Justine Siegemundin und für den Beginn des 19. Jahrhunderts die Darmstädterin Charlotte von Siebold genannt, die als gefragte »Doktorin der Entbindungskunst« bei der Geburt der späteren englischen Königin Viktoria Beistand leistete.

Amtliche Zeuginnen

Kehren wir zum Ausgang des Mittelalters zurück, so sollte sich unter dem Eindruck der obrigkeitlichen Hebammenordnungen des 15. und 16. Jahrhunderts die solidarische Hilfe unter Frauen zu einem offiziellen Amt wandeln. Die Amtshebamme war Teil des städtischen Gesundheitswesens und dem Stadtarzt unterstellt. Bis dahin war die Hebammenpraxis wie in Frankfurt am Main oder in Freiburg im Breisgau ehrenamtlich von »Obersten« oder »Ehrbaren Frauen« aus dem Patriziat kontrolliert worden, die auch das Wissen der Hebammen prüften. An ihre Stelle trat nun eine von der Stadt bezahlte und vereidigte Hebamme, die nicht nur Geburtshilfe leistete, sondern auch zur amtlichen Zeugin wurde für alles, was mit der Niederkunft zu tun hatte. Offenkundig wird dies in der Bezeichnung »Kindsbettseherin«. Mit den Hebammenordnungen waren die Kompetenzen klar geregelt. Die Hebamme sollte Arm und Reich gleich behandeln, keine magischen Praktiken oder chirurgischen Eingriffe vornehmen, da dies Sache der Wundärzte war. Als Zeichen ihres Standes durfte sie ein Hebammenschild anbringen. Außerdem wurde sie vom Stadtschreiber in eine Liste eingetragen. In schwierigen Fällen hatte sie sich mit anderen Hebammen oder erfahrenen Frauen zu beraten und den Stadtarzt als höchste Instanz in Gesundheitsfragen einzuschalten.

Eine Entbindung unter Einsatz des Rueffschen Gebärstuhls. Die Hebamme sitzt auf einem Schemel vor der Schwangeren

Holzschnitt aus »Der Swangern Frauwen und hebammen Rosegarten« von Eucharius Rößlin, Straßburg, 1513

HEILBERUFE UND FÜRSORGE IN DER MITTELALTERLICHEN STADT

Das Bürgerspital – kommunale Caritas

Mit den ansteigenden Bevölkerungszahlen in den Städten wuchsen auch die Probleme. Auf der Grundlage der christlichen Gebote von Barmherzigkeit und Fürsorge galt es, Alter, Krankheit und Armut zu begegnen. Zur Bewältigung dieser Aufgaben reichten die bestehenden kirchlichen Spitäler nicht mehr aus, sodass mit dem Bürgerspital seit dem 13. Jahrhundert ein neuer Typus entstanden war, der 200 Jahre später bereits eine flächendeckende Erscheinung darstellte. Noch heute zeugen imposante Bauten wie die Heilig-Geist-Spitäler von Lübeck oder Nürnberg von der einstigen Größe und Bedeutung dieser Sozialanstalten. Nach außen präsentierten sich die Bürgerspitäler als große, abgeschlossene Gebäudekomplexe, die durch eine Kapelle mit Glockenturm im Straßenbild als religiöse Orte auszumachen waren. Schließlich charakterisierte auch das Bürgerspital die Verbindung von Bett und Altar. Als fromme Stiftungen trugen sie die Namen von Heiligen. Nach dem Vorbild klösterlicher Gemeinschaften bildeten die Bewohner außerdem einen eigenen Lebenskreis. Der ideale Standort für ein Spital befand sich an einer der großen Einfallstraßen zur Stadt, in der Nähe eines Stadttores, aus hygienischen Gründen in Verbindung mit einem Stadtgraben oder Fluss.

Bürgerlicher Stifterwille

Der Kreis der Stifter entstammte der bürgerlichen Oberschicht, die ihren Reichtum meist in Handel und Geldgeschäften erworben hatten. Da die christliche Almosenlehre den Reichen zu milden Gaben für die Armen aufforderte, bot eine Schenkung oder Stiftung die Gelegenheit, ein gutes Werk zu tun und einen möglichen moralischen Makel wieder gutzumachen. Der Augsburger Chronist und Kaufmann Burkhard Zink kommentierte die Stiftungsfrömmigkeit seiner Standesgenossen treffend mit der Bemerkung »jedermann wollt gen Himmel«. In so genannten Seelgeräten vertauschten die reichen Stifter Geld gegen Seelenheil. Die Bedürftigen dankten es ihren Wohltätern, indem sie Gott um Vergebung für die Sünden der Stifter baten.

Aus der Finanzierung der Spitäler leiteten die Bürger den Anspruch ab, ihre Anstalten selbst zu verwalten. Damit wurden sie zum Machtfaktor in der Stadtpolitik. Im Einvernehmen mit dem geistlichen Stadtherrn gründete man in Bamberg und Konstanz ein neues Spital, stellte in Basel und Hildesheim einer älteren kirchlichen Anstalt ein Bürgerspital zur Seite oder stiftete zu Beginn des 14. Jahrhunderts in Nürnberg in Konkurrenz zum Deutschen Orden das dortige Heilig-Geist-Spital. Für den reichen Kaufmann und einflussreichen Bankier Konrad Groß wurde dieses Bürgerspital zum Denkmal seiner Mildtätigkeit. Seit Beginn des 15. Jahrhunderts beherbergte es sogar die Reichskleinodien: Sozialasyl und Schatzkammer zugleich. Welches Selbstbewusstsein man vonseiten der Städte an den Tag legte, veranschaulicht eine Entscheidung des Kölner Stadtrats aus der Zeit um 1510, an allen Spitälern das Wappen der Stadt anbringen zu lassen.

Als Aufsichtsräte fungierten so genannte Spitalpfleger, die vom Rat eingesetzt, mit Schlüssel und Siegel die Kontrolle über alle Belange des Spitals übernahmen. Wie ein Kloster oder ein Gutshof war auch das Spital der Stadt ein Großhaushalt, der sich weitgehend selbst versorgte. Die Bürgerspitäler verfügten über großen Grundbesitz, nahmen Häuserzinsen ein, besaßen oftmals eigene Mühlen und waren im städtischen Kreditgeschäft tätig. Ein Spitalmeister und eine Spitalmeisterin hatten in Ökonomie und Haushalt die Arbeiten der Knechte und Mägde, Bäcker, Brauer, Kellner, Fuhrknechte, Köchinnen und vielen mehr so zu organisieren, damit alles für das Wohl der Spitalinsassen getan wurde.

Pfründneranstalt und Sozialasyl
Während im süddeutschen Raum die Hauptspitäler von Biberach an der Riß, Augsburg, Nürnberg oder Ulm mehr als 200 Plätze besaßen, lag kleinen Stiftungen oft nur die Zahl der Apostel zugrunde. Die Aufgaben der Stiftungen waren vielfältig. Als bürgerliche Stiftungen sollten die Spitäler in erster Linie alten Bürgern der eigenen Stadt zugute kommen, die sich, je nach Geldbeutel, als reiche oder arme

Das heutige Aussehen des Nürnberger Heilig-Geist-Spitals

Fotos: W. F. Reddig

HEILBERUFE UND FÜRSORGE IN DER MITTELALTERLICHEN STADT

Die Bürgerspitäler besaßen zwar wie die älteren Hallenspitäler noch eine große Halle für die Armen und Kranken, darüber hinaus gab es aber auch kleine Kammern für die wohlhabenderen Pfründner oder, wie in Esslingen, sogar eigene kleine Appartements

Pfründner einkaufen konnten. Daneben fanden aber weiterhin Arme, Fremde, Pilger, schwangere Frauen und Behinderte, Irre und Kranke Unterkunft und Pflege. Vereinzelt kauften Zünfte und Bruderschaften ein Bett im Spital, um darin ein krankes Mitglied unterzubringen. Fest angestellte Ärzte, wie man sie im 15. Jahrhundert bereits in den großen oberdeutschen Anstalten kannte, waren nördlich der Alpen eher die Seltenheit. Der regelmäßige Besuch am Krankenbett war unbekannt. Nur im Notfall wurde der Stadtarzt, häufiger jedoch ein Wundarzt oder Barbier hinzugezogen.

Mit der Nutzung änderte sich die Form: Hatten die älteren Hallenspitäler in einem großen Saal Arme und Kranke versorgt, so sollten die Bürgerspitäler mit ihren käuflichen Versorgungsplätzen zwar noch über eine Halle verfügen, in der sich die Armen und Kranken zusammendrängten, doch besaßen diese mehrgeschossigen Bauten außerdem kleine Kammern für die besser gestellten Pfründner. Wie in Basel oder Schwäbisch-Gmünd sprach man auch anderenorts von »unteren« und »oberen« Pfründnern. Die größte Gruppe der armen und kranken Pfründner wurde aus einer Gemeinschaftsküche versorgt und lebte in der Dürftigenstube oder »Sutte« zusammen. Nicht selten teilten sich zwei Personen ein Bett, das aus einem einfachen Strohlager bestand.

Dagegen besaßen die reichen Pfründner in Esslingen sogar kleine Appartements mit eigenen Bediensteten oder bewohnten wie in Münster kleine Häuschen auf dem Spitalgelände. In Nürnberg konnte die reiche Stiftung um 1500 expandieren und baute mehrere Gebäudeflügel an, die sogar die Pegnitz überspannten und den heutigen imposanten Eindruck bewirken. Dass der Renaissancebaumeister Hans Behaim dabei die baumedizinischen Richtlinien seiner Zeit beachtete, belegt sein Hinweis, man habe die Neubauten so gegeneinander gesetzt, dass genügend Licht und Luft einfallen könne – eine wichtige Maßnahme der Krankheitsbekämpfung, wie sie bekanntlich besonders in Seuchenzeiten allseits empfohlen wurde.

Eine geordnete Lebensführung

Mit dem Eintritt ins Spital unterwarfen sich die Pfründner einer strengen Hausordnung, doch angesichts von Teuerungen, Missernten, Seuchen und Kriegen bot eine Pfründstelle vielfache Sicherheit. Zwischen Morgengebet und Nachtglocke folgte der Tag einem Rhythmus, der dem klösterlichen Leben ähnlich war. Außerdem hielt man die Fastenzeiten im Jahreslauf ein. Zwingend war vor allem für die armen Pfründner die Anwesenheit bei den zahlreichen Seelmessen, in denen man den Stiftern des Spitals gedachte. Gottesfürchtig und maßvoll sollte das Leben verlaufen. Die Pfründner sollten nicht unnütz schwätzen und streiten. Dennoch sah der Alltag im Spital mitunter sehr lebensfroh aus. Trunkenheit, Querelen untereinander und mit den Mägden und Knechten, kleine Diebstähle oder ab und an vorgefallene Verstöße gegen die sexuelle Enthaltsamkeit wurden mit dem Entzug von Vergünstigungen bis hin zum Verlust der Pfründe gemaßregelt.

> Es sullent ouch die armusser obgemelt dem maister und der maisterin und den schwestran deß Spittals gehorsam und volgig sin In allen zimlichen Dingen dann wer dez nit tätt oder sich deß widerte der sol geträft werden dry tag mit beroubung wins und broutz.
>
> *Aus der Spitalordnung für Armenpfründner in Esslingen, zweite Hälfte 15. Jahrhundert*

Das Lübecker Heilig-Geist-Spital in heutigem Zustand

Fotos: W. F. Reddig

Im Straßburger Bürgerspital sorgte man sich ganz im Sinne des hl. Benedikt um Körper und Seele der Kranken. Neben Predigten, regelmäßigen Gebeten und Beichtgelegenheiten wurden die Bedürftigen mit Medikamenten aus der spitaleigenen Apotheke versorgt. Außerdem verabreichte man den Patienten vierzehntägig ein Abführmittel und ließ sie einmal im Monat zur Ader

Als typisches Beispiel eines wöchentlichen Speiseplans mögen die Gewohnheiten im Heilig-Geist-Spital von Biberach an der Riß gelten. Hier erhielten die armen Pfründner Ende des 15. Jahrhunderts an drei Tagen der Woche Fleisch, dazu Mus und Brot sowie Wein. Während man das Fleisch für die einfachen Pfründner nur kochte, bekamen die reichen Pfründner an fünf Tagen der Woche Braten zubereitet, dazu Frischgemüse und Obst. Für die Siechen, das heißt die Kranken, des Mehreren-Spitals in Straßburg gab es zu Beginn des 16. Jahrhunderts eine Morgensuppe aus Hafermehl, Haferkorn, Reis, Gerste, Linsen, grauen oder weißen Erbsen, zeitweilig auch Zwiebel- oder Specksuppe. Dazu reichte man Brot und – charakteristischerweise – dreimal täglich Wein, von dem man sich eine genesende Wirkung versprach.

Hausarme und Beginen

Neben den eigentlichen Spitalinsassen versorgten die Bürgerspitäler noch eine Reihe von Hausarmen. Neben Witwen und Waisen waren dies alte Dienstboten und Handwerker, die ihre Arbeit aufgrund von Krankheit oder Berufsunfällen nicht mehr ausüben konnten. Während die Städte des ausgehenden Mittelalters in zunehmenden Maß ihre Bettelordnungen verschärften und Schriften wie das »Liber Vagatorum« von 1510 vor den Tricks betrügerischer Berufsbettler warnten, galt diesen unverschuldet in Not geratenen Personen die Fürsorge ihrer Mitbürger. Als frühe Form unserer heutigen Sozialdienste erhielten diese Hausarmen ihre Kost aus der Spitalküche, wohnten aber außerhalb.

Wer nicht von seiner Familie versorgt wurde, konnte auf die häusliche Pflege der Beginen zurückgreifen. Seit dem 13. Jahrhundert hatten sich diese freien Zusammenschlüsse frommer Frauen gebildet, die ohne dauerhaftes Gelübde eigene Gemeinschaften bildeten. Im Ursprungsland Belgien sind mit den Beginenhöfen von Brügge und Gent eindrucksvolle Zeugnisse erhalten. Das spätmittelalterliche Köln kannte über 100 derartige Einrichtungen.

Siechenmagd und Spitalarzt

Für die Pflege kranker Insassen beschäftigte das Bürgerspital spezielle Siechenmägde. Sie unterstanden einer Schauerin, Kustorin oder Kellnerin, wie sie Ende des 15. Jahrhunderts im Münchner Heiliggeisthospital hieß, die über praktische Kenntnisse der Heilkunst verfügen musste. Sie sollte in der Lage sein, Simulanten von tatsächlich Erkrankten zu trennen, ansteckende Kranke zu melden und schließlich anzuzeigen, wer als gesund zu entlassen sei.

> [Die Kellnerin] soll alle nacht in der siechenstuben liegen und ob den wachterinn sein, das den armen, die in selbs nit helffen moegen, mit umbkeren, heben, legen und annder nottorfft unnd vorauss mit labung trancks und speis nach gestalt aines yeden krannckhait vleissig und williglich gewarttet und pflegen werde.
>
> *Aus dem Eid der Kellnerin, Heiliggeistspital München, 1485*

Die Siechenmagd hatte die Kranken täglich zu waschen, die Betten zu machen und ihnen die Speisen aus der Küche zu holen. Bei schweren Krankheiten musste sie Tag und Nacht bei den Kranken wachen, weshalb im Krankensaal immer ein Licht brannte. Niemand sollte ohne die letzten Sakramente sterben müssen. Wer nachts den kalten und mitunter langen Weg zum Abort antreten musste, war mit warmer Kleidung zu versorgen. Wer dazu nicht mehr in der Lage war, benutzte die

»Harnkacheln«, die von den Siechenmägden geleert wurden.

Ganz im Sinne der Regeln des hl. Benedikt sorgte man sich auch beim neuzeitlichen Straßburger Bürgerspital um Leib und Seele. Neben regelmäßigen Gebeten, Predigten und der Abnahme der Beichte war für die Kranken eine Behandlung mit Medikamenten aus der spitaleigenen Apotheke vorgesehen. Zur Arznei der Seele kam die Arznei des Körpers. Üblicherweise sind es vor allem Angehörige der niedrigen Heilberufe, die hierzu das Spital aufsuchten. In Nürnberg bereitete ein Bader einmal in der Woche ein Bad für die Kranken. Konnten die Kranken nicht gehen, so hatten der Bader und seine Mägde und Knechte sie zu tragen oder mit einem kleinen Karren zu fahren. Fielen dem Bader hierbei ansteckende Kranke auf, so hatte er diese zu melden. Außerdem musste sich bei ihm vorstellen, wer aufgrund einer Verletzung oder anderer Gebrechen um Aufnahme ins Spital bat. Alle 14 Tage gab man den Kranken in Straßburg ein Abführmittel, einmal im Monat ließ ein Scherer die Siechen zur Ader und versorgte ihre Wunden. Wiederum in Nürnberg beschäftigte man für mittellose Frauen, die im Bürgerspital entbanden, eigene Hebmägde. Nicht die Kranken selbst, sondern die Spitalleitung sollte beim spätmittelalterlichen Heiliggeistspital in München die Bader und Scherer bezahlen, die ins Spital kamen, um ihre Dienste an den Armen zu verrichten.

Die Ausnahme von der Regel bestätigt die Besoldung eines Stadtarztes als Spitalarzt in der Frankenmetropole gegen Ende des 15. Jahrhunderts. Dieser Doktor der Arznei besuchte regelmäßig die Kranken und verschrieb Medikamente aus der Spitalapotheke, wobei er sich als Experte der inneren Medizin vor allem der Harnschau bediente. In Zeiten von Epidemien war der studierte Arzt außer für das Spital

»Die sieben Werke der Barmherzigkeit« Krankenpflege in einem Spital der Reformationszeit

auch für das städtische Lazarett mit seinen Pest- oder Syphiliskranken zuständig. Wo es nötig wurde, führte im Heilig-Geist-Spital ein Wundarzt Amputationen durch. Des Weiteren nahm man die Hilfe von Augenärzten oder Bruchschneidern in Anspruch.

Zur Zeit des Dreißigjährigen Krieges klagten hier viele Patienten über Krankheiten, die sie als fiebrig beschrieben, dazu kamen Knochenbrüche und Verrenkungen. Schwierig nahm sich nach dem Stand der medizinischen Forschung die Behandlung innerer Krankheiten aus. Soweit man Infektionskrankheiten als solche erkannte, separierte man die Betroffenen im Lazarett vor der Stadt, wie um die Mitte des 16. Jahrhunderts, als Soldaten die »ungarische Seuche« nach Nürnberg eingeschleppt hatten.

Besondere Vorsicht ließ man zu dieser Zeit auch beim Heilig-Geist-Spital der Stadt Frankfurt am Main walten, denn Personen mit abstoßenden Krankheiten versuchte man auf jeden Fall von den Pfründen fern zu halten. Für diese Erkrankten hatte der Rat der Stadt das Pestilenz- oder Gutleuthaus vorgesehen. Spätestens nach einem Monat sollten aber auch kranke Frankfurter Bürger, die man im Spital gesund gepflegt hatte, das Haus wieder verlassen, denn Krankheit blieb auch im Spital der frühen Neuzeit ein individuelles Phänomen. Die Entstehung des modernen Krankenhauses sollte dem Zeitalter der Aufklärung vorbehalten bleiben.

Gemälde eines unbekannten niederländischen Meisters, 16. Jh.; Enschede, Rijksmuseum Twente

Die Anfänge der modernen Medizin

Von Paracelsus bis zum »anatomischen Theater«

Der Aufbruch von Wissenschaft und Kunst im Zeitalter der Renaissance und des Humanismus sollte auch die Medizin ergreifen. Ebenso wie der Mensch begonnen hatte, die Welt zu entdecken, so erforschte er auch die unbekannten Regionen seines Körpers. Viele Einflüsse wirkten dabei befruchtend. Der Kunst verdankte die Heilkunde eine Abkehr von den schematischen Darstellungen der mittelalterlichen Lehrbücher, an deren Stelle ein neuer Realismus trat, wie er beispielsweise für die moderne Anatomie Andreas Vesals umgesetzt wurde. Mitunter bestanden sehr enge Beziehungen zwischen Medizinern und Künstlern: So ist über Leonardo da Vinci (1452–1519) bekannt, dass er etwa 30 Leichen zu Studienzwecken untersuchte. In Florenz, einem der führenden Zentren der Renaissance-Kultur, gehörten Ärzte, Apotheker und Maler derselben Gilde an.

Auf der Suche nach immer neuen griechischen Manuskripten förderten die Humanisten auch medizinische Schriften zu Tage. Mithilfe der philologischen Kritik konnte manche überkommene Ansicht überwunden werden. In vielen naturwissenschaftlichen Disziplinen wirkten studierte Ärzte als Forscher. Mit Nikolaus Kopernikus (1473–1543) stellte ein polnischer Domherr und bischöflicher Leibarzt das bisherige Weltbild auf den Kopf. Für ihn war nicht die Erde das Maß aller Dinge, sondern die Erde drehte sich zusammen mit anderen Planeten um die Sonne. Nicht ohne Grund bezeichnet man den geistigen Aufbruch der Neuzeit als »kopernikanische Wende«. Konnten Forschung und Wissen aber den Glauben ersetzen? Wie das bekannte Schicksal des Physikers und Astronomen Galileo Galilei (1564–1642) deutlich macht, sollte es lange dauern, bevor wissenschaftliche Erkenntnisse nicht als Gefahr und Bedrohung, sondern als Fortschritt angesehen wurden. Hierin machte auch die Medizin keine Ausnahme. Wenngleich die humanistische Medizin auf gereinigte Überlieferungen der klassischen Autoren zurückgreifen konnte, erfolgte am Beginn der frühen Neuzeit noch keine Abkehr von den Erklärungsmodellen der Antike. Die Lehren Galens konnten erschüttert, nicht aber verworfen werden.

Paracelsus – ein unsteter Wanderarzt

Mit den geltenden Autoritäten brach am Ausgang des Mittelalters der Arzt Philippus Aureolus Theophrastus Bombastus von Hohenheim (1491–1541), besser bekannt als Paracelsus. Diesen Beinamen hatte er sich im Laufe seines bewegten Lebens, in Anlehnung an den großen römischen Enzyklopädisten Celsus, zugelegt. Radikal wie die Zeit der Glaubensspaltung und des Bauernkrieges, in der er lebte, attackierte er die traditionelle, in Büchern überlieferte Medizin. Nur der Empiriker

Anatomische Studien von Leonardo da Vinci zu Funktion und Struktur der Schulterpartien

Anatomisches Skizzenbuch Leonardo da Vincis; Windsor Castle, Royal Art Collection

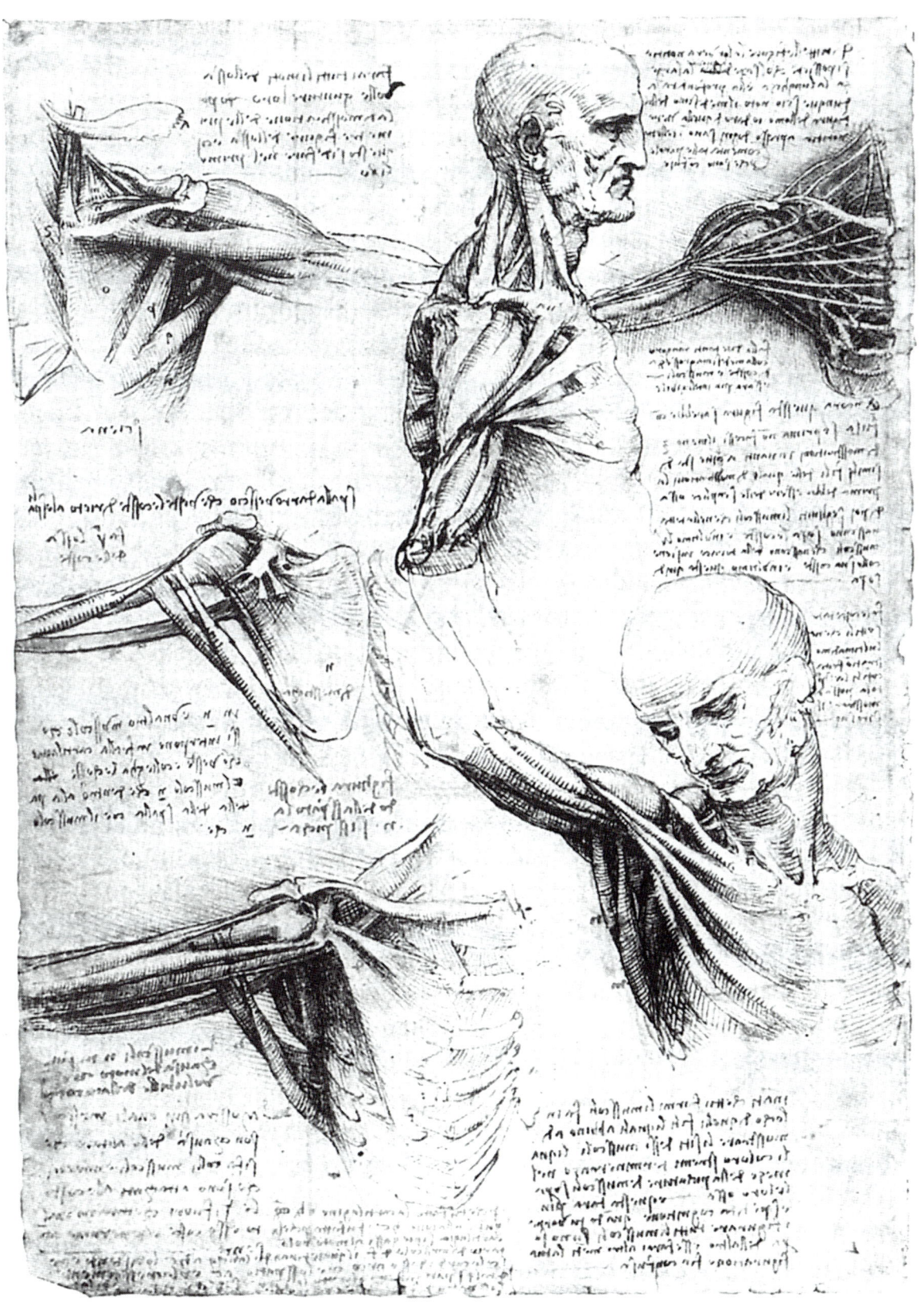

Flugblatt zu Ehren des großen Arztes Paracelsus, auf dessen Schwertknauf sich das Wort »Azoth« befindet

Paracelsus kritisierte nicht nur den Standesdünkel der Ärzte, sondern auch deren äußerst beliebte Methoden der Harnschau und des Pulsfühlens. Widersprüchlich fiel das Urteil seiner Zeitgenossen sowohl bezüglich seiner medizinischen Ansichten als auch seiner Person aus

Hippokrates fand vor seinen Augen Gnade, denn auch der »neue Arzt« des Paracelsus sollte im »Buch der Natur« lesen.

Verschlungen wie die Pfade seines wissenschaftlichen Werkes, das zwischen mystischer Religiosität und differenzierter Naturschau schwankt, nimmt sich auch sein Lebensweg aus. Paracelsus wurde im Schweizer Wallfahrtsort Einsiedeln geboren und verlebte seine Kindheit in der Bergbauregion Villach bei Kärnten, wo sein Vater als Arzt für die Fugger tätig war. Es folgten Wanderjahre und ein Studium in Ferrara, das er angeblich als Doktor der Medizin abschloss. Als Feldarzt bereiste er weite Teile Europas. Während des Bauernkrieges geriet er in Verdacht, in Salzburg mit den Aufständischen zu sympathisieren. Daher ließ er sich in Straßburg nieder, wo er in die Zunft der Müller und Wundärzte eintrat. Nur von kurzer Dauer war seine Tätigkeit als Hochschullehrer in Basel während der Jahre 1527 und 1528. Ungewiss bleibt, ob er tatsächlich als Medizinprofessor Bücher von Galen und Avicenna verbrannt hat, doch gibt diese Legende treffend seine Haltung wieder. Als unsteten Wanderarzt sollten ihn die Städte und Landschaften des Oberrheins, der Schweiz und Österreichs erleben. 1540 kehrte er nach Salzburg zurück, wo er ein Jahr später starb und auf dem Armenfriedhof von Sankt Sebastian beigesetzt wurde. Provozierend hatte nicht nur seine drastische Wortwahl gewirkt, auch seine Werke über die Berufskrankheiten von Bergleuten, über die Franzosenkrankheit oder über Chirurgie und Wundbehandlung verfasste er nicht in lateinischer Sprache – wie es sich für einen damaligen Gelehrten gehörte –, sondern in seiner Muttersprache. Auf Deutsch hielt er auch seine Vorlesungen. In seiner Liebe gegenüber den Kranken und zur Kunst des Heilens ging er mit der Schulmedizin hart ins Gericht.

Er attackierte die in ihren langen Roben daherstolzierenden Ärzte mit ihrem Standesdünkel. Auf wenig Gegenliebe dürfte auch seine Kritik an den gängigen Methoden der Harnschau und des Pulsfühlens gestoßen sein. Sowohl seine Ansichten als auch seine Person wurden schon im Urteil seiner Zeitgenossen polarisiert. Die ihm weniger Gewogenen schilderten ihn als polternd und stets betrunken, die anderen priesen ihn dagegen als wichtigen Reformer.

Der wahre Arzt

Die Erfahrungen seiner jahrzehntelangen Wanderschaft, auf der er in für die damalige Zeit unkonventioneller Art mit Badern und Schäfern Umgang pflegte, bündelte Paracelsus zu einem ganzheitlichen System. Nach Paracelsus sollte die Natur und nicht der Mensch den Arzt unterrichten, denn so wie die Natur Krankheiten verursache, stelle sie auch Heilmittel bereit. Diese gelte es in der heimischen Flora, Fauna und der unbelebten Natur zu entdecken. In der Tradition der Klostermedizin beschwört auch Paracelsus die Kraft der göttlichen Barmherzigkeit, verkörpert als *Christus medicus*, dem großen Arzt. Ihm solle der »Lammarzt« nacheifern, der redlich um das Wohl seines Patienten bemüht sei, während der »Wolfsarzt« dem Kranken schade, indem er seine Kunst lediglich als Selbstzweck betrachte und nur die Vermehrung seines eigenen Nutzens vor Augen habe. Wie im Rachen eines Wolfes seien die Kranken in die Hand dieser selbstsüchtigen Ärzte gegeben. Hier tritt der Patient als kranker Mensch, nicht als medizinischer Fall in Erscheinung. Modern muten auch Forderungen nach Vernunft und Erfahrung sowie der Notwendigkeit von Experimenten an. Allerdings konnte dieser hohe Anspruch von den mitunter rätselhaften bis abgründigen Werken des Paracelsus selbst nicht eingelöst werden.

Balthasar Jenichen, Kupferstich, vor 1565; Wien, Kupferstichsammlung

DIE ANFÄNGE DER MODERNEN MEDIZIN

> So wisset …, dass ein Kranker Tag und Nacht seinem Arzte soll eingebildet sein und ihn täglich vor Augen tragen, und all sein Sinnen und seine Gedanken soll er in des Kranken Gesundheit stellen mit wohlbedachter Haltung […]
> Das größte Perlein und der edelste Schatz ist die Heilung, so in der ganzen Heilkunst vermittelt wird, und es ist nichts auf Erden, das größer sei, als Kranke zu heilen. Bist du wirklich ein Arzt, so ist dein Perllein der Kranke. Und er ist der Acker, in dem der Schatz liegt.
>
> *Paracelsus über ärztliche Ethik*

Der bedeutende Anatom Andreas Vesal gilt als Vertreter einer neuen, naturwissenschaftlich orientierten Medizin. Bereits das Titelblatt seines Werkes »Vom Bau des menschlichen Körpers« lässt den Bruch mit alten Traditionen deutlich werden: Vesal wird als akademischer Arzt am Sektionstisch beim Berühren eines Leichnams gezeigt

Zum »Licht der Natur«

Gerne hat man die ganzheitliche Sichtweise des Naturforschers, Philosophen und Arztes dazu benutzt, in Paracelsus einen Vorläufer der Naturheilkunde zu erkennen. Dabei wird jedoch übersehen, dass gerade er es war, der maßgeblich an der Einführung chemischer Stoffe in die Heilkunde beteiligt war. Ohne ihn ist die Chemiatrie der nachfolgenden Jahrhunderte nicht denkbar. In die Küche eines Alchemisten fühlt man sich denn auch versetzt in seinem Hauptwerk »Labyrinthus medicorum errantium« von 1537, das die Irrwege der Heilkunde entwirren und zum »Licht der Natur« führen wollte.

Als strikter Gegner Galens verwarf Paracelsus dessen »Haus der Medizin«. Seine neue Heilkunde stand auf vier Säulen: der Philosophie, womit Naturkunde und Naturphilosophie gemeint waren, der Astronomie als einer Kunde von der Zeit, der Alchemie mit chemischen Arzneimitteln und der Physica, worunter das praktische Tun des Arztes zu verstehen war. Letztere wird durch die Liebe zum Kranken bestimmt, das heißt, sie stellte für Paracelsus die Tugend des Arztes dar.

Folglich gründete sein Entwurf einer neuen Heilkunde auf drei wissenschaftlichen und einer ethischen Säule. Bei der Behandlung hatte der Arzt sich stets die Einheit von Leib und Seele und die Beziehung von Mensch und Kosmos zu vergegenwärtigen. In seiner weitgefassten Krankheitslehre unterschied Paracelsus »kosmische« Einflüsse, durch Gift bedingte Leiden, Krankheiten, die von der körperlichen und geistigen Verfassung des Einzelnen abhingen, und schließlich durch Gott bedingte Leiden und deren Heilung.

Auch die Säftelehre mit ihren beliebten Methoden Aderlass und Abführmittel galt ihm nichts. Krankheiten waren für ihn nämlich nicht die Folge eines Ungleichgewichts der Säfte, sondern ein körperchemischer Prozess, bei dessen Stoffwechselvorgängen es zu Ablagerungen und Rückständen kam. Dagegen setzte Paracelsus neben Wurzeln und Kräutern auch mineralische und metallische Elixiere und Mixturen ein. Ebenso wie Eisen und Kupfer finden wir Schwefel und Arsen. Prinzipiell galt für Paracelsus der Wahlspruch: »Allein die Dosis macht, dass ein Ding ein Gift sei«.

Forschende Ärzte

Allzu leicht verblassen andere Vertreter der Heilkunde neben der Gestalt dieses progressiven Arztes. Doch gerade zu Beginn der Neuzeit führten genaue Naturbeobachtung und philologische Kritik in vielfältiger Form zu einem wissenschaftlichen Aufbruch. Dies lässt sich etwa im Bereich der Pflanzenkunde beobachten. Da pflanzliche Heilmittel einen wichtigen Teil der Therapie ausmachten, musste der Arzt auch ein versierter Pflanzenkenner sein. Zu den ersten gedruckten medizinischen Werken zählen daher Kräuterbücher. Am Beginn steht hier der umfangreiche Pflanzenatlas des Arztes und Botanikers Otto Brunfeld (1488–1534), gefolgt von den Schriften des Leonhart

Fuchs, dem die beliebte Fuchsie ihren Namen verdankt. Immer neuere und exotischere Pflanzen brachten die Reisenden im Zeitalter der Entdeckungen nach Europa, wo die ersten botanischen Gärten bezeichnenderweise in den medizinischen Zentren Padua, Bologna und dem holländischen Leiden entstanden. Das Bedürfnis zu ordnen und zu klassifizieren, ließ im Laufe des 16. Jahrhunderts auch in der Zoologie gewaltige enzyklopädische Sammelwerke von forschenden Ärzten wie dem Schweizer Conrad Gesner oder dem Engländer Edward Wotton entstehen. Auch das erste Buch der Mineralogie wurde von einem Arzt verfasst, von dem Chemnitzer Stadtphysikus Georg Bauer (1494–1555). Doch bekannter sind seine detaillierten Schilderungen zum Bergbau, die er, der humanistischen Mode entsprechend, unter seinem latinisierten Namen »Agricola« veröffentlichte.

Die moderne Anatomie des Vesal

Als Vertreter einer neuen Medizin, einer naturwissenschaftlich orientierten Heilkunst, gilt der große Anatom Andreas Vesal, der von 1514 bis 1564 lebte. Die jahrhundertelange Trennung von Katheder und Sektionstisch, von theoretischer Medizin und handwerklicher Chirurgie sollte 1543 mit dem Werk »Vom Bau des menschlichen Körpers« beendet werden. Schon das Titelblatt der »Fabrica«, wie das Werk mit lateinischem Kurztitel hieß, wies demonstrativ auf den Bruch mit alten Traditionen hin. Es zeigt Vesal am Sektionstisch, wo er als akademischer Arzt ganz bewusst einen Leichnam berührt. Mit mehr als 660 Druckseiten und 17 einzigartigen Tafeln zum Bau des menschlichen Körpers, angefertigt durch den Tizian-Schüler Jan Stephan von Kalkar, wurde die »Fabrica« zu einem Meilenstein der Medizingeschichte. Von jedem Teil des menschlichen Körpers waren genaue Details über Lage, Form, Größe, Anzahl und Funktion zu erfahren. Gewidmet war die »Fabrica« Kaiser Karl, dem damaligen »Herrn der Welt«, denn auch die Medizin begann sich zu einer weltlichen Wissenschaft zu wandeln. Die Anatomie erreichte eine ungeheure Aufwertung und Wertschätzung. Zeitgenossen galt sie nunmehr als Schlüssel und Steuerruder der Heilkunde.

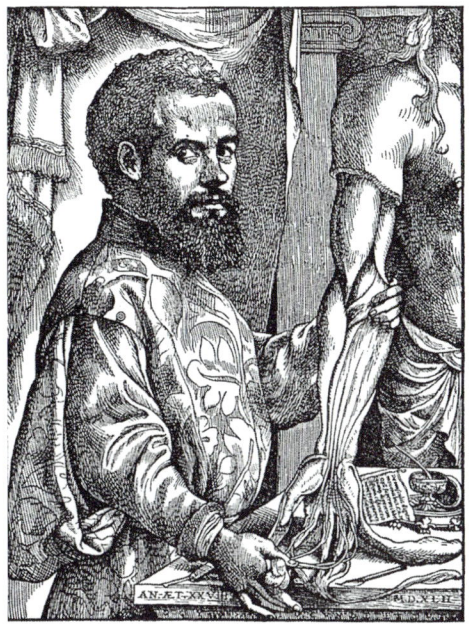

Bereits im Alter von 28 Jahren sollte der Brüssler Arzt Andreas Vesal die damaligen Kenntnisse der Anatomie revolutionieren

> Auch Galen, nächst Hippokrates der Fürst der Medizin, betont häufig […], wieviel Freude ihm die Chirurgie gemacht und wie eifrig er sie mit den übrigen Ärzten Asiens geübt habe. Ja es scheint, dass jeder von den Alten die Behandlung mit der Hand und die welche sich auf Ernährung und Arzneien stützt, gleichsam sorgsam seinen Nachfolgern überliefert hat. Aber es ist, erhabenster Kaiser Karl, keineswegs meine Absicht, ein Werkzeug der Medizin den anderen vorzuziehen.
>
> *Andreas Vesal in der Dedicatio der »Fabrica«, 1543*

Portrait des Andreas Vesal aus dessen Werk »De humani corporis fabrica«, 1543

DIE ANFÄNGE DER MODERNEN MEDIZIN

»Kunstwerke des Körpers«

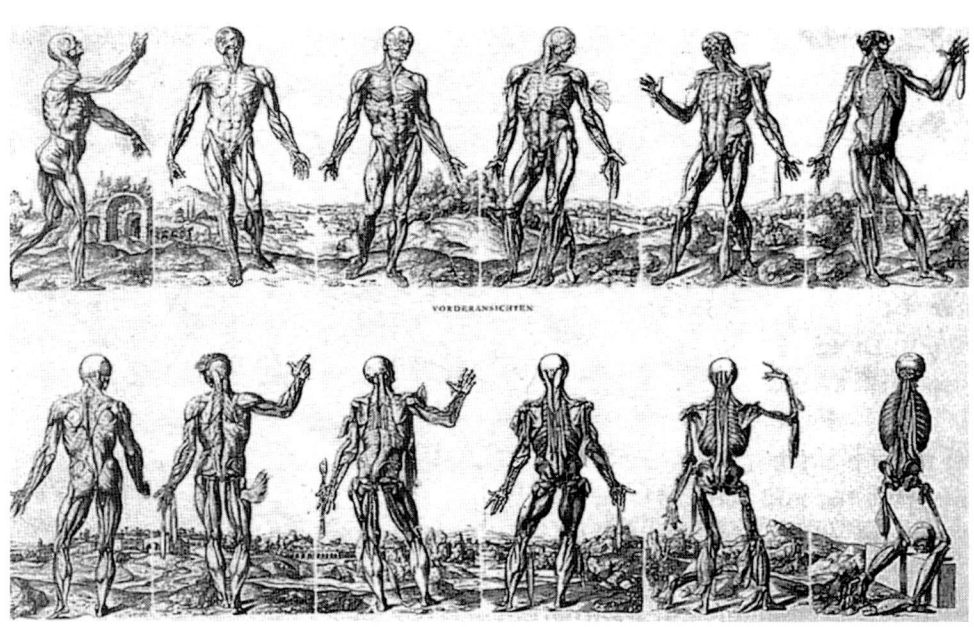

Aus der »Fabrica« des Andreas Vesal, 1543

Der Werdegang Vesals liest sich wie die Bilderbuchkarriere eines studierten Arztes. Als Sohn eines Brüssler Hofapothekers studierte er in Löwen und Paris, bevor er mit 23 Jahren nach Padua an einen Lehrstuhl für Chirurgie berufen wurde. Nach seinen eigenen Worten hatte er in Paris einen unwissenden Bader davongejagt, um während der Sektionen selbst den menschlichen Körper zu zergliedern und zu präparieren. Indem Vesal sezierte und genauestens beschrieb, erkannte er, dass die Lehren des Galen lediglich auf der Anatomie von Affen und Haustieren beruhten. Diesen stellte er eine neuartige, eigenständige Erforschung des menschlichen Körpers gegenüber, dessen Resultat die prachtvolle »Fabrica« war. Doch der Erfolg holte den Wissenschaftlicher ein. Nachdem er die Drucklegung seines epochemachenden Werkes überwacht hatte, sollte er zum Leibarzt Karls V. und Philipps II. aufsteigen. Bevor er auf einer Pilgerreise nach Jerusalem starb, lag sein weiterer Wirkungskreis damit fernab der medizinischen Fakultäten.

Allerdings war es Vesal gelungen, eine Reihe galenscher Irrtümer wie die fünflappige Leber, den zweigeteilten Unterkiefer oder die Annahme von Poren in der Scheidewand des Herzens zu widerlegen. Es liegt auf der Hand, dass das scheinbar schlüssige antike Erklärungsmodell nicht ohne Widerstreben aufgegeben wurde. So argumentierten die Befürworter Galens nach dem Erscheinen der »Fabrica«, dass das Abweichen der neuen anatomischen Forschung von der antiken Medizin möglicherweise auf eine Veränderung des Menschen seit der Antike zurückzuführen sei. Doch langfristig war die Richtung vorgegeben. In die Fußstapfen Vesals traten in Padua die Anatomen Colombo, dem die Beschreibung des kleinen Blutkreislaufs gelang, und Fabrizzis, der die Venenklappen darstellte, bevor sein Schüler, der Engländer William Harvey mit der Entdeckung des großen Blutkreislaufs 1623 eine der wichtigsten Grundlagen der galenschen Medizin erschüttern konnte. Dies führt uns jedoch bereits in eine Epoche der Medizin, die mit der Erfindung des Mikroskops und der Entdeckung der Mikrostrukturen die Grenzen der für das menschliche Auge sichtbaren Welt überschritten hatte.

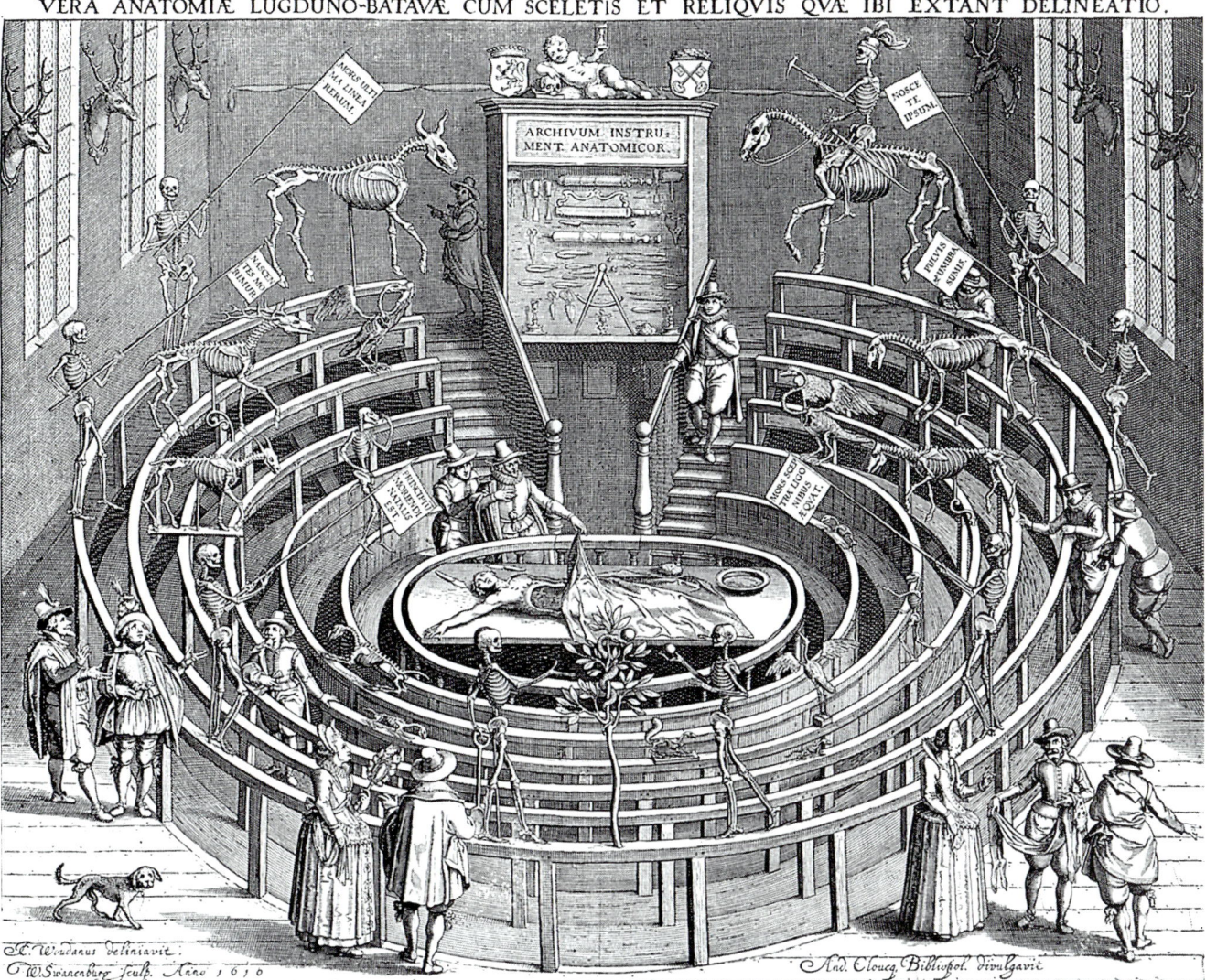

Im »anatomischen Theater«

Die zunehmende Bedeutung der Anatomie für die medizinische Ausbildung spiegelte sich in der Errichtung spezieller Unterrichtsstätten wider. In dem Ausmaß, indem die Sektion menschlicher Körper Eingang in den medizinischen Unterricht fand, begannen sich die anderen Fakultäten gegen die Anlieferung von Leichen – meist von Hingerichteten – in die Universitäten und die dortige Unterbringung zu wehren. Doch nicht immer wollte man auf dem Friedhof oder in wechselnden, angemieteten Räumen sezieren. Die Lösung waren eigene Gebäude, die man *theatrum anatomicum* nannte. Der Name dieses anatomischen Theaters war Programm, denn akademische Ausbildung traf hier auf menschliche Neugier. Ein konzentrisch angeordneter, stufenförmig ansteigender Hörsaal bot Studenten der Medizin, aber auch einem interessierten und zahlungskräftigen Laienpublikum Gelegenheit, an den Sektionen menschlicher Körper teilzunehmen. Naturgemäß fanden sich diese Einrichtungen wiederum an den maßgeblichen Ausbildungsstätten der Zeit. So verfügten Montpellier,

Forschung als Schaubühne – das »anatomische Theater« der Universität Leiden

W. Swanenburg, Kupferstich, 1610

DIE ANFÄNGE DER MODERNEN MEDIZIN

Ferrara, Basel, Padua und Leiden bis zum Ende des 16. Jahrhunderts über derartige Inszenierungen der medizinischen Wissenschaft.

Neue Wege der Erkenntnis

Mit dem Aufstieg der Anatomie von einem weniger beachteten Teilgebiet der Heilkunde zu einer »Königsdisziplin« wird ein allmählicher Wandel in der Heilkunde deutlich. An die Stelle der antiken Säftelehre trat eine empirische, naturwissenschaftliche Medizin. Neben das Bewahren und Sammeln, das wir als Kennzeichen der Klostermedizin kennen gelernt haben, den Erfahrungsschatz der Volksmedizin, wie er von den weisen Frauen ausgeübt wurde, und den Beginn der Medizin als einer wissenschaftlichen Disziplin, wie sie an Medizinschulen und Universitäten gelehrt wurde, trat eine zunehmend kritischere Auseinandersetzung mit den Klassikern. Von entscheidender Bedeutung war dabei, dass man allmählich das ganzheitliche Modell der alten Medizin hinter sich ließ, das im Dreiklang von Physiologie, Pathologie und Therapie Gesundheit als eine Harmonie der Säfte begriffen hatte, deren Störung es zu beheben und wieder ins Gleichgewicht zu bringen galt. Mensch und Welt waren dabei aufeinander bezogen gewesen. Mikro- und Makrokosmos hatten sich gegenseitig bedingt und waren in eine stimmige Kosmologie gemündet. Dieses Denkmodell sollte durch die neue Lehre von der Funktion der Organe und dem Bau des menschlichen Körpers beendet werden. Sie bildete die Grundlage für weitere Forschungen und Erkenntnisse. Man sollte lernen, den eigenen Augen zu vertrauen.

Literaturverzeichnis

Ackerknecht, Erwin H.: Geschichte der Medizin. Überarbeitet und ergänzt von Axel Hinrich Murken. Stuttgart 1992[7]

Amman, Jost: Das Ständebuch. Frankfurt/M. 1988

Ariès, Philippe/Duby, Georges (Hg.): Geschichte des privaten Lebens, Bd. 2. Vom Feudalzeitalter zur Renaissance. Frankfurt/M. 1990

Baader, Gerhard/Keil, Gundolf (Hg.): Medizin im mittelalterlichen Abendland. Darmstadt 1982

Bäumler, Ernst: Amors vergifteter Pfeil. Kulturgeschichte einer verschwiegenen Krankheit. München 1989

Bennion, Elisabeth: Alte medizinische Instrumente. Köln 1996

Benzenhöfer, Udo/Kühlmann, Wilhelm (Hg.): Heilkunde und Krankheitserfahrung in der frühen Neuzeit. Tübingen 1992

Bergdolt, Klaus: Arzt, Krankheit und Therapie bei Petrarca. Weinheim 1992

Bergdolt, Klaus: Der Schwarze Tod in Europa. Die große Pest und das Ende des Mittelalters. München 1994

Bergdolt, Klaus: Leib und Seele. Eine Kulturgeschichte des gesunden Lebens. München 1999

Boockmann, Harmut: Die Stadt im späten Mittelalter. München 1987[2]

Boccaccio, Giovanni: Das Dekameron. Frankfurt/M. 1980[6]

Breindl, Ellen: Das große Gesundheitsbuch der Hl. Hildegard von Bingen. Aschaffenburg 1983

Bumke, Joachim: Höfische Kultur. München 1994[7]

Clausberg, Karl: Die Manessische Liederhandschrift. Köln 1978

Craemer, Ulrich: Das Hospital als Bautyp des Mittelalters. Köln 1963

Delumeau, Jean: Angst im Abendland. Die Geschichte kollektiver Ängste im Europa des 14. bis 18. Jahrhunderts, 2 Bde. Reinbek bei Hamburg 1985

Dethlefs, Gerd: Pest und Lepra. Seuchenbekämpfung in Mittelalter und früher Neuzeit. (= Geschichte original am Beispiel der Stadt Münster 16) Münster 1989

Duft, Johannes: Notker der Arzt. Klostermedizin und Mönchsarzt im frühmittelalterlichen St. Gallen. St. Gallen 1972

Eckart, Wolfgang U.: Geschichte der Medizin. Berlin, Heidelberg 1998[3]

Engelhardt, Dietrich v./Hartmann, Fritz: Klassiker der Medizin, Band 1.: Von Hippokrates bis Christoph Wilhelm Hufeland. München 1991

Frick, Karl R. H.: Geschichte der Medizin in Kärnten im Überblick, Bd. 1: Von den Anfängen bis zum Jahre 1804. Klagenfurt 1987

Gaude, Werner: Die alte Apotheke. Stuttgart 1979

Geerk, Frank: Paracelsus – Arzt unserer Zeit. Leben, Werk und Wirkungsgeschichte des Theophrastus von Hohenheim. Zürich 1993[2]

Gersdorff, Hans von: Feldbuch der Wundarznei. (= Literaturdenkmäler der Medizin- und Pharmaziegeschichte 3, hg. A. H. Murken). Nachdruck Osnabrück 1981

Goerke, Heinz: Arzt und Heilkunde. Vom Asklepiospriester zum Klinikarzt. Köln 1998

Grmek, Mirko D. (Hg.): Die Geschichte des medizinischen Denkens. Antike und Mittelalter. München 1996

Grundmann, Herbert: Vom Ursprung der Universität im Mittelalter. Darmstadt 1976[2]

Gubalke, Wolfgang: Die Hebamme im Wandel der Zeiten. Hannover 1985[2]

Haug, Werner: Das St.-Katharinen-Hospital der Reichsstadt Esslingen. Geschichte, Organisation und Bedeutung. Esslingen 1965

Heinsohn, Gunnar/Steiger, Otto: Die Vernichtung der weisen Frauen. München 1985

Herrlinger, R.: Geschichte der medizinischen Abbildung. Von der Antike bis um 1600. München 1981[2]

Hiestand, Rudolf: Kranker König – Kranker Bauer, in: Wunderli, Peter (Hg.): Der kranke Mensch in Mittelalter und Renaissance. Düsseldorf 1986, S. 61–78

Hildegard von Bingen: Heilkunde. Das Buch von dem Grund und Wesen der Heilung der Krankheiten. Übersetzt und erläutert von Heinrich Schipperges. Salzburg 1957

Hofmann, Burkhard: Kranker und Krankheit um 1500. Diss. med. Aachen 1983

Irsigler, Franz/Lassotta, Arnold: Bettler und Gaukler, Dirnen und Henker. Außenseiter in einer mittelalterlichen Stadt. München 1984

Isenmann, Eberhard: Die deutsche Stadt im Spätmittelalter. Stuttgart 1988

Jetter, Dieter: Das europäische Hospital. Von der Spätantike bis 1800. Köln 1987[2]

Jetter, Dieter: Geschichte der Medizin. Einführung in die Entwicklung der Heilkunde aller Länder und Zeiten. Stuttgart/New York 1992

Jones, Peter Murray: Heilkunst des Mittelalters in illustrierten Handschriften. Stuttgart 1999

Jütte, Robert: Obrigkeitliche Armenfürsorge in deutschen Reichsstädten der Frühen Neuzeit. Städtisches Armenwesen in Frankfurt a. M. und Köln. Köln 1984

Jütte, Robert: Ärzte, Heiler und Patienten. Medizinischer Alltag in der frühen Neuzeit. München, Zürich 1991

Jurina, Kitti: Vom Quacksalber zum Doctor Medicinae. Die Heilkunde in der deutschen Graphik des 16. Jahrhunderts. Köln, Wien 1985

Keil, Gundolf: Seuchen des Mittelalters, in: Hermann, Bernd (Hg.): Mensch und Umwelt im Mittelalter. Stuttgart 1986, S. 109–128

Keil, Gundolf/Schnitzer, Paul (Hg.): Das Lorscher Arzneibuch und die frühmittelalterliche Medizin. Lorsch 1991

Kiby, Ulrika: Bäder und Badekultur in Orient und Okzident. Köln 1995

Kirchgässner, Bernhard/Sydow, Jürgen (Hg.): Stadt und Gesundheitspflege. Sigmaringen 1982

Knefelkamp, Ulrich: Das Gesundheits- und Fürsorgewesen der Stadt Freiburg im Breisgau im Mittelalter. Freiburg i. Br. 1981

Knefelkamp, Ulrich: Das Verhalten von Ärzten in Zeiten der Pest (14.–18. Jahrhundert), in: Joerden, Jan C. (Hg.): Der Mensch und seine Behandlung in der Medizin. Bloß ein Mittel zum Zweck? Stuttgart 1998, S. 13–39

Königer, Ernst: Aus der Geschichte der Heilkunst. Von Ärzten, Badern und Chirurgen. München 1958

Kotzur, Hans-Jürgen (Hg.): Hildegard von Bingen 1098–1179 (Ausstellungskatalog). Mainz 1998

Kröner, Peter/Rütten, Thomas/Weisemann, Karin/Wiesing, Urban (Hg.): Ars Medica. Verlorene Einheit der Medizin? Stuttgart, Jena, New York 1995

Kühnel, Harry (Hg.): Alltag im Spätmittelalter. Graz, Wien, Köln 1996

Lässig, Heinz E./Müller, Rainer A.: Die Zahnheilkunde in Kunst- und Kulturgeschichte. Köln 1984[2]

Lässig, Heinz E./Müller, Rainer A.: Die Zahnheilkunde in Kunst- und Kulturgeschichte. Köln 1984[2]

Landesdenkmalamt Baden-Württemberg/Stadt Zürich (Hg.): Stadtluft, Hirsebrei und Bettelmönch. Die Stadt um 1300. Stuttgart 1992

Leistikow, Dankwart: Hospitalbauten in Europa aus zehn Jahrhunderten. Ingelheim 1967

Mollat, Michel: Die Armen im Mittelalter. München 1984

Montaigne, Michel de: Tagebuch einer Badereise. Stuttgart 1963

Müller, Irmgard: Die pflanzlichen Heilmittel bei Hildegard von Bingen. Salzburg 1982

Müller, Irmgard: Krankheit und Heilmittel im Werk Hildegards von Bingen, in: Brück, Anton Ph. (Hg.): Hildegard von Bingen 1179–1979. Unveränderter Nachdruck 1979, Mainz 1998, S. 311–350

Niederösterreichische Landesregierung (Hg.): Kunst des Heilens. Aus der Geschichte der Medizin und Pharmazie. (Ausstellungskatalog). Wien 1991

Ohler, Norbert: Sterben und Tod im Mittelalter. München 1990

Paracelsus, Theophrast von Hohenheim: Sämtliche Werke, hg. von Karl Sudhoff, 14 Bde. München 1923–1933

Paracelsus: Vom Licht der Natur und des Geistes. Eine Auswahl. Hg. von Kurt Goldammer. Stuttgart 1979

Peters, Hermann: Der Arzt und die Heilkunde in alten Zeiten. Nachdruck der Erstausgabe von 1900, Düsseldorf, Köln 1976[5]

Piltz, Anders: Die gelehrte Welt des Mittelalters. Köln, Wien 1982

Pohl, Hans (Hg.): Staatliche, städtische, betriebliche und kirchliche Sozialpolitik vom Mittelalter bis zur Gegenwart. Stuttgart 1991

Prahl, Hans-Werner/Schmidt-Harzbach, Ingrid: Die Universität. Eine Kultur- und Sozialgeschichte. München, Luzern 1981

Probst, Christian: Fahrende Heiler und Heilmittelhändler. Medizin von Marktplatz und Landstraße. Rosenheim 1992

Reddig, Wolfgang F.: Das Bürgerspital um 1500. Pfründneranstalt und Sozialasyl, in: Bahn, Peter (Hg.): »Als ich ein Kind war …«. Bretten 1497 – Alltag im Spätmittelalter. Begleitbuch zur Ausstellung. Bretten 1997, S. 141–158

Reddig, Wolfgang F.: Armut, Krankheit, Not in Bamberg. Sozial- und Gesundheitswesen bis zum Beginn des 19. Jahrhunderts. Bamberg 1998

Reddig, Wolfgang F.: Bürgerspital und Bischofsstadt. Das St. Katharinen- und das St. Elisabethenspital in Bamberg vom 13.–18. Jahrhundert. Diss. Bamberg 1998

Rüster, Detlef: Alte Chirurgie. Köln 1986

Ruppert, Fidelis OSB/Stüfe, Ansgar OSB: Der Abt als Arzt – Der Arzt als Abt. Münsterschwarzach 1997

Scherzer, Ricarda: Hebammen. Weise Frauen oder Technikerinnen? Zum Wandel eines Berufsbildes. Karben 1988

Schipperges, Heinrich: Der Garten der Gesundheit. Medizin im Mittelalter. München 1990

Schipperges, Heinrich: Geschichte der Medizin in Schlaglichtern. Mannheim 1990

Schipperges, Heinrich: Die Kranken im Mittelalter. München 1993[3]

Schipperges, Heinrich: Gute Besserung. Ein Lesebuch über Gesundheit und Heilkunst. München 1994

Schmitz, Rudolf: Mörser, Kolben und Phiolen. Aus der Welt der Pharmazie. Graz 1978[2]

Schmitz, Rudolf: Geschichte der Pharmazie. Bd. I: Von den Anfängen bis zum Ausgang des Mittelalters. Eschborn 1998

Seidler, Eduard: Geschichte der Pflege des kranken Menschen. Stuttgart 1980[5]

Stahlmann, Ines: Krankheit – Antike, in: Dinzelbacher, Peter (Hg.): Europäische Mentalitätsgeschichte. Stuttgart 1993, S. 187–194

Trüb, C. L. Paul: Heilige und Krankheit. Stuttgart 1978

Tuchmann, Barbara: Der ferne Spiegel. München 1983[2]

Valentinitsch, Helfried/Schwarzkogler, Ileane (Hg.): Hexen und Zauberer (Ausstellungskatalog). Graz, Wien 1987

Vanja, Christine: Krankheit – Mittelalter, sowie Krankheit – Neuzeit, beides in: Dinzelbacher, Peter (Hg.): Europäische Mentalitätsgeschichte. Stuttgart 1993, S. 195–207

Vasold, Manfred: Pest, Not und schwere Plagen. Seuchen und Epidemien vom Mittelalter bis heute. München 1991

Vogt, Helmut: Das Bild des Kranken. München 1969

Voragine, Jacobus de: Legenda Aurea. Heiligenlegenden. Zürich 1982

Wagner, Margarete: Nürnberger Handwerker. Bilder und Aufzeichnungen aus den Zwölfbrüderhäusern 1388–1807. Wiesbaden 1978

Wilderotter, Hans (Hg.): Das große Sterben. Seuchen machen Geschichte (Ausstellungskatalog). Berlin 1995

Windemuth, Marie-Luise: Das Hospital als Träger der Armenfürsorge im Mittelalter. Stuttgart 1995

Winkle, Stefan: Geißeln der Menschheit. Eine Kulturgeschichte der Seuchen. Düsseldorf, Zürich 1997[6]

Wolf, Jörn Henning (Hg.): Aussatz, Lepra, Hansen-Krankheit. Ein Menschheitsproblem im Wandel. 2 Bde. (Ausstellungskatalog) Würzburg 1986

Wunder, Heide: »Er ist die Sonn', sie ist der Mond«. Frauen in der Frühen Neuzeit. München 1992

Zimmermann, Gerd: Ordensleben und Lebensstandard. Münster 1973

Stichwortverzeichnis

A
Aachen 7, 79, 94
Abbas, Haly 56
Abbinden 19, 116
Abdecker 9, 130
Abführmittel 13, 20, 52, 102, 143, 148
Abraham a Santa Clara 96
Aderlass 7, 20, 35, 37f., 53, 55, 80, 89, 105, 117, 143, 148
Ärzteschulen 13
Ärztinnen 131f.
Africanus, Constantinus 32, 55f.
Aids 84
Akkon 71
Alant 52
Albertus Magnus 7, 63, 134
Alchemie 59, 148
Alexander der Große 99
Alexandria 18, 54
Alkaloide 97
Alkuin 7, 22f.
Almosenier 40
Alpdruck 26
Alraune 16, 49f., 56, 130, 132
Ambrosius 21
Amputationen 71, 97f., 113, 143
Amulette 8, 15, 27f., 86, 94, 96, 130
Anatomie 19, 21, 57, 136, 149f., 151f.
Anatomisches Theater 151f.
Ansteckung, Ansteckungskrankheiten 76ff., 84, 88f., 102f., 120, 143
Antidote ↦ siehe Gegengift
Antiochia 23
Antoniter 72, 97f.
Antonius von Florenz 28
Antoniusfeuer 96ff., 113
Antwerpen 84, 87
Apollo 14, 21, 86, 105
Apotheke/-r 25, 44, 57f., 64, 108, 110f., 122ff., 143f., 150
Arabien 13, 54, 59, 64, 113
Archiater 15

Aristoteles 18, 62f.
Arles 23
Arnaldo de Villanova 59
Arterien 19
Artes liberales 22, 32, 62, 107
Arzneibücher 8, 27, 42ff., 123
Arzneimittel 13, 43f., 111, 126
Asam, Cosmas Damian 25
Asklepiades 15
Asklepios 10, 14f., 21, 86
Asklepioskult 10, 12, 14f.,
Astrologie 63, 136
Atem 51, 103
Atemnot 104
Athen 10, 76
Atmungsorgane 52
Aufgüsse 20
Augenarzt 15, 23, 113, 126, 143
Augenleiden 28f., 37, 52, 99
Augenwässer 52
Augsburg 83, 95, 101, 104, 139
Augustinus 21f., 33
Aussatz 22, 53, 68, 71, 74f., 77ff., 99, 103
Ausscheidungen 12
Ausschlag 52, 78, 103, 105, 122
Avicenna 8, 54f., 59, 64, 85, 99, 146
Avignon 83

B
Bacon, Roger 63
Bad 10, 15, 34, 82, 119, 122, 143
Badeanlagen/-haus 16, 37, 105, 119
Badekultur 16, 82, 117
Bademagd 120f.
Bader/-in 9, 91, 105, 116-122, 130, 131f., 143, 146, 150
Badestuben 110, 117
Bärenfett 48
Bagdad 54, 72, 99
Baldrian 94
Balduin IV. (König von Jerusalem) 71, 80
Baldur 25

Balsamharz 43
Bamberg 43, 138
Barbarossa, Friedrich 47, 62
Barbier 9, 15, 106, 112, 116f., 140
Barbierchirurg 116f.
Barcelona 102
Bardowick 81
Basel 23, 81, 93, 101, 122f., 138, 140, 152
Basileos der Große 21, 23, 33
Bauchschmerzen 52
Bauer, Georg 149
Becket, Thomas 72
Begardi, Philipp 112
Beginen 142
Behaim, Hans 140
Benediktbeuren 41
Berlin 94
Bern 81
Bernhard von Clairvaux 46
Beryll 31, 50f.
Betäubungsmittel 56, 126
Bethencourt, Jacques de 105
Bethlehem 23
Bettnässen 29
Biberach an der Riß 139, 142
Bibernelle 94
Bilsenkraut 56, 127
Blasenoperation 70
Blattern 100, 102
Blinde 28, 41
Blut 10, 19f., 35, 51f., 66, 79f., 82, 85, 89, 99, 105, 117
Blutkreislauf 19, 150
Blutstillung 112
Blutungen 13
»Böser Blick« 27, 132
Boccaccio, Giovanni di 76, 87f.
Bohnenkraut 42
Bologna 61, 63, 107, 114, 149
Bosch, Hieronymus 98
Brant, Sebastian 9, 96
Brechmittel 20, 52, 117

Bremen 79
Brennen 14, 53
Brenneisen 36, 84, 89, 113
Brennkegel 53
Brille 31, 127, 130
Bruchoperation 16, 113
Brügge 84, 142
Brüssel 150
Brunfeld, Otto 148
Brunschwig, Hieronymus 116
Brustkrankheiten 29, 52
Buda 83

C
Cäsar 15
Caesarea 23
Caffa 83, 86
Cambridge 62
Cassiodor, Aurelius 32
Cathedra 23
Cato der Ältere 14f.
Celle 94
Celsus, Aulus Cornelius 16, 78, 144
Chartres 102
Chaucer, Geoffrey 76
Chauliac, Guy de 89, 109, 114
Chirurg/-ie 16, 19, 25, 45, 54, 56f., 59, 66f., 71, 89, 106, 112ff., 116f., 120, 131, 134, 137, 146, 150
Chirurgieschulen 112f.
Choleriker 20
Christentum 18, 21, 59, 78
Christus medicus 21, 146
Cîteaux 39
Clemens VI. (Papst) 83
Clermont 45
Cluny 36, 39, 41
Coelestin III. (Papst) 71
Corbie 32
Cordoba 54, 59
»Corpus Hippocraticum« 13

D
Dämonen 21, 26f., 47, 50f., 94, 98, 130, 133
Damaskus 54
Defoe, Daniel 88
Depressionen 29
Desiderius 28
Deutscher Orden 72f., 138
Diät, Diätetik 12, 15, 19, 21, 33, 37, 44, 50, 56, 58, 64, 89
Diagnose 11, 20, 91
Dill 50
Diokletian 23, 86
Dioskurides, Pedanaios 16, 29, 42, 52

Disibodenberg 46
Drogen 20, 45, 48, 52, 123, 127
Druiden, keltische 25
Dürer, Albrecht 102f., 106
Durchfall 29

E
Eberbach 39
Eberwurz 94
Eckart 13
Edelsteine 50, 52
Ehrlich, Paul 104
»Eid des Hippokrates« 13
Einsiedeln 146
Eir 26
Eiter 19
Elbing 72
Englische Schweißsucht 101f.
Entbindungskunst 16, 133f.
Entzündungen 12, 99
Enzian 16, 94
Ephesus 23
Epilepsie 29
Erbrechen 13
Erfurt 62
Ergotismus 96, 98
Essig 13, 44, 48, 91, 93
Esslingen 140
Ettal 41
Eugen II. (Papst) 46
Eustachius (Abt) 28

F
Famulus 34
Farn 50
Feldscherer 114 ff.
Félicie, Jaqueline 131
Fenchel 42, 52f.
Ferndiagnose 111
Ferrara 146, 152
Fieber 12, 28, 42, 54, 56, 64, 66, 85, 99, 101
Fiebersümpfe 16
Fisteln 13
Flagellanten 95
Fleckfieber 84, 99
Florenz 87f., 114, 144
Folz, Hans 120
Fracastoro, Girolamo 105
Frankfurt 93, 95, 101f., 131, 136f., 143
Frauenärztinnen 15
Frauenheilkunde 15, 52, 56, 131, 133
Frauenkraut 52

Frauenminze 42
Freiburg 95, 117, 137
Freie Künste ↦ siehe Artes liberales
Friedrich I. 94
Friedrich II. 57, 62, 109
Friedrich III. 71
Frugardi, Roger 112

G
Galen von Pergamon 8, 18 ff., 21, 32, 43, 54, 57, 59, 64, 84, 100, 108, 144, 146, 148, 150
Galenika 20
Galilei, Galileo 144
Galläpfel 13
Galle, gelbe 10, 19f.
Galle, schwarze 10, 19f.
Gallenblase 20
Gebärstuhl 15, 136f.
Geburt 53, 131, 134, 136
Geburtshelferin ↦ siehe Hebamme
Geburtshilfe 54, 56, 130, 132f.
Geburtszange 137
Gegengift 44, 52, 56
Gehirn 20, 49, 51f., 89
Geister, böse ↦ siehe Dämonen
Geistesstörungen 29, 97
Gent 142
Genua 83, 93
Gerbstoffe 13, 29
Gerhard von Cremona 59
Gersdorff, Hans von 97, 116
Geschwüre 13, 28, 50, 52, 78, 80, 105, 113
Gesner, Conrad 149
Gesundheitsbücher 7, 58
Gewürznelken 44, 53, 91
Gicht 29, 44, 48
Gift 42, 50 ff., 126, 148
Gilles de Corbeil 59
Gladiatorenarzt 15, 18f.,
Göppingen 71
Goethe, Johann Wolfgang von 100
Gondischapur 54
Gotha 72
Granatapfel 15
Graz 71
Gregor von Tours 29, 100
Grimm, Jakob 25
Groß, Konrad 138
Grünewald, Matthias 98
Grünkraft ↦ siehe Viriditas
Guajakholz 103 ff.
Gundelrebe 52f.
Gutleute 79f., 143

H

Haarausfall 48
Halle 72
Halluzinationen 97
Hamburg 80, 94, 101, 116f., 123
Harn 12, 80, 82, 91
Harnglas 25, 106, 111
Harnprobe 37, 111, 132
Harnschau 20, 54, 56, 72, 91, 106, 108, 111, 143f., 146
Hartmann von Aue 66
Harun al-Raschid 72
Harvey, William 150
Haselwurz 53
Hausarme 142
Hausmedizin, römische 15
Haut 20, 52, 81, 97, 100, 122
Hauterkrankungen 37, 78
Hebamme 9, 15, 23, 26, 55, 106, 131, 133ff.
Hebmägde 143
Heerarzt 15
Heidelberg 23, 62
Heilbäder 29, 59
Heilige:
  Andreas 29
  Antonius 28, 96ff.
  Apollonia 28
  Augustin 28
  Benedikt 8, 28, 32 ff., 39, 142f.
  Brigitta 29
  Clara 28
  Clarus 28
  Cosmas 23, 25, 28, 43, 123
  Damian 23, 25, 28, 43, 123
  Demetrius 29
  Elisabeth 73f., 78
  Eugenia 29
  Flavitus 28
  Franz von Assisi 73, 78
  Gallus 28
  Gertrud 78
  Hildegard von Bingen 46ff., 131, 134
  Irene von Rom 23
  Karl Boromäus 96
  Katharina von Siena 28, 78
  Leander 29
  Ludger 100
  Ludwig der Fromme 78
  Magnus 28
  Maria 86
  Martin 29, 78, 100
  Matthias 23
  Nicoletta 28
  Pancratius 28
  Pantaleon 23, 28
  Paulus 23, 29
  Quirinus 29
  Rochus 86f.
  Sebastian 28, 30, 86
  Severinus 28
  Verena von Zurcoot 23
  Wilhelm 28
Heilige Drei Könige 29
Heilkräuter ↦ siehe Heilpflanzen
Heilöl 29
Heilpflanzen 14, 16, 41, 48, 52, 66, 70, 102, 123
Heilpraktikerinnen 131f.
Heilquellen 29
Heilschlaf 14, 66
Heilzauber 15
Heinrich I. von Bayern 37
Heinrich II. (Kaiser) 43, 70
Heinrich II. Plantagenet 72
Heinrich von Aue 66
Henker 9, 130
Herbarius 37
Hersfeld 41
Herz 19, 29, 51, 89, 150
Herzleiden 48
Hexen 27, 29, 94f., 131f., 134
Hexenschuss 26
Hieronymus 21
Hildesheim 138
Hippokrates 8, 10ff., 18, 21, 32, 43, 54, 57, 64, 84, 107, 146
Hirsau 36f.
Hirschtalg 48
Hirse 49
Hispanus, Petrus 59
Homer 11
Honorar 14, 111, 123
Hospitarius 40
Hôtelier 40
Humanismus 13, 64, 144
Humoralpathologie ↦ siehe Säftelehre
Humores ↦ siehe Säfte
Husten 52
Hutten, Ulrich von 103f.
Hygieia 14
Hygiene 9, 16, 33, 52, 68, 75, 105, 117, 120, 138

I

Iatrochemie 54
Impotenz 48, 132
Infektionskrankheiten 85, 99, 113, 143
Infirmarium 38f.
Infirmarius 34
Ingwer 44
Inhalieren 13
Inkubationsschlaf 23
Innere Medizin 45
Innsbruck 25
Isenheim 98
Isidor von Sevilla 22
Islam 18, 54, 59

J

Jacobus de Voragine 23
Jerusalem 71f., 77, 150
Joannes de Ketham 91
Johanniskraut 29
Johanniter 71f.
John of Gaddesden 58
Judaeus, Isaac 56
»Judenärztin Sarah« 131
Justinian 23, 25, 108

K

Kairo 54
Kaiserschnitt 131, 133, 136f.
Kalk 13, 132
Kalkar, Jan Stephan von 149
Kaltbäder 16
Kamille 16
Karl IV. 62, 123
Karl V. 109, 149f.
Karl VIII. von Frankreich 102
Karl der Große 22, 25, 32, 42
Karl der Gute 28
Karthago 55
Katharsis 10
Katheder 16
Kaub, Johann von 45
Kaysersberg, Geiler von 45, 82, 127, 132
Kent 92
Kerbel 42
Kinderkrankheiten 56
Kindslagen 16, 136
Kipling, Rudyard 78
Klee 52
Klostergärten 31, 41-45
Knidos 13
Knoblauch 50
Knochenbrüche 37, 65, 113, 130, 143
Köln 62, 77, 79 ff., 83, 87, 95, 101f., 110, 123
Königsberg 72, 95
Kohlkuren 15
Kolumbus, Christoph 100ff.
Kompressen 13
Konrad von Würzburg 67f.
Konstantinopel 23, 25, 83

Konstanz 81, 138
Kopernikus, Nikolaus 144
Kopfschmerzen 28, 42, 44, 48, 52
Korinth 18
Kos 10, 13
Kosma 25
Kosmetik 56
Kosmos 46f., 89, 91, 148, 152
Krätze 50, 78, 103
Kräuter 13, 45, 48, 97, 119, 122f., 132
Kräuterbücher 8, 44, 148
Kräutergärten 37f., 41f.
Kräutertränke 26f., 48, 130
Krakau 62f., 102
Krankenschwester 23
Krankheitserreger 78
Kreislauf ↪ siehe Blutkreislauf
Kreuzblume 29
Kreuzkümmel 42
Krisis 12
Kümmel 52
Kürbis 42
Kupferoxide 13

L

Lachsner/-in 26
La-Motte-aux-Bois 97
Landshut 71
Lanfranc von Mailand 113
Larissa 11
Laudanum 44
Lavendel 52
Lazariter 72, 80
Lebensgeist 51
Leber 19f., 29, 51f., 89, 150
»Legenda aurea« 23, 86, 98
Leibarzt 9, 18, 23, 54, 57, 59, 71, 84, 107ff., 144
Leichnam 41, 104, 112, 114, 144, 149, 151
Leiden (holl. Stadt) 149, 151f.
Leipzig 25, 83, 102
Lepra 50, 66f., 75, 77-82, 85, 98, 105
Leprakranke, Lepröse 23, 73, 77ff., 95
Leprosorien 79ff., 94
Liebstöckel 42
Lilie 42
Linz 101
Lissabon 87
Löwenherz, Richard 71
London 84, 88
Lorbeer 16
Lorsch 43
Ludwig IV. (Landgraf) 73f.
Lübeck 81, 84, 101, 140
Lüneburg 81, 101

Lüttich 81
Lunge 51f.
Lungenkraut 52
Luther, Martin 98, 101, 127

M

Maastricht 79
Magen-Darm-Störungen 29, 52
Magdeburg 101, 123
Magie 25 ff., 45, 50, 59, 130f.
Mailand 93
Maimonides, Moses 59
Mainz 81, 95, 122
»Mala d'aria« 16
Malaria 70, 77
Mandragora ↪ siehe Alraune
Marburg 72f.
Marc Aurel 18
Marchtal 34
Margarethe von Burgund 73
Markgröningen 72
Marseille 83, 93
Masern 54, 99
Materia medica 16, 48, 123, 132
Maulbronn 38
Maurus, Hrabanus 42
Maximilian I. 106
Maximilian II. 131
Medicus 9, 23, 36f., 43
Medizin:
   hippokratische 12, 88
   humanistische 144
   religiöse 27 ff.
   scholastische 62f.
Medizinschulen 8, 16, 18, 44f., 54, 61, 64, 72, 131, 134, 152
Meister Albrant 45
Melancholie 48
Melancholiker 20, 82
Melaten 80
Melone 42
Memmingen 72
Menglada 26
Menstruation/-sbeschwerden 12, 48, 53
»Merseburger Zaubersprüche« 25f.
Messer 91, 113, 117
Messina 83
Metalle 13, 51, 126, 148
Metz 79
Miasma 76, 89
Militärarzt 16
Milz 20
Mineralbäder 120
Mineralogie 149
Minze 44

Mirakelbücher 29
Mohn 42, 49
Mondeville, Henri de 113
Montaigne, Michel de 120, 122
Monte Cassino 31f., 55, 70
Montpellier 54, 58f., 61f., 66, 87, 107, 114, 151
Moskau 84
München 94 ff., 143
Münster 140
Mund- und Rachenraum 13, 51, 99
Mundwässer 13
Mutterkorn 96, 97
Mutterkraut 53

N

Nase 20, 51
Nasenleiden 52
Naturärztin 47
Naturbäder 120
Naturgeist 19f.
Naturheilkräfte 11, 13
Naturheilkunde 46, 148
Neapel 62, 102
Nero 16
Nerven/-system 19, 29, 51
Neurophysiologie 19
Nierensteine 59
Niesen 20
Nieswurz 13
Notker der Arzt 36f., 100
Nürnberg 9, 72, 77, 81, 83, 87, 94f., 102f., 105, 110, 114, 123, 127, 138 ff., 143

O

Oberammergau 95
Öl 13, 29, 53, 113, 116
Ohrenärzte 15
Ohrenleiden 29, 52
Olmütz 71
Orden zum Heiligen Geist 72
Ortolf von Baierland 45
Ostia 23
Otto der Große 37, 71
Ourscamp 39
Ovid 15
Oxford 61 ff.

P

Padua 62, 107, 127, 149f., 150, 152
Panakeia 14
Paracelsus 104, 120, 122, 144, 146ff.
Paré, Ambroise 7, 109, 116, 127, 136
Paris 23, 61f., 73, 80, 89, 102, 107, 113, 119, 150

Parma 112
Passau 71
Pathologie 8, 16, 19, 152
Pavia 86
Pest 9f., 14, 52, 75f., 82ff., 99, 101, 105, 113f., 127, 130, 143
Pestwurz 94
Petersilie 50
Petrarca, Francesco 64
Pfeffer 44
Pfefferminze 42
Pflaster 27, 48, 113
Pfründner 140
Pharmakologie 16, 48
Pharmazie 20, 44, 54, 56
Philipp II. 150
Phlebotomator 37
Phlegmatiker 20
Physikus 9, 36, 45, 57, 106f., 109
Physiologie 8, 152
Piacenza 43, 87
Piero della Francesca 64
Pieter van Foreest 89
Pigmentarius 37
Pinie 13
Platon 14, 18
Plinius der Ältere 14, 42
Plombières 120, 122
Pocken 54, 70, 99ff.
Poleiminze 52
Pompeji 16
Prag 83
Priesterärzte 12
Prognose 11, 64
Prophylaxe 14, 89, 120
Prüm 25
Pulslehre 54
Pulsuntersuchung 20, 91, 108, 146
Pythagoras 13

Q

Quacksalber/-in 9, 106, 126f.,
Quarantäne 9, 93
Quecksilberkur 103 ff.
Quellwasser 27, 50

R

Rabelais, François 104
Ragusa 93
Rasorius 37
Raute 53
Regensburg 95, 131
Reichenau 37, 42
Reinmar von Zweter 66
Reliquien 25, 27 ff., 86f., 95

Restituta 131
Rettich 42
Rezepte 44f., 56, 111, 123, 126
Rhazes 8, 54, 99
Rheumatismus 29
Rîchbodo von Lorsch 43f.
Riemenschneider, Tilman 70
Rizinus 16
Römisches Reich 15f., 18, 23, 31, 78f.
Rößlin, Eucharius 136
Roger II. (König von Sizilien) 57
Roger von Salerno 56
Roland von Medici 28
Rom 18, 23, 72, 86f.
Rose 42
Rosmarin 42
Rothari (König) 79f.
Rothenburg ob der Tauber 72
Rotterdam, Erasmus von 104
Rüdesheim 47
Rueff, Jacob 136
Rupertsberg 46f.

S

Säfte 12f., 19, 48, 52, 68, 82, 100, 148, 152
Säftelehre 10, 19, 44, 76, 89, 119, 132, 148, 152
Safran 43
Saint Cosman 25
Salbe 14, 20, 27, 48, 52, 104, 113, 117, 122
Salbei 42
Salerno 44, 54ff., 61f., 66, 131, 134
Salzburg 146
Sanguiniker 20
Sankt Gallen 31f., 36 ff., 79, 100
Sankt Hildegard (Abtei) 47
Schädelbruch 67
Schäfer 9, 130, 146
Schaffhausen 41
Scharlatan 126f.
Schedel, Hartmann 87, 130
Schere 16, 136
Scherer 91, 117, 119, 143
Schlafschwamm 56, 113
Schlafsucht 101
Schlangengift ↦ siehe Gift
Schleim 10, 19f.,
Schnupfen 52
Schröpfen 20, 120
Schröpfköpfe 16, 100, 120
Schwäbisch-Gmünd 72, 140
Schwangerschaft 99, 134, 136
Schweigepflicht 14
Schweineschmalz 48
Schweiß 12, 101

Schwerhörigkeit 29
Schwindel 42, 97
Schwitzbäder 16, 119
Schwitzen 20, 102
Schwitzkur 101
Seelengeist 20
Sektionen 19, 56, 112, 114, 149f., 151
Selbstheilungskräfte 19
Sellerie 50
Servus medicus 15
Sevilla 83
Siebold, Charlotte von 137
Siechenmagd 142
Siechenschau 81, 110
Siegemundin, Justine 137
Siena 88
Skalpell 15f., 117
Sklaven 14f., 100
Smolensk 102
Smyrna 18
Speyer 122
Spitalarzt 142
Spitalmeister/-in 128
Spitalpfleger 138
Spülungen 13
Stadtarzt 9, 81, 93, 109ff., 123, 133, 136f., 140, 143, 149
Stangenbohnen 42
Staroperationen 16
Stoffwechsel 19, 38, 148
Strabo, Wahlafrid 42, 45
Straßburg 79, 93, 97, 101, 142f., 146
Streicher, Agatha 131
Süßholzwurzel 52
Sumpffieber 16, 77
Synodochia 23
Syphilis 82, 98, 101ff., 120, 143

T

Tacitus 26
Taube, Johann Daniel 97
Taubheit 29, 41
Teersalbe 13
Teinach 109
Tempelheilungen 14
Terentius, Marcus 16
Tertullian 21
Teufel 47, 51, 133
Therapie 13, 15, 20, 148, 152
Theriak 89, 127, 130
Thomas von Aquin 7, 62f.
Thukydides 76, 88, 99
Toledo 54, 58f., 61
Tonnerre 73
Toscanelli, Paolo 64

Tours 22, 32
Trier 81
Troja 14, 86
Trotula 56
Tübingen 25

U

Übelkeit 85, 97
Übersetzerschulen 31, 54
Ulm 131, 139
Universitäten 8, 32, 45, 54, 61f., 101, 106f., 109, 112, 151f.
Urin ↦ siehe Harn

V

Venedig 9, 83, 91 ff., 102, 105, 123, 127
Venen 19, 150
Venenschlager ↦ siehe Phlebotomator
Venerabilis, Beda 22
Venerabilis, Petrus 39
Verbände 13 113, 117
Verbrennungen 29
Verdauung 19, 42, 68
Verdun 79
Vergiftungen 54, 97, 104
Vergil 31
Verletzungen 13, 26, 54, 112, 143
Verrenkungen 113, 130, 143

Vesal, Andreas 136, 144, 149f.
Vespasian 16
Veterinärmedizin 45
Villach 146
Vinci, Leonardo da 144
Viriditas 48
Viruserkrankung 101
Volksmedizin 8, 25ff., 29, 44, 94, 132, 152
Vorbeugung ↦ siehe Prophylaxe

W

Wacholder 94
Wahnsinn 29
Wahrsager 25
Walburgis-Öl 29
Walther von der Vogelweide 65
Wanderarzt 10, 110, 144
Warmbäder 16, 122
Warschau 83
Wasserbrennerin 132
Wearmonth 22
Weihrauchharz 43
Wein 13, 15, 28f., 33f., 40f., 44, 48, 52f., 66, 70, 97, 99, 116, 133, 142
Weise Frauen 9, 26, 112, 131f., 152
Wermut 42, 52
Wien 23, 62, 83, 96, 101, 119, 123
Wirkung, ätzende 13

Wodan 25f.
Wolfram von Eschenbach 66
Worms 112, 136
Wotton, Edward 149
Würzburg 123, 131
Wundarzt 9, 57, 60, 65, 71, 81f., 112ff., 137, 140, 143, 146
Wundbehandlung 19, 53, 56, 66, 146
Wunden 13, 26, 53, 113 ff., 117, 143
Wunderheilungen 28, 97, 126
Wunderwasser 29

X

Xenodochium 23, 39, 79

Z

Zahnärzte 15
Zahnbrecher 9, 126ff.
Zahnkrankheiten 52, 57, 120, 127
Zauberer/-in 25ff., 132
Zauberpflanzen ↦ siehe Zaubermittel
Zaubermittel 11, 26f., 29, 51f., 94
Zeder 13
Zerline (Augenärztin) 131
Zimt 43f.
Zink, Burkhard 138
Zwettl 41
Zypresse 13